U0031801

|交易聖經|

2

蛻變頂尖市場作手的
終極祕鑰

THE
UNIVERSAL TACTICS
of
SUCCESSFUL TREND TRADING

Finding Opportunity in Uncertainty

Brent Penfold

布倫特·潘富——著 李靜怡——譯

Contents 目錄

閱讀本書前，你必須先知道的事

請繫好安全帶！

　　這本書與趨勢交易的實作有關。但是請等一下，在你決定開始嘗試（或繼續）趨勢交易之前，你必須先做一點「快速檢視」或「快速自我評量」，以便確定你真的適合這門生意。相反的，如果你不適合趨勢交易，那麼請快把這本書放下。在進入正題前，我決定先寫幾句話，提醒你幾件事。

　　當你自我檢視，確認趨勢交易並不適合自己的話，沒關係，至少你很誠實，也肯對自己的資產、家庭負責。

　　如果你確定這是你想學習的領域，並願意持續地堅持下去，那麼恭喜你，你將會獲得相應的回報。但是，關鍵字是「持續」。雖然看似很簡單，但是交易並不容易，特別是趨勢交易。你必須學著忍受它的跌宕。這條路將非常曲折。但若你能堅持並保有理智，那麼你將獲得巨大的報酬。因此先請你繫上安全帶，讓我為你簡單介紹專業趨勢交易的世界。

認清最簡單也最重要的事實

　　先讓我從負面的說法開始好了。趨勢交易很悲慘。是

的，這是真心話，毫無半點虛假。趨勢交易很悲慘，因為你有 67％的交易都會虧損。大部分的時間都會賠錢，而非賺錢。賠錢的時間比你想的還多。如果你還想聽下去的話，那麼請注意以下幾件事：

- 交易不是為了立即的利潤。絕對不是！
- 交易不是為了證明你對市場的分析是對的。絕對不是！
- 交易不是因為在市場泅泳的感覺很刺激，或為了交易而交易。別蠢了！
- 交易只因為你相信市場趨勢所在，雖然大部分時間你都會錯估，但習慣就好。
- 交易為的是贏到「期望值」的機會，而不是利潤。這點絕對沒錯！
- 期望值來自交易成功與失敗的總和。沒錯！
- 唯有在較長的時間區段下，期望值才可能準確，其中包含了許多下跌與幾次的上漲。我有跟你說趨勢交易很悲慘吧？

你得先知道上述幾點，才能做好準備。

我這麼說並不是為了要破壞大家的興致。我得很實際地告訴讀者們現實狀況，我不希望有任何讀者對趨勢交易法則有過度的幻想，並在承受十次、二十次、三十次的失敗交易後，徹底放棄此一原則。這絕對會發生！不要有逃避心態。經歷過市場低谷的人會告訴你：這絕對是真的。

請記住：**趨勢交易者的人生肯定是悲慘的**。你會常常輸，一切會一直重來，並且很無聊。你會一直進行同樣的交易、同樣的投資組合，一遍又一遍。就像沖洗、脫乾、再重來一樣。它會一直反覆、非常無聊、非常痛苦。你會一直遭受虧損。有些虧損將非常巨大。你很快就會麻痺了，毫無感覺。

然而，雖然有很多挑戰，但**趨勢交易的確有獲利性**，而且有時候，可以獲得極大的利潤。但即便如此，也唯有在遭遇困難時能堅持下去才行。你得度過痛苦的時期，持續留在市場內，才能享受到光明來臨時的美好。

你必須有適當的資金控管能力。你必須進行風險成本較小的交易。你必須確保「破產風險」（Risk of ruin, ROR）為零。你必須確保自己是優秀的失敗者，絕不會任意變動停損點，也不會因為賠錢感到憤怒。你必須忍受最壞的時光。你必須學習忍受不時降臨的黑暗。如果你能做到這些，那麼你將成為市場裡最幸運的一員。

我希望你在進入趨勢追蹤世界的黑洞時，仍然能記住這些話，這是所有趨勢交易者都會面臨的課題。當你在趨勢追蹤最黑暗的時刻，我希望你可以記得成功的趨勢交易——生存、避免破產、當個好的失敗者、維持好的交易原則。我希望你記得交易是為了獲得理想「期望值」的機會，而非立即的利潤。唯有在執行非常多筆交易，且持續進行很長的一段時間後，期望值才會準確。那可能是好幾年。這是因為你不會知道哪個市場或哪幾個市場將會成為趨勢，也不知道它們何時將成為趨勢。但如果你可以學習馳騁並持續留在動盪的

市場內，那麼當價格到了新高點時，你將會獲得回報。

你準備好進入趨勢交易的世界了嗎？

還沒有？沒關係，請你誠實地做好決定。

準備好了嗎？很好，那麼歡迎進入痛苦的趨勢交易世界。我希望你會喜歡接下來我要分享的重點。

如何運用趨勢賺錢？

現在，我已經為你簡單地介紹完畢了，你應該還很清醒吧（請記得繫好安全帶），我們要開始追逐了。你閱讀這本書唯一的原因，應該和我寫它的原因一樣——你希望能靠趨勢追蹤獲利。

好，讓我來解密。

但你必須在閱讀過程中跟緊我的腳步。當你讀完本書後，你會需要獨自確認與證實我說的每一件事。最好不要仰賴我告訴你什麼是對的或錯的。你必須自己做功課，自己決定。確認人性，並且努力實踐。如果你能做到，並且以正確的方式進行，那麼你將會有所回報。

祝你好運！

布倫特‧潘富
寫於澳洲雪梨

如何使用這本書？

這本書有以下幾個目標。

這本書很實際

首先，我希望這本書會因為這個優點而暢銷。我希望它提供關於交易最實際且誠實的意見。正如同趨勢追蹤一樣，這本書將可以通過時間的考驗。

這本書是交易輔助讀物

再來，我希望這本書可以成為前作《交易聖經》的輔助讀物，它將作為「交易致勝通則」的自然延伸與補充，延續我在前作中的觀點。

《交易聖經》消失的篇章

在《交易聖經》中，我用很全觀的方式討論交易過程中幾項不變的核心原則。這些原則適用於所有市場、工具、時間區段、技術與分析。但唯有先掌握良好的交易過程，我們

才能進一步討論市場、工具、時間區段、技術與分析。

既然要進行較為宏觀的觀察，我捨棄了交易中最有趣的部分，好比交易策略的分析與開發等。我沒有花太多時間在剖析市場結構、確認適當的配置或應用合理的交易計畫等議題上。

順道一提，我實在很訝異沒有詳細討論市場結構、分析、配置標準、進場、停損、出場機制的交易專書可以受到廣大的歡迎。表面上看來，《交易聖經》沒有花太多時間在交易的有趣議題上，好比分析、調查、發展、回顧與執行交易策略。完全沒有。該書專注於交易的枯燥面，也就是成功交易的致勝通則——這些是我個人最重視的交易環節。但我也知道，這些內容並不有趣。以實際觀點來看，這本系列作會比較有趣，也許它的重要性無法超越《交易聖經》，但相較之下，它確實會比《交易聖經》有趣。

讓我回到主題。

《交易聖經》是全面且理論型的專書，而本書將會比較實際，它比較像是一本趨勢交易的指導手冊，它也將成為《交易聖經》的輔助工具與延伸，我將會沿用我所提出的通則，分享應用它們的實際方法，藉以調查、研究並發展出穩定的趨勢交易方法論。

雖然我在《交易聖經》中非常強調「方法論」，但我沒有提供實際的策略方法去闡釋我的概念。但這本系列作將會提供非常實際的策略，彌補前書的不足，同時檢驗我的說法，並為前書的觀點列舉詳細的實例。

我認為你可以將本書視為《交易聖經》的消失的「實作」

章節，而本書也將提供非常客觀與獨立的交易方法論之實例。

我的目標

如前所述，我的目標是讓本書：

1. 成為重要、誠實、具有資訊性、實際且對資深交易者有所助益的專書，它將因其優點與強大，通過時間的考驗。
2. 成為《交易聖經》的補充與延伸，基本上就是該書的消失的章節。

因此，本書將會非常單一、專注地聚焦在交易的「方法」之上。它不會討論關於成功交易的通則，也就是我已在《交易聖經》中廣泛討論的議題。祝我好運吧。

從交易心法到交易方法

請了解本書不是什麼魔法書。它無法讓你成為成功的、長期的、穩定的交易者。雖然我認為本書立意良善，但只靠這本書，無法讓你成為成功且永續的交易者，也無法讓你成為可以面對無可避免的虧損、回撤、懷疑、痛苦，這是所有交易者都得面對的情況，單單只靠本書是不夠的。

然而，當你閱讀了《交易聖經》與這本書後，我相信你

可以從一位虧損中的交易者，蛻變成長期、永續的贏家。如果你還沒讀過《交易聖經》，請盡快翻閱吧！本書將只涵蓋交易成功通則中的「方法論」，你必須詳讀《交易聖經》其他的部分才可能獲得具永續性的交易成就。

重複的內容與不同的啟發

請先讓我致歉，這本書將會涵蓋《交易聖經》的部分內容。雖然本書聚焦的面向較小，但有些時候，我仍必須討論《交易聖經》中已經詳述過的細節。因此，本書和前作將有些許重疊之處。現在請先讓我致歉，你可能會在書裡看到相同的內容。然而，請你理解這些重複的內容，目的在於幫助解釋、強調與強化我的觀點。這些重複絕非僅僅為了「擴充」頁面。事實上，我多麼希望這本書可以小巧而實用，徹底成為《交易聖經》的延伸閱讀。

這本書適合不同經驗值的讀者群

我希望任何人都可以從本書中學到東西。

對於剛剛入門的交易者來說，本書有缺點，也有優點。缺點是書裡涵蓋龐大的資訊量。非常龐大噢！所以你必須非常專注。這是本書缺點。而優點是，這些資訊都非常重要！

對較有交易經驗的讀者來說，我希望這本書所提到的概念與你的理解不謀而合，強化了你原有的知識，並能鼓勵你持續思考、研究、辯證我所分享的概念。

表 I-1　單靠本書無法讓你成功；你必須知道成功交易的通則，我在《交易聖經》對此有詳盡的討論。沒錯，這跟上學一樣，得花許多功夫！

1. 觀念的準備	2. 思考的啟蒙	3. 發展交易風格	4. 選擇交易市場
接受最大逆境 掌握情緒定向 承認賠錢遊戲 認清隨機市場 最優秀的輸家 注重風險管理 尋找交易夥伴 設定財務邊界	避免破產風險 ‧最優秀的輸家，贏！ ‧資金控管 交易聖杯＝Ｅ×Ｏ 力求簡單 ‧支撐／阻力 涉足大多數人害怕的地方 驗證 T.E.S.T	交易模式 ‧順勢交易 ‧波段交易 時間架構 ‧當日 ‧短線 ‧中線 ‧長線	市場特質 單一市場 多個市場

5. 三大交易支柱			6. 交易的實踐
資金控管	**交易方法**	**交易心理**	融會貫通 監控績效 正面強化 淨值動量
固定風險 固定資本 固定比率 固定單位 威廉斯固定風險 固定百分率 固定波動性	**類型** ‧自由裁量型 ‧機械式 **交易方法** ＝交易格局＋交易計畫＋驗證 **交易格局** 分析：哪種市場理論？ 交易者的潘朵拉盒子 ‧占星術 ‧週期 ‧道氏理論 ‧艾略特波浪理論 ‧費波那契 ‧碎形分析 ‧基本面分析 ‧神聖幾何 ‧指標分析 ‧市場輪廓 ‧型態性 ‧季節性 ‧統計性 ‧甘氏理論 **交易計畫** ＝進場＋停損＋出場 **驗證**：Ｅ(R) T.E.S.T（30筆模擬交易）	管理「希望」 管理「貪婪」 管理「恐懼」 管理「痛苦」	

這本書只探討事實，而非意見或迷思

我只願意討論事實——不是意見，也不是迷思。我無意像其他作者、名家或編輯一樣，隨便選些漂亮的圖表，撰寫、表示或闡述自己的意見。很不幸的，那些觀點實在需要更嚴格的審查。

在這本書中，我只希望談論可受清晰、不抽象的客觀法則檢驗之概念，也就是那些可以代入至軟體並決定其歷史表現的法則。我深信：只有能通過歷史獲利能力（或虧損）檢驗的概念，才值得深入討論。

通常，那些過分熱情的名嘴、著作等身的作家，或是極富個人魅力的講師們，吸引了交易者的目光。許多人誤以為「自信」與實際的重要經驗與價值成正比。然而，要從如此偏頗的觀點中獲利實在相當困難。很不幸的是，我們的環境無法篩選掉重複而過分偏頗的意見，且讓他們的話語持續發酵。當論述缺乏細節時，求證會變得意外地困難，這也是那些專家所樂見的。可悲的是，沒有經驗的交易者們往往忽略了「細節欠缺」的事實，而他們也會在交易中因為忽視這點而付出代價。他們往往買進「熱門」的標的，卻沒有設下任何「停損點」，也不知道自己的交易期望值究竟是什麼？

在本書中，我會把自己的觀念數據化，不管結局是好是壞，我都會展現其歷史獲利（或虧損）能力。然而走筆至此，我也必須警告讀者們：過去的歷史獲利能力絕不代表未來將持續相似的表現。

天底下沒有新鮮事（或好事）

如果你拿起本書，為的是得到新的交易概念，那麼很抱歉，你一定會感到失望，因為這本書和「新概念」無關。我要分享的概念並不新奇。我要討論的所有概念都可從其他書籍中找到出處——我沒有任何新招數，我只是站在前輩們的肩膀上而已。然而，我必須說，我仰賴的絕對是這個領域傑出前輩的觀點，而非輸家的觀點。

所以，很抱歉，如果你想要看新的交易觀點，那麼這本書真的不適合你。

但是，如果你想要新的點子，那麼我可以助你一臂之力。但是請記得：它們並不新。有些方法，特別是其中一種原則，實在是簡單而古老。事實上，它可說是極致簡單的古老。這種古老且顯而易見的交易概念，已被許多交易者認為相當無用。對很多人來說，「古老」而「簡單」，意味著「過時」而「不會帶來獲利」，也因此「毫無」用處。但是請聽我說，「古老」與「簡單」正是新的「優勢」與「穩健性」。在本書末（如果你有讀到最後的話），我希望我已說服你，「古老」與「簡單」的方法將成為交易的「新流行」、「新趨勢」與「新基本法則」。

我希望能給你一個新概念。一個嶄新又神祕的新概念，讓你可以想像更好、利潤更豐厚的未來，並提振你的精神。但是我真的不行。如果能把新概念包裝成相當神祕，這一定會讓本書大發利市。但很不幸的，這不是我的作法。

我喜歡古老而簡單的交易原則。

大道至簡

我喜歡「簡單」概念的原因，正是因為它很「簡單」。以現在而言，交易者賠錢的原因有百百種，但最重要的關鍵在於多數交易者忽視了明顯而簡單的交易方法。他們不認為交易可以很簡單，因此他們不斷地在新而複雜的概念中，尋求方法與優勢。

請相信我，「簡單」才是最有效的原則。簡單，代表你可以避開「曲線配適」（curve fitting）的陷阱；你也避開了許多人因為追隨歷史數據，有意或無意地導致曲線配適，進而犯下的錯誤。簡單，代表較少移動部位，也代表較少部位往錯誤的方向移動。對我來說，簡單不代表「少」，而是代表交易中的「多」。而我所謂的「多」代表了「穩健」，這也是所有交易策略中最重要的關鍵——穩健才能通過時間的考驗。穩健不僅代表今天可以賺錢，也代表明天與未來也能賺錢。因此，我要分享的東西相當簡單。然而，請不要懷疑你正要學習的一切，請擁抱這最有力的概念——簡單。

所以，如果你並沒有想追求新的概念，而是希望我介紹、提醒你什麼才是最重要的交易原則，那麼這本書會靜靜地帶給你驚喜。

絕非完美

此外，我將要分享給你的概念絕非完美，它們也可能會失敗，也可能會帶來虧損，為你帶來傷害。這些概念會讓你

不確定、失望、沮喪，很多時候甚至會讓你憤怒，但是它們確實有優勢，有著「正期望值」。好的交易者可以從這個優勢中獲得利潤。

保持真實

這本書的目標讀者是交易者，而非投機客。這本書是關於如何擺脫困境以取得成功，它不會透露任何交易祕密。這本書不會帶給你虛假的希望，也沒有狂言亂語。它不會教你如何在市場「打」出全壘打。相反的，這本寫給交易者的書將保持真實。是的，我要分享給你的概念既不新穎也不動人。沒錯，我要分享給你的概念也可能讓你傷痕累累，但這正是交易的一部分。市場絕不會充滿鳥語花香。要長期維持交易成功，也必然得經歷黑暗與未知的時光。我保證，我要分享的概念將會動搖你，並讓你時時刻刻感到懷疑，但我能保證和你分享的概念絕對真實，並有其優勢。

成功將至

假如你理解、尊重並且認同「資金控管」的重要性，並知道這正是抵抗破產風險的主要武器，那麼我在本書中分享的理念將會幫助你在全球市場的波動中前進。但首先你必須先理解、尊重並且認同我在《交易聖經》中所全面分享的「成功交易通則」。如果你已讀過前作，並且將我在本書中所傳授的概念予以融合，那麼你將會為自己的成功感到驚訝。我

希望你將會安全地抵達終點，而這正是所謂的「永續交易」
（sustainable trading）。

我的背景

　　我已在市場活躍近三十五年，我在 1983 年加入美國銀
行，並擔任機構自營交易員。自第一筆交易開始，我恐怕嘗
試過所有的交易技術。如果有任何可以幫助交易的書籍、研
討會、工作坊或軟體，我大約都試過了。在 1990 年代當我
開始尋找交易優勢時，我發現自己頻繁進出不同的研討會。
我參加許多知名的研討會。我出席過羅素・桑德斯（Russell
Sands）的海龜研討會、跟著柯提斯・阿諾德（Curtis
Arnold）學習「型態概念系統」（Pattern Probability System,
PPS）、跟著布萊斯・吉爾摩（Bryce Gilmore）研究幾何，也
參加拉里・威廉斯（Larry Williams）的「百萬美元挑戰」
（MDC）研討會。我到處拾人牙慧，拼拼湊湊。而威廉斯的
MDC 研討會強化了我研創短線機械型價格型態的工作。
　　身為交易者，我使用簡單的機械型模式（或稱演算模
式），在多重時間架構中，交易全球指數、貨幣期貨、商品
期貨。我交易的可能是地球上流動性最高、波動性最大的兩
個市場區塊：指數和貨幣。我的交易組合涵蓋三十個市場。
在指數期貨方面，我交易 SPI、日經、臺指、恆生、Dax、
Stoxx 50、FTSE、Mini-Nasdaq 和 E-Mini S&P500 指數合約；
在貨幣期貨方面，我交易美元指數的五大貨幣，包括歐元、
英鎊、日圓、瑞士法郎和澳元；在商品期貨方面，我交易三

種美國流動性最高的期貨合約，包括利率、能源、肉類、金屬與軟性期貨等。

我幾乎一個星期七天、每天二十四個小時執行我的投資組合。我沒有一天不在世界上某個地方下單交易指數或貨幣期貨。

我是「型態交易者」（pattern trader）。除了用 200 日移動平均線確定主趨勢外，我主要專注於價格上。但請不要對我所用的「200 日移動平均線」有太多幻想——它並沒有什麼神奇之處。這只是我一貫使用的時間段。我甚至不知道它是否是確認主趨勢的最適長度，我也不在乎這一點。我在交易上最不想做的事，就是開始使用「優化」變數，因為那正是進入貧民收容所的捷徑之一。此外，請了解我並沒有使用 200 日移動平均線尋找「交易格局」（trade setup）。我也沒有用它尋找進場、停損或出場點。我只是用它來決定主趨勢。

這本書適用於所有市場、工具、技術與時間段

雖然我也是期貨交易者，但請不要認為本書與期貨交易有關。是的，我運用了許多期貨交易的案例與投資組合解釋我的概念，但只因為它們是我的交易工具。我在本書所傳遞的概念與《交易聖經》一樣，都是「理想交易」的過程。我對次要的議題（好比單一市場或工具）沒有興趣。

這本書不會引領你進入期貨市場，期貨只是我偏好的交易工具罷了，而你也會有自己偏好的市場與工具。因此，請

不要認為本書企圖引領你進入我個人偏好的市場或運用我的工具。不是的。我寫本書的目的在於鼓勵你專注於好的交易過程，而這適用於所有單一市場、工具、技術與時間段。本書所運用的絕大多數例子與期貨有關，那只是因為期貨交易對我來說較為方便。

因此，請理解本書的目標在於理想交易的正確過程，而市場、工具與時間段都非關鍵要素。我在各章節中所提到的市場與工具都只是為了說明而用，而對於希望追隨好的交易原則的你，不用花太多時間在此過度糾結。

永續交易這條路

我希望本書可以成為你踏上永續交易之途的墊腳石。我相當確信，若你同時閱讀我的前作《交易聖經》，你將可以達到自己的目標。

我將在隨後的章節與你分享許多知識。在此，我將先概述這些章節的內容：

第一章，我會告訴你要成為一名成功的交易者有多困難。

第二章，我會列出交易知識、風險、應用與執行的要點。

第三章，我會分享趨勢交易的好處，以及為什麼你應該要認真考慮採用它。

第四章，我會告訴你為什麼趨勢會存在，而你要如何利用它。

第五章，我會分享為什麼有那麼多人在趨勢交易中慘遭失

敗。

第六章，我會帶你一步步回測 20 個交易策略，並分析簡中優劣。

第七章，我會討論在不同風險基礎上，衡量策略績效表現的重要性。

第八章，我會提供讀者可評估、發展與選擇交易策略的工具。

第九章，我將運用第八章的工具，帶你開發出一個具持續性、能賺錢的交易策略。

純屬個人意見

當你閱讀本書時，請一定要記得：我所寫的一切僅只是個人意見，也就是我本人的意見。我所呈現的只是一名交易者的看法，也請不要將我的論述照單全收。我不是大師，我也不認為有任何人可以稱自己為「交易大師」。因此，請不要因為我的觀點而勃然大怒，你可以有自己的觀點。我不會因此而生氣的，我保證。

我只想請你注意，當你想反駁我的立場時，請明白我的立場是以歷史證據與實際交易經驗為骨幹。因此，如果你真的不同意我的部分說法，那麼也請你為自己的觀點找到證據。所謂的「直覺」或「個人意見」是不算數的。請記住：你的直覺或個人意見都會受到我們的認知偏誤所影響，時常會影響我們的交易決策。因此，請記住我的忠告！

我筆下所寫僅為本人所思，也請理解我並沒有任何意圖

希望你接受我的思考或交易方式。我只是想分享自己的交易想法與方式。而你要怎麼做,那是你自己的選擇。

再重述一次:請記住我所寫的不見得就是完全的事實。儘管在我內心深處,我相信自己所寫的確是事實,而我也擁有證據,但這不代表你只能用黑白分明的方式,思考我的想法。真的,請歡迎我的想法與概念,但是當你要在市場執行我的方法時,請自行進行檢驗。

條條大路通羅馬

還是老話一句,「條條大路通羅馬」。這句話同樣也適用於交易上,你必須記得與理解:交易的方式有百百種,而我所展示的僅是其中一種個人方法。我並不認為自己的交易方法是唯一的方法,也不認為這就是最好的方法。我只是分享我所經過的路徑,這不代表你也得成為同路人。然而,如果你發現自己在交易途中迷路了,那麼你至少知道還有我的方法可供參考。

必要的重複性

我喜歡透過「重複」去強化特定概念,若你對我在書中的重複性感到不耐,在此先向你說聲抱歉。請相信我,我這個人喜歡重複。人們批評我寫作與教學的方式,但這正是我唯一認為有效的方法。這是我的風格。我並非專業的教育者或作家。我是交易者,並且樂於用書寫分享自己的想法,儘

管這些文字有點脫節、循環而重複。我很希望自己能果斷地分享、一了百了，並為此感到滿足（至少我太太會很開心），但這實在不是我的作風。因此，如果你對重複性敘事感到非常厭煩，請接受我誠摯的歉意。

請質問並驗證我說的一切

請不要只看到我（或其他作者）的表面意思。請歡迎我的交易意見與概念，但請先保留你自己的意見，直到你也開始提問，並且能獨立驗證上述說法為止。

唯有在你開始提問並獨立驗證他人的事實後，才能確信其價值，更重要的——確立你自身的價值。只有在你付出努力後，你才能驗證真偽。請做好自己的功課，你也將因此而有所收穫。

開始吧！

我希望你會喜歡我在本書和你分享的概念，如果你有任何疑問，請透過我的個人網站 http://www.indextrader.com. au/，與我聯絡。

在我們展開旅程前，我必須告訴你：對交易者來說，現在是最好的年代，也是最壞的年代。你很困惑嗎？讓我歡迎你進入交易的矛盾世界。

第一章

認識交易悖論

涅槃與絕望

今天我們活在交易的悖論中，現在正是交易最好與最壞的時刻。

時至今日，一切都很美好。我們擁有高速網路、光纖無線電纜，以及智慧型手機，我們甚至擁有智慧型網路交易軟體，交易者可以在任何時間，進入任何市場、進行任何幣值的買賣。

想想 1980 年代初期，那時候我覺得有個隨身的交易機就已神奇的不得了，現在的科技讓買賣在指尖上發生，我們可說是活在未來的世界——我們有數個網路折扣交易平台，可透過電腦或手機進行交易。自動交易軟體可讓我們便宜地取得歷史與即時數據，此外，還有多種使用數百個追蹤指標的應用軟體。我們可以在外匯、商品與期貨市場進行交易；我們甚至可以用加密貨幣交易。我們的交易工具則包括期權、認購權證、期貨、股票與差價合約（CFDs）。

但一切不僅限於電子運用而已。

現今的交易者擁有大量、透明的交易知識。我們可在無數的交易理論中選擇，也可以訂閱無數的財經新聞、追隨不

同財經作者的專欄、收看不同的金融節目、聆聽交易導師們的建議，或是參加交易工作坊。

確實，現今的交易者實在沒有失敗的理由或藉口。我們活在最好的時代。

但很不幸的，這也是最壞的時代。

你不妨問問身邊的交易者。為什麼呢？因為儘管科技的發展與交易知識的流通，但大部分的交易者仍然在賠錢。很不幸的，90％的交易者都會失敗，就像那些 1980 年代隨身配戴酷炫交易機的交易者一樣。因此對多數人而言，現在正是最壞的時代。

這就是交易者的兩難。

這是一個充滿疑惑的時代

現在不但是最壞的時代，也是一個疑惑的時代。現在的世界充滿著困惑感與不確定性——我們被問題包圍，卻沒有任何解答。

每當我思考全球困境時，就感到徹底混亂。誰能回答那些恢宏的問題呢？我不相信誰有答案。我是說，有人能判斷歐盟還能持續下去嗎？有誰知道美國能否控制自己的債務與赤字？有誰知道日本是否能解決自己的人口問題？有誰知道世界能否在新冠病毒大流行後恢復正常？有誰知道美國央行能否將貨幣政策正常化，或是依舊提供廉價的解方，繼續大印鈔票呢？他們要讓市場持續依賴資金的流動性，還是會恢復原先受到尊重、適當的基礎風險呢？……我真的不知道。

除了宏觀面向的問題之外，我們也不乏微觀的問題，也就是那些經由各種交易所累積出的大量問題。

在數百種市場中，我們應該要選擇哪一個市場去交易？我們該進入區域性市場還是全球市場？我們該交易非必需消費品、主要消費品、能源、金融、醫療保健、工業、信息技術、材料、金屬、採礦、電信，還是公用事業或商品市場？在上述市場中，我們又該選擇哪種個別市場或領域？

問題還不只如此。

我們該用哪種交易工具呢？股票、期權、認購權證還是差價合約？

我們該使用基本分析還是技術分析，或是全部統合在一起？在技術分析中，我們該用週期性分析、型態分析、指標性分析、占星術、幾何分析、道氏理論、季節性分析、市場輪廓分析、艾略特波浪理論或甘氏理論？這還只是其中幾種分析法而已。

如同我說的，問題太多了，根本沒完沒了。

現在是熊市還是牛市？我們應該順勢交易還是逆勢交易？我們要做短線、中線還是長線？我們該冒多少風險？我們何時該進場、設立停損停利點並出場？

如同我說的，有太多問題要回答了。這也難怪今天的交易者會如此困惑。

我能幫你什麼忙？

我是來幫你的對吧？

但有個重要的前提——你必須知道，我對市場並非無所不知。我希望我能，但我無法。在我年輕的時候，我以為自己知道可知的一切。等到年紀大了以後，我變得有點智慧了，因此我必須先告訴你：儘管我在市場裡打滾了超過三十五年，而且現在距離我撰寫《交易聖經》已有十年之久，我仍舊無法知道市場與交易的一切。

然而，我知道你是來找答案的。

我能做的是分享我知道的部分。我確實在交易裡賺了錢，因此我可以告訴你：如果我可以透過交易賺錢，你也可以；如果我能透過「可管理性」（manageable）風險，達到20%至30%的報酬率，那麼你也可以。最重要的關鍵字是：可管理性。我並不是什麼神奇交易者，擁有獨特或非凡的知識。當然不是！我跟你差不多。我確實有更多的經驗，也比你經歷更多的市場大風大浪，但我也是個普通人。我不是擁有特異功能或透視眼的漫威超人，我只是一個在吸收許多經驗後獲得成長的普通人。

因此請相信：不管你在市場裡有過什麼樣的經驗，你仍然可以成為一個成功的交易者。

如何成功交易？

我寫本書只為了一個原因，那就是讓你知道「如何順勢交易」。簡單來講，唯有掌握與接受了成功交易的通則，你才能在順勢交易中獲利。你必須閱讀、理解、擁抱並執行成功交易的事實與法則。如果你正確地遵循交易通則與事實，

那麼你就會獲利。這是一定的。相反的，如果你忽略成功交易的通則，那麼你就會深陷困境。就是這樣。討論到此結束。不用討論「如果」……討論「然而」……討論一堆藉口。因為我說的概念適用於不同市場、時間段與交易工具。

至於成功交易的通則嘛，請你參考我的前作《交易聖經》。至於那些「普遍的事實」，請參閱本書第二章。

總結

即便現在是最好，也是最壞的交易時機，但我仍相信你可以遵循安全的道路，抵達合理的終點。當你踏上這條路時，你每天會面對交易者們所面臨的種種疑問。這條路會讓你在不確定性中找到機會。儘管我所知有限，但我希望我的分享能讓你有所優勢，帶領你走向永續交易之路。我會在第二章中詳述自己的路徑，並與你分享諸多關鍵訊息。

第二章
給交易者的 4 個關鍵訊息

> 「那些不懂學習歷史的人，注定會重蹈覆轍！」
>
> ——溫斯頓‧邱吉爾

　　我希望你能汲取我的經驗。如果我能幫助你避免犯下我（或其他人）過去犯的錯，那就等同於幫助你邁向永續交易的道路。接下來，我希望能清晰地分享我的想法。祝我好運。

　　我們知道：90％的主觀交易者都會賠錢。為了避免遭致與之相同的命運，你必須知道與記取以往的經驗，必須避免犯下重複的錯誤。所有交易者都一再犯下那些古老的錯誤，一遍又一遍。為了避免犯錯，你必須回顧一下那些技術分析及市場想拋在腦後的災難。

　　我認為，分享自身經驗與知識的最好方法，就是把它們整理成關鍵訊息。

　　這些關鍵訊息包含了我所相信的知識與價值。我非常相信它們。如果有些訊息讓你感到被冒犯，那麼我先向你道歉；然而，我只能分享自己相信的事。它們像是我在交易冒險中的羅盤，我希望你也能運用它們抵達永續交易的終點。

　　我把要跟你分享的關鍵訊息分作四大類：

1. 知識
2. 風險
3. 應用
4. 執行

以下讓我們進一步檢視。

關鍵訊息 1：知識

很明顯的，知識正是我們的起點。在你把鑰匙插入鑰匙孔之前。我的關鍵訊息如下：

- 承認並接受每個人都會賠錢。
- 預期並接受 67％ 的賠率。
- 承認技術分析沒有太多價值。
- 尋找證據。
- 承認沒有人能預測未來。
- 認真以對。
- 停止思考「交易」這件事。
- 閱讀《交易聖經》。
- 提出質問。
- 「零破產風險」才是王道。
- 「年均複合成長率」是第二關鍵。
- 唯一的祕密：當個好輸家。
- 接受交易的「事實」。

- 承認當個「自由裁量型」的交易者很困難。
- 借鏡聰明的資產管理者。
- 避免成為安慰劑交易者。
- 明智地思考指標。
- 把錢輸光是最大的失誤。

讓我們一一來解釋吧。

▍承認並接受每個人都會賠錢

真的，我是說每個人噢。即便贏家也都常常輸。只要一出手交易，就會賠錢。如果你已經有交易經驗，就會知道我所言不虛。

交易的世界裡沒有太多不變的事實。然而，仍舊有幾個無可撼動的事實，好比賠錢。讓我重複一下：

- 你會在交易中賠錢。
- 你會很常賠錢。

因此，不要花太多的時間與精力設法避免所有虧損。虧損是無法避免的。如果你花費大量時間與精力設法消除所有虧損，那麼你就會落入「曲線配適」的陷阱。這點我之後會再詳談，但這絕對是你必須避免的事。

「虧損」正是交易這門生意的必須手段，因此你必須接受它、習慣它，甚至（試著）對它感到舒服。

預期並接受 67％的賠率

本書跟趨勢交易有關。在此之前，我提過順勢交易的不變原則。你必須習慣在十次趨勢交易中，平均約有六到七次都會賠。這幾乎是可以保證的。

如果你不能接受趨勢交易約有 67％的狀況都會賠，那你就不要交易了吧。不要以為當你不能順勢交易時，逆勢交易（counter-trend）或波段交易可以救你一命。當然，逆勢交易也可以賺錢，但那不是最安全的作法。最安全的作法是順勢交易。趨勢驅動市場，也是一切利潤的基準。當市場變動時，選擇對的位置，才會帶來大規模的利潤。逆勢交易非常困難，而且潛在利益有限。

你必須忘掉許多交易書籍所勾勒的美夢──交易並不只是與「賺大錢」和「獲利」有關。你必須先承認：交易與「求生存」有關、與「避免破產風險」有關；交易與「撐得夠久因而能享受利潤」有關；交易與經驗、「學習如何能在持續性虧損下求生存」有關；交易與當你運用自身方法但虧損時，「如何面對自我懷疑」有關；交易不在於享受價格創新高帶來的燦爛，而是與「面對虧損所帶來的龐大黑暗與痛苦」有關──你必須待得夠久夠長，才能擁抱新的機會，才能得到真正當之無愧的新高點，而那個新高點會在瞬間消失，然後再次將你丟回黑暗之中。交易，就像洗衣機一樣，它不斷反覆地沖洗、重複，而你也在虧損與新高點之間規律地徘徊。

我喜歡談論虧損，因為這就是趨勢交易的現實。

雖然交易的概念很簡單，但是當你得在市場裡面對日復一日的虧損時，這真的不是件容易的事。就像我先前提到的，我喜歡讓你知道趨勢交易的缺點，如此你才不會在連續虧損10％、20％、30％時，徹底地失心瘋，並放棄自己的交易策略。

▌承認技術分析沒有太多價值

請莫忘歷史。如果你忘了，那肯定會令自己深陷困局之中。而在過去，最狡詐的變色龍就是技術分析。

技術分析代表觀看過去的價格，以便預期未來價格。誰不想知道未來的發展啊？這無異於觀看水晶球。但是你必須小心，技術分析的報告猶如兩面刃，在某方面來看，技術分析能對市場行為提供良好的觀察，但在另一方面，它也能讓你的錢快速流失。

當你宏觀地觀察技術分析的領域，你會聽見哀鴻遍野的聲音——該領域充斥著假技術、失敗的策略、毀滅的夢想、慘敗的企圖，以及空空如也的帳戶；該領域充滿了失敗的方法與你以為可以付諸實行的錯誤策略。所謂的「好方法」，僅有在特選的幾張圖表上表現良好。過度的曲線配適與資料探勘策略帶來過度最佳化下的變數。這些策略專家沒有任何固定的邏輯。他們的技術沒有任何過去的實證背書，更不用提在未來的效用了。技術分析帶來一場又一場的失敗。

不幸的是，技術分析以失敗聞名，而與成功無涉。當90％的主觀交易者都在賠錢時，真相讓人不忍卒睹。

儘管市場如此狂熱，但技術分析專家所提出的概念都沒

有事實作為根基。沒錯，在垃圾之中總偶爾會有閃耀著黃金般光芒的訊息存在，但這實在太難尋覓了。我只能大略地形容技術分析是「過度熱衷的個人意見」。當然有些作家真心相信他們所分享與撰寫的文章，我也相信他們所運用的實例看起來相當具有權威性，但問題在於他們的權威性是建立在幾張毫不客觀、特別選定的圖表之中——他們幾乎不會運用淨值曲線證明其概念的歷史與未來表現。如果有的話，他們多半會納入太多過度優化的變因。

很不幸的，交易者們太容易接受與信任他人的說法，我們深信那些鼓動者的言論，而這對我們的帳戶與交易態度極其有損。因此，當你想仰賴技術分析時，你必須先瞭解眼前慘澹的景象。我已經警告你了噢。

▋ 尋找證據

要保護自己免於深陷技術分析風暴的最好方法，就是尋找以「證據」為基礎的方法。當然，你可以選擇閱讀或聽從自己感興趣的建議，但是當你投錢時，請先獨立檢驗該論述。你必須擁有獨立的證據去檢驗該想法或工具，而當你把那些想法納入自己的策略時，也必須付出心力。

當想法逐漸完備時，你必須計算其期望值與破產風險值（ROR）。如果破產風險值為零，那麼你可以接著進行「淨值曲線」（equity curve，或稱權益曲線）的穩定度檢驗（第五章與第八章會有更詳盡的說明，意指觀察你的破產風險面對變因時，是否足夠穩定。假如成功了，你就可以和交易夥伴進行測試）。

如果你都做到了，那（希望）你可以避免所有交易者在過去犯下的 90％錯誤。交易者們過度信賴技術分析，並且對破產風險與其策略的淨值曲線之脆弱性太過無知。

你必須停止相信技術分析會帶領你度過風暴。確實，技術分析中有部分好的觀點，但在技術分析的領域裡充斥著互相駁斥、反對的理論，好比第六章會介紹的李佛摩反應模型（Livermore's Reaction Model）與艾略特波浪理論。你唯一能去蕪存菁的作法就是收集證據。

「證據」包含的面向有：

● 完整的啟動交易策略，擁有清楚、毫不含糊的規則，並指出：
  • 何時交易？
  • 何時進場？
  • 停損點設在哪裡？
  • 何時出場？
● 明確定義資金單位的資金控管策略。
● 擁有策略的歷史淨值曲線，讓你得以計算：
  • 期望值
  • 破產風險值
● 完整的淨值曲線穩定度檢驗，以衡量你的策略淨值曲線在其他變因下的脆弱性。

當所有可接受的證據都收集到手後，你就可以對眼前的技術分析，做出更安全、更好的判斷。

承認沒有人能預測未來

　　假如你不知道，那讓我來告訴你吧：沒有人能透過水晶球看到未來！沒有人能預測未來！你最好迴避任何具有預測性的方法，包括甘氏、艾略特波浪理論與星座專家。

　　（我知道這種言論一定讓許多人很火大。如果你覺得很不爽，請接受我的道歉，也請理解我的觀點只代表個人看法，我也不是市場權威大師。如同先前所述，我並無法了解市場的一切，觀點也可能有誤。但是，在我的經驗之中，我所說的已經過自己的驗證。）

　　讓我們回到甘氏、艾略特波浪理論與占星術。它們最有吸引力的地方就是能知道未來價格的方向。我知道有水晶球何嘗不是好事，在我轉向關注機械式價格型態前，我有好幾年的時間都是艾略特波浪理論的信徒。這些理論讓我對未來的變動有了一丁點的安全感。唯一的問題是：這種安全感是假的。它們僅有極少的預測能力，甚至毫不可靠。當然，它們可以不斷地修正，也讓自己看起來更有說服力——就算是壞掉的手錶，一天也會有兩次正確的報時吧？

　　我們最好接受沒有人能提供具有「確信度」（reliability）的預測。偶爾對一次那是不夠的。

　　然而，真正的陷阱還不是上述理論缺乏一致性，而是它們讓交易者過度關注未來，而非當下。當你關注未來時，你就建立起了預期感，並對結果有了情緒偏好。

　　當交易者有意或無意地迷信或催眠自己的預測將會實現時，若結果不如預期，他們就會延長停損的時間點，並給自

己的預測更多時間，直到造成毀滅性的虧損為止。

這真的很諷刺。

預測型策略往往是反趨勢策略。預測型策略往往在等待扭轉趨勢的時間點。預測型策略是逆勢策略。當順勢交易者在趨勢之中，毫無作為地等待錢滾錢、利滾利時，逆勢策略者則忙碌地找尋逆轉的時間點，好讓自己一次又一次地出場。

以我的經驗來說，你最好遠離那些預測型方法，預測型策略熱愛關注飄渺雲朵，而非眼前風景。不要再犯下許多交易者從前、甚至現在仍舊執迷犯下的錯誤。

▎認真以對

你必須重新檢視自己交易的動機。我希望你不是純粹為了交易所帶來的快感與腎上腺素而來的；我也希望你不是為了挑戰市場的奧祕而來的；我更希望你不是為了證明自己的聰明才智而來的，甚至期望透過交易來證明自己正確無誤。

我希望你交易的原因是為了能賺到錢。除此之外，再沒有任何其他原因。

▎停止思考「交易」這件事

你覺得自己很聰明。你確實很聰明。但是，你在生活中其他面向所表現的才智並不會反映在交易上。你看一下自己的交易帳戶好了。用「自以為」的方式交易只會賠錢。你的家人知道。你的會計也知道。而且我相信你內心深處也知道這個道理。因此，你最好從這一刻開始放棄用自以為的方式

交易。你做到了嗎？很好。

這聽起來很怪，但是，我必須講出來（當然啊，我是本書作者耶）！

在交易世界裡，普遍來講，過多的思考只會賠錢。這是真的嗎？

成功的永續交易者持續進行具重複性的行為，極少會過度思考，行動才是一切。

你必須做的是收集資料、尋找交易格局、執行交易與管理部位。標準化的重複行為讓人可以認出交易格局，執行一致而合理的交易計畫。這些行動很少是瘋狂的、突如其來的、有創意或是深思熟慮的。

當然，他們在發展交易方法時確實經過一番深思熟慮。但是當他們交易時，他們會百分之百地將心力專注在完美的執行交易計畫之上。我也是，而且這很乏味。每一天你都得記錄成交的交易、搜集資料、測試模型、管理開放部位、調整停損點、回顧新的交易格局與進場順序。這就是工作的一部分。我寫作的當下，我在 IB 交易平台（Interactive Brokers' Trader Workstation）擁有八十六筆開放的委託單。要執行我的數項交易計畫得花非常多時間、非常重複、無聊、乏味。這就是我的工作。然而，除了付出心力以外，我還需要非常專注。但我不需要「思考」。

因此，請停止思考「交易」這件事，並開始思考發展合理、穩健，具有正期望值的趨勢交易方法。除了你的交易計畫以外，不要花太多時間去思考市場。當然，你必須在發展額外策略或是修正主要方法時進行深度思考。但是當你交易

時，你最好不要想太多，並且要保持專注。

此外也請記得：你交易的目的不是為了證明自己對市場的觀點很正確。你無須透過交易證明自己對市場走勢的預測是對的。你不需要透過交易證明自己的觀點。你交易為的只是贏得期望值的機會。唯有交易計畫可以帶來期望值，而非個人意見。我重複一遍：你的個人觀點沒有任何意義，問問你的伴侶或會計就知道了。你的個人觀點將會招來慘敗。

你必須學習透過正期望值的交易計畫行動，而非透過你的想法行動。

▌閱讀《交易聖經》

讓我再說一次（我說過我非常熱愛重複）：雖然本書內容豐富，定位精確，但只讀本書並無法讓你在市場上成功。本書只是你通往永續交易的墊腳石。

本書跟交易策略、戰術有關，也跟發展正期望值與趨勢交易方法有關。這些都很重要，但它們不是交易的終點。你也必須知道、了解、擁抱、幻想，並且執行！執行！再執行成功交易的通則，如此才能在市場得到豐厚的回報。如果你還沒達成那一步，請讀讀我的前作《交易聖經》。雖然本書內容精彩，但若只讀本書，實在無法讓你得到滿意的獲利或達到永續交易的境界。如果你還沒讀過《交易聖經》，請務必參考看看，等你將兩本書的內容融會貫通後，永續交易的彼岸將近在咫尺。

提出質問

我希望當你面對交易概念時，可以多多提出質問。這是因為並非所有的交易概念都值得一試。如同前文所述，技術分析領域的表現差強人意。當然你得願意聆聽所有意見，包括我本人的。然而，請不要吝於對所有概念提出質問。學會驗證你的交易，並透過實際交易證實它。請不要只思考交易概念的表面意思，儘管那聽起來、看起來或讀起來或許很吸引人。請在投錢時先提出質問，學會調查、反覆測試，並一再去證實。

因此，請讓我再強調一次，我所撰寫的僅為「個人意見」。不管是我或其他作者，都不能因為其論述出版成冊後就能證明我們講的全為事實。只有你可以確認、驗證我的說法。唯有如此，你才能確定我的建議之價值所在。只有你能確定我說的是否為真。請抵抗人性，做點功課，你會因此有所收穫。

「零破產風險」才是王道

在我看來，「零破產風險」是交易中最重要的概念，也是最重要的一環。沒有其他任何事情、方法、交易格局、進場技術、停損技術、資金管理、心理因素能夠與之較量。零破產風險正是王道。

零破產風險是統計概念，這個概念讓交易者知道：依照他們交易的方式，交易帳戶徹底失敗的機率是多少。如果用外行人的說法，就是「破產」的意思。零破產風險包含兩個

重要元素：期望值與資金控管。它讓交易者知道：依據其交易方法，以及依據其資金控管策略所允許的每筆交易風險資本下，每損失 1 美元將可獲得多少的期望值。結合期望值與資金管理可得出破產風險數據。如果交易者希望能持續留在市場上，那麼他就必須遵守零破產風險的概念。沒有其他可能。沒有任何例外。這不需要討論，也無可讓步。因此，任何高於零破產風險的數值，都太高了。當然，破產風險為50％的交易者將遠比破產風險為 2％的交易者更悲慘。但是，即便破產風險低至 1％或 2％的交易者仍然有可能把事情搞砸，那只不過是時間的問題罷了。

任何想要成功的交易者都必須知道：不管是個別交易或投資組合的破產風險，都必須與資金控管策略合併檢視。如果他們的破產風險高於零，那麼最好先別進行交易；如果他們貿然行事，那麼只能自食惡果了。

如我所說，零破產風險才是王道。如果想更進一步了解破產風險，請閱讀我的前作《交易聖經》。

▌「年均複合成長率」是第二關鍵

如果「零破產風險」是國王，那麼「年均複合成長率」（CAGR）就是皇后了。

顧名思義，年均複合成長率就是在特定時間內，交易策略所得之的年度複利成長率。這正是估算交易策略增值效率性的最佳計算方式。

若你能在市場上活下來，接下來的目標就是要能賺到錢，而年均複合成長率可以作為計算該策略淨美元表現的最

佳工具。雖然該數值無法反映其表現所隱含的風險程度，但年均複合成長率仍為起始資本與終點資本間的筆直曲線。

另外，請不要將年均複合成長率與「平均報酬率」（average return）搞混。雖然年度平均報酬率可用於計算特定績效指標，但不應將其用來衡量和比較策略的績效。

讓我進一步解釋。平均報酬率的本義正如其名，如果你運用某策略以 2 萬 5,000 美元進場交易，並獲得 100% 的成長率，該年末你的帳戶將有 5 萬美元；如果你在接下來的一年蒙受 50% 的虧損，那麼你的資本額則會恢復至 2 萬 5,000 美元。換言之，在這兩年中，你的年均複合成長率或年度報酬率為 0%。你沒有輸錢，也沒有賠錢。

當然，那些只在乎業績的策略開發者或供應商，或許會聲稱某策略的年度平均報酬率為 25% —— 在第一年獲得 100% 的收益，然後在第二年損失 50% 的收益，得到 50% 的淨回報率，如果除以兩年，得到的平均回報率為 25%。這個數字稱為「平均報酬率」，如果用這個數字來展示某種策略的表現，會具有相當大的誤導性 —— 如果你的帳戶每年平均得到 25% 的收益，那麼兩年後帳戶裡的總金額不是應該大於 2 萬 5,000 美元嗎？

你應該關心的是投資策略的年度複利表現，也就是年均複合成長率或「年均報酬率」（annualized return，或稱年化報酬率），在上述例子中，其數值為 0%。

請記住：對整體策略表現而言，年均複合成長率極其重要，當你評估策略績效時，請務必忽略平均年報酬率。

▍唯一的祕密：當個好輸家

祕密、祕密、祕密。噢，誰都想知道交易的祕密吧？嘿，我也想知道啊！但是在市場打滾三十五年後，我覺得真正的祕密只有一個，而且非常簡單：

最好的輸家會是長期贏家。

這句話可以用在前芝加哥期貨交易所的交易員，人稱「幽靈」（Phantom of the Pits）的投機者身上。

我認為他正好說明了這句話的意思。大部分的交易者都是很差的輸家。他們厭惡虧損，不斷地移動停損點，延續交易的生命，並找一堆理由將自己的行為合理化；他們忽視虧損部位，直到虧損部位無限擴張至無法無視為止，他們才強迫自己停損在荒蕪之中。大部分的人無法成為好的交易者，因為他們都是很差的輸家，行為金融學稱此為「處份效應」（disposition effect）——交易者付出一切代價，僅為了避免虧損。你必須重新讓自己的大腦適應「接受虧損」這件事。

請擁抱你的虧損，學習當個好輸家。我就是這麼做的。我可說是完美的輸家。我是非常主動的交易者，而且在幾乎一半的交易裡賠錢。因此，我輸滿多的。如果不是我這麼會輸錢，我現在就不會出現在這裡，在家中寫一本交易專書。因此，請學會擁抱你的虧損，並成為很好的輸家。「賠錢」正是交易領域的精髓部分，這是你在金融領域的龐大存貨成本。當你成為好的輸家後，你會更快地通往成功。這是交易

成功的唯一祕訣。

如果你認為自己不可能成為好的輸家，那麼你應該也不大可能成為成功的**趨勢交易者**。請記住：基本上，在趨勢交易者的十次交易裡，約有六、七次會輸。**趨勢交易**需要你當個好輸家。如果你認為自己做不到，那麼請把本書放下吧，你會感謝自己沒有身陷災難！

▌接受交易的「事實」

讓我把幾項關於交易的重要關鍵串連起來。當你分別檢視時，它們都非常強大，而當你把它們結合再一起時，更加會成為交易領域的關鍵事實。

主流交易論點往往認為，唯有選出贏家、選對高點或低點，交易才能獲利；這絕對是錯的。交易也與了解自我、發展自我無關。不是的。你現在應該已經了解交易（特別是**趨勢交易**），不但淒風苦雨，而且異常痛苦，它充滿了不確定性與虧損。隨著時間推移，你還會了解到趨勢交易缺乏多巴胺與血清素。如果這聽起來不夠慘的話，你得記住**趨勢交易**必定伴隨著破產風險。我已將淒慘的景象如實描繪，我希望你能認真面對它。現在，我希望將自己悲觀的觀察再進一步仔細分類描述，以便讓你善用自己的精力、資源與專注度。

為了確保你不再存有錯誤的幻想，我必須強調主流交易論點所認為的獲利原則是錯的。換句話說，能獲利的交易與任何「選擇」無關。真的。這也與了解自我或是找到神奇的指標、完美的進場技術無關。真的無關。能獲利的交易不需要你成為最聰明的交易奇才。它也與對錯，或是掌握交易祕

密無關。真的。

我認為，交易獲利的通則只有兩個重要關鍵：

1. 數學。
2. 當個最好的輸家。

簡單吧？這不但是我的求生之道，我還用這個方法獲利。在你開始交易前，你必須先掌握這兩個關鍵。所謂成功交易的通則背後，真正重要的就是數學，以及當個好輸家。你可以再次翻閱《交易聖經》。以下先讓我們進一步了解這個說法吧。

| 數學 |

交易獲利只與數學有關，也就是你的起手式得是「零破產風險」。你必須學會正確地計算破產風險值。如果破產風險值並非為零，或是你不知道如何計算，那麼你就無法交易。如果你什麼都不懂卻還是進場了，那麼沮喪將排山倒海而來。

交易獲利的公式就是請務必以「零破產風險」進行交易。你必須知道在特定交易策略的框架下，每 1 美元虧損的期望回報值為多少。你所運用的策略（包含交易格局、進場、停損點與出場），必須擁有「正期望值」。你也必須知道在每一筆交易中，你所承擔的風險資本金額。你必須知道自己交易的金額與單位。你必須擁有極佳的資金控管原則。

你的期望值與資本管理之數學效應，將帶來一定數值的

破產概率。這就是獲利交易的數學，你必須運用正期望值策略，搭配合理的資金控管原則。若想獲利，你必須以零破產風險的狀態進場。這就是交易獲利的數學法則。

| 當個最好的輸家 |

要成就獲利，也意味著你必須抵抗「處份效應」，不要貪戀虧損的交易。請記住：對交易獲利而言，最好的輸家將成為長期贏家，這才是唯一的祕密。你必須學會擁抱虧損，

表 2-1 成功交易與選出贏家、高低點無關。唯一有關的是數學及當個最好的輸家。

成功交易的通則
交易獲利與選出贏家、高低點無關，唯一有關的只有兩個簡單的原則：   **1. 數學**   　交易獲利＝正期望值＋資金單位   　交易獲利＝零破產風險   **2. 當個最好的輸家**   　• 擁抱你的虧損。   　• 忍受虧錢的痛苦，這是交易的一部分。   　• 忽視希望、恐懼與貪婪，謹守你的交易計畫。   　• 發展合適的心理狀態。   　• 擁有極佳的交易心態。   成功交易的通則正是交易的事實。   成功交易的通則＝資金控管＋方法＋心理

因為你無法在交易世界裡避免虧損。你必須學會忍受虧錢的痛苦，因為你將時常虧損。你必須學會永遠不要去移動停損點，並且謹守交易計畫。你必須學會忽視希望、恐懼與貪婪。你必須學會不要過度思考，專心地執行交易計畫。你必須學會發展出合適的心理狀態。你必須擁有極佳的交易心態。

我建議你把表2-1列印出來，把它貼在你的操盤螢幕上。

▌承認當個「自由裁量型」的交易者很困難

交易者有兩種。一種是「機械式交易者」（Mechauical，或稱系統、程式交易者），一種是「自由裁量型交易者」（discretionary，或稱主觀交易者）。

首先，請了解不管是「機械式交易」、「系統化交易」、「量化交易」或「程式交易」，這些標籤都是可以互換的，它們都指向類似的交易者。儘管「程式演算」確實意指在特定交易格局發生時，觸發電腦自動執行交易動作，但所有的標籤都指稱同一種交易者。這種交易者以百分之百客觀的策略、清晰定義與毫不含糊的原則進行交易、判斷在什麼地方進場、設置停損點與出場——他們不會自由裁量交易計畫。

但不管是機械式或自由裁量式，所有的交易者都必須擁有完整的交易計畫，以此涵蓋交易格局、進場、停損與出場。

機械式、系統化、量化或程式交易者，不會在特定交易格局出現時，自由裁量是否要進行交易。他們會面不改色、毫無畏懼地嚴格遵守交易計畫；當特定交易格局出現時，他

們會忽視市場狀態或報紙頭條標題，逕自交易。此外，程式交易者更運用網路交易平台自動監控交易格局，自動執行下單動作。

相反的，自由裁量型交易者本身，則成為是否遵守、執行自身交易計畫的最後防線。他們會主觀做出最後的決定。他們會自我裁量是否該啟動交易。

以我來看，要當個成功的自我裁量型交易者滿難的。我會建議所有人都選擇機械式或系統化的交易法，而非自我裁量型交易法。

為什麼呢？這兩種交易者大致上是相同的，唯一不同處在於以下兩方面：

	交易計畫	證據
● 機械式交易者	完整	有
● 自我裁量型交易者	不完整	沒有

機械式交易者擁有完整的交易計畫。他們通常沒有太多的規則，而是根據歷史數據來衡量其交易計畫。也就是說，他們依據「事實」而行動。

相對的，自由裁量型交易者的交易計畫通常不完整，這些人往往因為一些「可是」、「如果」的藉口，延誤執行交易。他們的交易計畫不完整，也有較多規則（並因此落入曲線配適的陷阱），同時也很難衡量其歷史表現。他們不依據「事實」採取行動。

這兩種交易者都有他們的交易計畫。一個完整,另一個可說是半完整。機械式交易者知道自己的計畫,而自我裁量型交易者則否。我相信,以「自我裁量型」來形容他們實在太客氣了,他們根本還沒準備好。擁有不完整的交易計畫代表他們對期望值或破產風險相當無知。嘿嘿,他們甚至不知道這兩者的實際意涵呢。

這也是為什麼我認為自我裁量型交易者很難成功。他們多半無視期望值或破產風險的存在,以盲目的信仰與希望作為交易基礎。而相反的,機械式交易者知道自己的期望值與破產風險,他們以目標與歷史證據作為交易基礎,並為此感到自信。

自我裁量型交易者對期望值與破產風險完全無知,又缺乏歷史數據判斷自身的交易計畫是否具有優勢。他們盲目交易。在盲目的狀態下,又如何能獲得成功呢?

我們以下面的例子,解釋自我裁量型交易者。

自我裁量型交易者或許決定在趨勢呈現突破傳統震盪模式的旗形、三角旗形或三角形趨勢時,進行交易。他們或許選擇以簡單的 200 日移動均線,觀察主要趨勢。一旦進行交易,他們可能會以跌破短期或中期移動均線預期方向的每日收盤作為停損點。

我對這個方法沒有意見,甚至知道這個策略的諸多優勢,隨後我也會在第六章介紹阿諾得的 PPS 型態概念系統。但是,我認為多數運用類似策略的自我裁量型交易者,並不知道該策略的期望值。我甚至可以大膽猜想他們不知道自己所選投資組合的歷史資料中,曾經發生過多少次旗形、三角

旗形或三角形趨勢——他們不知道自己交易標的的歷史進展。不只如此，他們僅仰賴總體獲利下的歷史模組；只相信幾個在特定選擇下產生的圖表是遠遠不夠的。

此外，自我裁量型交易者仰賴自己的能力，指認出他們所偏好的趨勢，而他們怎能以如此主觀的方式執行如此艱鉅的任務呢？在這個狀態下，幾乎所有的認知偏誤都會進入腦海裡。期望感代表強大的驅力。期望感會扭曲你的認知，就如同重力加諸在我們身上的作用一樣。「期望」有其力量。而當你期望看見旗形、三角旗形或三角形趨勢時，你猜會怎麼樣？你就會看到！不管它們究竟存不存在，畢竟所思即所見。這對自我裁量型交易者來說，絕對是非常嚴重的干擾。很可惜的，要仰賴你的辨識技巧尋找能支持某一策略的趨勢，絕對是非常困難的。

要了解特定策略的期望值，你必須蒐集該投資組合所有震盪趨勢的完整歷史資料。這是絕對必要的。所有的震盪趨勢必須精確定義之，不容許任何「如果」、「但是」，或者個人認定的「期望」。

接著，交易者必須知道自己在那些「哎，再等一下」的時刻裡，會造成多大的損害。我實在無法衡量如此主觀的延宕會帶來多少損害。但是，先假設他們自己心知肚明吧。

假如自我裁量型的交易計畫徹底執行了，接著就應建立歷史損益分析、淨值曲線，以得到期望值，並計算破產風險值。

接著問題來了。這種交易方法擁有正期望值嗎？有，還是沒有？如果有，此策略在特定的資金控管策略下的破產風

險值為何？是0％嗎？如果是的話，你有足夠的交易機會操作此策略嗎？如果是的話，請動手吧。下一步，你必須決定它的穩健程度，而這將與歷史淨值曲線息息相關。它很穩定嗎？還是很脆弱？請注意：之後我還會詳細解釋所謂的「穩健性」，但我們現在討論的是，唯有擁有零破產風險與正期望值，才有運用此策略的必要。許多自我裁量型交易者無法回答上述問題。就這樣。而這遠遠不夠啊！

如果你沒有掌握上述關鍵，如何能成為成功的自我裁量型交易者呢？

因此，大部分的自我裁量型交易者都仰賴「希望」進行交易──他們希望自己不會慘賠。對自己的期望值與破產風險值一無所知的交易者，根本就是賭徒，他們仰賴的是毫無依據的理論，以及幾張精心選定的完美圖表。

我認為，在自我裁量型交易者的心裡，他們不希望「證據」出現在眼前。他們寧可在伸手不見五指的黑暗中交易。他們很喜歡嘴一些老掉牙的藉口：

……我的交易不完美，因為沒有任何理論是完美的……

是的，我經常碰到有人會這麼說。我相信，雖然不是全部，但多數的自我裁量型交易者都很會幻想。他們成為自己認知偏誤的受害者，深信自己的能力可以完美確認所有未來的交易格局模式（旗形、三角旗形或三角形），且能精準執行。他們徹底（錯誤的）相信自己有能力可以確認出交易趨勢。

因此我認為，要成為成功的自我裁量型交易者真的很難，雖然絕非不可能。但對期望值與破產風險無知的交易者，無疑是在黑洞中交易。他們的信念認為自己偏好的策略真的有某種優勢。

　　對於交易新手或苦手，我會推薦他們學習如何發展出機械式或自動化的策略，將「自我詮釋空間」排除在外。一旦完成並滿足其策略所提供的期望值、機會、破產風險值與穩健性後，他們就可以決定要如何執行它。我會用機械式或程式交易的方式對待每一個訊號，然後在自我裁量的基礎上處理機械式訊號，拉里‧威廉斯也是如此。但首先，他們會需要一個機械式、系統化的策略，讓他們計算單一交易的破產風險值及各種績效指標。

▌借鏡聰明的資產管理者

　　如果我還沒說服你使用機械式／系統化／程式或演算法式的基礎進行交易，那麼你應該看看專家們的方法（圖2-1）。

　　根據巴克萊對沖基金（Barclay Hedge）調查，自 1999 至 2019 年，機械式趨勢追蹤者的總資產從 220 億美元成長至 2,980 億美元；在同一時期，他們估計自我裁量型交易者的資產僅從 80 億成長至 120 億美元（請詳見 www.barclayhedge.com）。

　　很明顯的，如果專家們以機械式趨勢法管理資金，你難道不該有所領悟嗎？我希望你有。如果你真的希望在交易界成功，那麼請將注意力與心力放在如何成為機械式／系統化或程式或演算法式交易者上。

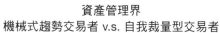

資產管理界
機械式趨勢交易者 v.s. 自我裁量型交易者

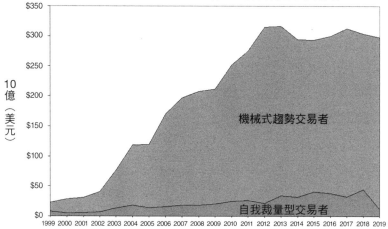

圖 2-1 如果你不能決定自己想成為那種交易者，那麼跟著專業
資產管理者以機械式／系統化基礎進行交易準沒錯！

　　唯有透過精準的證據與可計算的原則，你才可能計算出
自己的期望值與破產風險值，並知道自己不是一廂情願地進
行交易（或稱之為賭博）。

▌避免成為安慰劑交易者

　　我對自我裁量型交易的懷疑其來有自。在上一本書《交
易聖經》中，我討論了幾個狹持著莫名的理論進入市場卻成
功獲利的交易者。這些人在不知道期望值或破產風險的狀況
下盲目的交易。

　　我稱這些交易者為「安慰劑交易者」。

　　他們的信心奠基於錯誤或偏差的概念。我後來也接受
「交易者進入市場的原因並不重要」的事實，重要的是他們

累積的獲利高於累積的虧損。即便交易者對某一特定市場的理論是錯誤的，但只要他們能靠著絕佳的直覺獲利，那又有什麼關係呢？追求勝利的本能彌補所有缺失了嗎？總之，無所謂啊。

然而，這些「安慰劑交易者」是例外之徒，多數的交易者其實都慘賠了。我認為這些安慰劑交易者是天生的交易者，懂得盡快賣掉賠錢部位，並讓獲利部位持續滾動。很不幸的，對其他的凡人來說，那實在不容易。

因此，我還是認定要成為成功的自我裁量型交易者太難了，最好先成為絕佳的機械式或系統化交易者吧。我承認有絕小部分的天才交易者的存在。他們生來就會成為巨星，甚至不需要透過系統化方式取得正期望值或零破產風險，就能取得成功。

▍明智地思考指標

請謹慎使用指標。普遍來講，我不喜歡主觀變量的相關指標。是的，在我的策略裡，我運用部分指標，尋找平均真實區間和移動平均。但是以基本原則來講，我寧可百分之百取決於「價格」。主觀變量相關指標的問題在於：它們往往導向淨值曲線的不穩定，這是我們應當避免的狀況。對我而言，這代表眾所周知的毒液聖杯，表面上它們讓你對有用的觀點歡呼，為的只是遮掩無效的意見，而其背後的成本將由你來承擔。

把錢輸光是最大的失誤

你能在市場犯下的最嚴重的失誤，就是輸光所有風險資本。有超過 90％的主動型交易者都對此不陌生。請不要犯這種失誤。你最好的保護機制是確保自己的破產風險為零。你必須下定決心成為破產風險的專家，以及成為最好的執行者。你最好在眼皮內層刺青：零破產風險，這樣就可以夜夜夢到它。這會痛嗎？當然。但不會比犯下慘烈失誤更令人扼腕。

好，以上就是我所分享的關鍵訊息，其中的「知識」部分。在接下來的關鍵訊息裡，我想談談「風險」。

關鍵訊息 2：風險

現在你得檢查自己的車是否有加裝安全氣囊。除了賠錢以外，你還需要當心與預防其他風險。如果我寫的是一本有聲書，那麼我一定會加入這些警示語：

……前方危險，前方危險，威爾・羅賓森＊……

這麼做是警告你前方有危險，而且我所說的危險與策略表現或市場波動無關，而是要你當心其他類型的重大風險，包括：

＊ 語出美劇《太空迷航》（*Lost In Space*）。

- 說故事的人。
- 聖杯。
- 你，以及跟你相關的……。
- 四騎士的策略啟示錄。

說故事的人

小心專家！

你知道我說的是誰。那些人自稱為「專家」。他們只會製造噪音。他們只會滔滔不絕。他們是聰明的編輯與非常會蠱惑人心的傳媒大師。我說的正是那些在新穎的攝影棚裡拍攝的金融新聞頻道，頻道名嘴大方提供自己的見解與觀點。我說的是那些斗大的報紙標題，預示大膽的市場表現。我說的是那種在收盤時受訪、看似忙碌的交易員。我說的是那種不斷傳來的 email，裡頭總是塞滿了強硬的市場觀點與預測。我特別要指出那些有真有假的經濟學家、推廣他們「經濟學」觀點的人。他們都長得相貌堂堂，有著令人愉悅而勸世的口吻，而他們確實相信自己所說的話。你知道我說的是誰。他們是訊息收集器、重複者、強化者、小說家與修正專家。他們只會干擾人心。他們都是說故事的人。

這些說故事的人占據了電視頻道、網路與報章雜誌。他們擁有極受歡迎的電視或廣播節目、書籍、報紙、Podcast或 Youtube 頻道。你看過他們、聽過他們也讀過他們的文章。他們會提供非常樂觀的意見，提供聽起來相當聰明、有娛樂性的金句，讓你誤以為這是有用的資訊。他們往往將過往的錯誤，轉變成眼前的錯誤。他們成為自己確信事實與偏

見的受害者，並且不斷推廣自己根深蒂固的觀點。他們成為牧羊人，成為集體意見的領導者，也正是憤怒市場中最燦爛的紅旗。事實上，市場的本質正是要懲罰任何集體意見。他們認為「最大逆境先生」（Mr Maximum Adversity）是市場裡的虛構人物。

你必須學會忽視那些說故事的人。現在你必須對自己的命運負全責，並且將自己封存在虛擬的繭裡面，你應當只聽得見自己的聲音，而非其他干擾的噪音。他們所說的都是廢話，而且絕不要依賴他們的意見，進行交易動作。

那些主持金融新聞頻道的人恐怕會帶給你最大的風險，他們總是臉不紅氣不喘地興奮地報導市場的波動起伏。這些勤奮的經濟學家，重複著自己的信念、教條、令人困惑的原則，並將「事實」當作點綴用的證據。這些市場的外圍參與者，雖然有著精心的打扮與極具權威感的經濟概念，但那都是鬼扯些不堪一擊的大話。普通觀眾不妨配零食一起觀賞。

為了堅持自己的路線，你必須學會忽視他們的聲音，儘管他們的敘事相當可信。他們的敘事像是令人警覺的噪音，並將引導你走向財務災難。他們的意見不但與任何正期望值無關，也不代表任何可執行的知識。

這些都僅是噪音，而非得以仰賴、據以行動的資訊。

說故事的人提供過度樂觀的見解。這根本是一種傲慢。請記住：樂觀而精心設計的意見不但無用、無法據以行動，其實也只是其他人的「意見」，不具有任何可信賴的期望值。

你需要格外注意的說故事的人，乃是那些非常嚴肅、舉止非常得體、教育水準極高、發言聽起來非常有權威性與有

教養的經濟學家。我認為他們是最危險的人物。這不是因為他們的意見比起其他說故事的人更為失真，而是他們的身分讓人們更容易嚴肅對待其見解。你必須理解：雖然他們受過高等教育，但是他們所專精的領域——經濟學，就和宗教一樣，是徹底奠基於「信念」之上。當他們選擇特定經濟學派時，就與任何科學無關。他們正像是那些發展失敗的交易策略，擁有太多的變數與假設，並以此推論自己所偏好的經濟與世界運作方式。然而，他們的精彩學歷、看似精準的「經濟學」話術與令人折服的任教學術單位，讓人以為他們的意見與預測有所依據。很不幸的，他們的「可信感」吸引了無數交易者，而這般飛蛾撲火的舉動，導致了人人面臨一致的災難。

　　如果你認為我對他們可悲意見的指控不正確，那麼請參考賴夫施奈德（David Reifschneider）與圖利普（Peter Tulip）於 2017 年所寫的〈運用歷史預測誤差來衡量經濟前景的不確定性：聯準會的方法〉＊報告。在本書出版的當下，賴夫施奈德任職於美國聯準會，而圖利普則任職於澳洲央行，兩人都是重量級人物與經濟學家。該報告的結論是：經濟學家無法進行預測。他們將重要的經濟指標（好比失業率、通膨率、利率與 GDP 國內生產毛額等）之預測與實際結果相比。結果呢？你自己猜猜看。那真是不忍卒睹！沒錯，雖然經濟學家有其專業訓練、有令人信服的外表談吐，

＊ Gauging the Uncertainty of the Economic Outlook Using Historical Forecasting Errors: The Federal Reserve' s Approach.

並以專業的經濟學術語進行分析，但他們無法預測！他們的經濟模型相當過時。他們的意見根本不值得發表。你不如自己擲銅板決定吧。

你必須記住：市場分析師、評論家、名嘴、那些訊息收集器、重複者、強化者、小說家與修正專家，他們往往都有其他動機。他們的動機就是建立你的信任，你正是他們的潛在消費者。他們希望自己看起來知識豐富、自信，以便讓你自認為學到了知識、得到了自信。他們正嘗試培養信心，建立可信度，因此你才會購買他們的服務，不管那服務是銀行貸款、電視節目、串流訂閱服務或顧問服務都好。他們有自己的動機。他們只想刺激你的腎上腺素。我們只該聆聽或閱讀那些真正的交易者所說的話，尤其是那些真正成功的交易者，而不是那些活潑動人、言之鑿鑿的名嘴們。

你最好遠離那些說故事的人。

▌聖杯

另一個風險，來自於相信神祕的聖杯，也就是相信神祕交易策略確實存在的你。那種宣稱擁有 100％準確度與 0％虧損率的交易策略，你一定聽過吧？

因此，讓我們來看看房間裡的大象，也就是過度執迷於追求聖杯策略的不健康、不實際也不神聖的行為。許多交易者深信市場深處有著巨大的祕密，而那個祕密將會滿足他們的帳戶與自我。只要他們可以找到。他們很敢於嘗試！

如果你相信自己可以購買或發展出完美策略，這就會為你帶來危險。這不但浪費時間、讓你分心，導致拖延，也是

你真正應當避免的兔子洞。

　　你必須活在當下、避免拖延，不要浪費時間幻想找到或發展出完美的交易策略。沒有任何交易策略會變成你的ATM。你必須把自己拉回現實，面對當下。

　　我所謂的「現實」，就好比你眼前的帳單，那才是我們的現實。這也難怪你想沉浸在白日夢裡，以為自己可以找到簡單的交易之道，以為自己真的可以找到偏方。兔子洞或許是引人注意的分心點，然而，你的帳單不會人間蒸發啊！

　　任何的交易意見、信念、法則或動機都不會為你帶來進帳。唯有今天你採用了穩健的正期望值與0%的破產風險策略，你才會有進帳。這會為你的帳戶持續帶來收入，而成天做白日夢不會有什麼實質好處。

　　身為本書的讀者，你實在沒有不尋找穩健、正期望值策略的藉口，你必須驗證方法、選擇可管理的投資組合、完成測試，並讓自己在零破產風險的狀況下交易。沒了。一切端賴於你的意願，但首先你得接受當下的狀況。

　　然而，我非常實際，我知道大部分的讀者總是會在內心深處渴望「聖杯」的存在。然而，與其徹底漠視如此的渴望，倒不如好好地徹底檢視聖杯的可能性，以免這種渴望又在別處滋生。但要小心，別讓如此的妄想，毀了自己的交易局勢。

　　首先，聖杯代表「異於其他交易者」的獨特之道。它或許意指100％的零虧損率，並可以成為神祕、傳說中的致富之道。對某些人來說，「聖杯」可能是具有合理準確性的策略，配合著微小的虧損率。不管他們所認為的「神聖性」強

弱，聖杯策略代表著一套可以無痛交易的神祕策略。這將會是進入市場的絕招。因此，人人都會有屬於自己「天堂交易法」的想像。

我真心地相信這種「簡單」而幾乎「完美」的交易策略絕不存在，而追求聖杯策略更是毫無意義、有害，並且浪費精力與資源。

沒有意義的原因，在於我不需要聖杯策略才能賺到錢。一套穩健、平凡的策略就夠好了；有害的原因，在於尋找完美的交易策略根本是不可能的任務。要找到完美策略和徒步到彩虹的另一端一樣，根本是說夢話吧。如果將自己沉浸在沮喪的循環裡，所有人都會發瘋的，這真的會帶給你傷害。至少我這麼認為。至於浪費精力與資源的原因，在於這將會是非常艱難的工作。基本上來看，要找到聖杯是不可能的。

然而，我深知人性，我也知道我們總有著旺盛的好奇心。所以此時此刻，讓我們暫且相信聖杯策略確實以某種程度的真實存在。舉例來說，假設西蒙斯（James Simon）文藝復興公司（Renaissance Technologies）旗下的「大獎章基金」（Medallion Fund）真的祕密地擁有包含聖杯策略的投資組合——根據彭博新聞在 2016 年發表的文章，該基金自 1988 至 2016 年的年均複合成長率在扣除手續費前，高達 80％！我相信這種程度的水準代表了某種「聖杯」策略的光環。

因此，在假設任何聖杯策略存在以前，我們得相信證據，而此時唯一的證據乃是彭博新聞所發表的單一文章（儘管文藝復興公司確實是其他對沖基金的頭號敵手），這讓我們相信：或許某種可以不斷獲利的策略或投資組合真的存在。

但是讓我們實際一點。若你相信大獎章基金真的合理地帶來希望，那你也得複製他們的交易架構才行。這正是困難點。根據彭博新聞的報導，在文藝復興公司的三百位員工裡，有九十個數學與物理博士。你必須有如此的心力與付出，才可能得到相似的報酬。這對我們普通人來說根本是不可能的。

因此，我的重點在此。儘管聖杯策略可能存在，但除非你是億萬富翁，否則要實踐聖杯策略根本是不可能的任務。所以，趕快放棄吧！捨棄幻想，專注於當下，專注於眼前確實存在的穩健交易策略，它們都有著正面的表現範疇，並且能為你工作。我將會在第六章檢視其中幾種穩健的交易策略。你只需要停止向遠方投射目光，專注在自己手上的策略即可。

為了讓我們停止妄想聖杯策略，讓我再一次地重複。假如我們認為聖杯交易真的存在，那麼請先接受以下事實：

要實踐聖杯策略，必須花費龐大的時間／心力／資源。

我們還必須承認以下事實：

1. 交易成功並不需要聖杯策略。
2. 專注於目前可行的策略比較實際。
3. 專注於以往可行的策略更實際。
4. 如果某策略在過去有效，那麼未來可能也有效。

因此，身為交易者，我們需要「區分」事實與希望。

以現實來看，我們必須專注於當下與過去。專注於真正可行的方法。專注於實際、已建立好的穩健交易方法。專注於能在現在獲利，並且可以讓你付清帳單的方法。對於我們的希望，我們必須花時間進行研究，也就是花時間以（期望）找到那遙遠而朦朧的聖杯策略。但唯有當你已經在當下獲利了，才值得你花費額外的時間研究聖杯策略。

簡而言之，如果你內心是個尋寶者，你必須先接受現在並沒有任何聖杯策略存在。明天或許可能有，但現在真的沒有。因此請接受當下，並專注於當下的獲利，不要引誘自己往明日的財務兔子洞走去。追逐或祈求完美絕對是白日夢。現在，沒有任何完美的策略。我們有好策略，但絕對與「完美」無關。你必須先忍受痛苦才能享受獲利。請不要冒著跳進兔子洞的風險，那會是個無底深淵，請不要相信可獲利、且無痛的聖杯獲利法確實存在於今日，這會浪費你很多時間。請將你的目光放在當下，活在當下，並僅僅「希望」未來當你成為成功的永續交易者時，再來思考聖杯策略。

▎你，以及跟你相關的……

不管你相不相信，「你」會為自己帶來更巨大的風險。我們每個人都希望能獲得認可與被重視，這點在交易領域也同樣成立。為了被重視，我們相信自己得創造出自己的策略。

你必須檢視與控制關於「重視度」的問題。你的自我或許會成為阻撓你成功的巨大絆腳石。你。你希望自己有重

量。你希望自己的工作受到重視與認可。交易者希望自己在市場的努力可以被承認且獲得獎勵。他們希望自己的努力可以轉換為紅利。而能受到他人重視並讓努力獲得報酬的絕佳方法，就是創造自己的交易策略。由於大部分的策略都受限於資料探勘與過度的曲線配適，因此多數的報酬不會是正的，而是負的。因此，交易者們繼續地修正與調整，繼續地動腦與重建，很可惜，他們只是在折磨自己。他們深陷不斷重複的迴圈中，因為他們認為自己的心力與財務折損值得獲得正報酬，畢竟他們已經努力投資自己成為成功的交易者。在他們的腦袋裡，唯一合理的報酬是以自己的策略進行交易，儘管這些策略不差，但絕非完美，但是對他們而言，這些建立好的策略已經足夠好了，畢竟他們都有正面的歷史表現。

這很矛盾，因為交易者唯一該在乎的回報應當是帳戶的增值。然而，這些交易者卻認為以自己所發展的策略進行交易相當重要。這是因為他們認為自己具有重要性。但用誰的策略賺錢又有什麼關係呢？只要你能賺到錢。你最好不要過度膨脹自我啊！

隨後我會與你分享，我認為目前最好的公開交易法則。這裡頭沒有祕密。那個策略很出名。所有的交易者都應該將自己所發展出的策略法與之相較。如果他們沒有發展出更好的方法，那麼我認為，他們就應該放棄己見。這很簡單，也很穩健。是誰發明的根本不重要。任何個人所發展的、較為拙劣的策略都應當被放棄。

我的重點是：放棄任何已經完整發展的穩健策略，而僅

求滿足自尊與自我，這是非常愚蠢的態度。

　　如果你很渴望自己有其重要性，那麼請你提醒自己：你真的很重要，但重要的原因在於你所選擇的策略方法、你所選擇的資金管理法則與你百分之一百的實踐。如果沒有「你」，你就可能掉進以高於零破產風險的交易法則的陷阱裡。因此，你真的很重要！

　　因此請接受：目前已有許多好的趨勢交易策略存在，而且它們已受市場檢驗一段時間了，這些策略的發明者不是你也不是我。你必須學會放掉自我。你必須停止希望讓自己（或自己的努力）被人重視。不要認為你讀了任何交易書、研究任何策略、參加講座或工作坊、使用新軟體或參與網路研討會，就會因為擁有新知識或試圖努力而獲利。如果你發現自己無法構想出穩健、簡單的交易策略，那麼請把自尊與自我放在一邊，先相信眼前既有的策略，並善加運用。

▌四騎士的策略啟示錄

　　最後，你必須非常小心前方的巨大風險障礙，我稱之為策略失敗的主要指標，也稱為「四騎士的策略啟示錄」（表2-2）。其內容如下：

　　1. 資料探勘。
　　2. 過度的曲線配適。
　　3. 最新的交易概念。
　　4. 缺乏淨值曲線。

| 資料探勘 |

若僅挑選幾個特定市場去反映策略的績效，就會產生資料探勘現象。這和古老的挑櫻桃原理一樣，策略開發商以表

表 2-2 當你發現「四騎士的策略啟示錄」跡象靠近你時，快逃啊！

交易策略失敗的主要指標
四騎士的策略啟示錄
1.資料探勘 　跡象： 　i.　少數市場 　ii.　特定市場 　iii.　特定區域市場
2.過度的曲線配適 　跡象： 　i.　太多規則 　ii.　太多變量相關指標 　iii.　買賣架構的不同變量值 　iv.　不同市場變量值不同
3.最新的交易概念 　跡象： 　i.　市場為新發現而歡欣鼓舞 　ii.　缺乏樣本外數據
4.缺乏淨值曲線 　跡象： 　i.　無淨值曲線＝無策略 　　無策略代表缺乏清楚定義的交易規則

現最優的市場展示其策略表現。當策略的歷史表現僅以少數（完美）的市場或個別市場區塊（好比匯率、或僅以利率表現）呈現時，就會發生這種情況。我知道現在的個別市場與市場區塊都有自己的特性。舉例來說，指數市場就與其他市場相當不同，因為它總是會發生回補（均值回歸），傳統的趨勢交易策略很難在此獲得成功。我個人在指數市場所運用的策略與在其他市場的策略不同。然而，最好的原則是：唯有以全面性的多樣化市場投資組合進行衡量，才能真正看出特定策略的表現，而非特定少數市場的表現。多市場的功能化（Versatility）是策略致勝的關鍵因素之一。功能化減少了資料探勘的風險。致勝的策略往往奠基於穩固且可適用於任何自由交易市場的概念。如果僅以少數特定市場證明其策略，不管策略發明者是你或是其他人，都值得懷疑。

| 過度的曲線配適 |

在統計中，數據是由訊息和雜訊所組成。若市場數據反映出主要趨勢，則代表了良好的訊息。所有的回補、曲折與轉變對趨勢交易者來說都是雜訊。過度的曲線配適策略企圖抓住市場的每一次下跌與反彈。交易者所設計的策略應僅跟隨歷史數據中有意義的訊號，而非毫無預測能力的雜訊。

目前，所有的策略都含有部分的曲線配適，因其能掌握有意義的市場訊號。因此，任何的策略都含有一定程度的曲線配適。你必須知道你希望掌握何種訊號，以便發展自己的策略；如果你無法掌握訊號，那麼就無法發展任何策略。因此，曲線配適是無法避免的。所有的交易者都會進行曲線配

適，但多數的交易者甚至會過度使用曲線配適。好的交易者總是將曲線配適極小化。而當你企圖擬合市場的每一次下跌與反彈（也就是雜訊）時，就落入了過度曲線配適的陷阱，特別是當你的策略有如下特性時：

- 偏好複雜而非簡單。
- 過多的原則與過多的篩選。
- 涵蓋過多可調整變數的指標。
- 買進和賣出架構之間的不同變量值（和），
- 不同市場的不同變量值。

或者，簡而言之，策略過於複雜，而非簡單。過度複雜的策略用以避免、消除、或迴避表現性虧損，並提供令人開心、強化利潤的絕佳表現。但是未來虧損將再度出現，因為任何具複雜性的策略將無可避免地虧損。由於複雜性原則將無法再次掌握利潤，因此利潤將無法實現。這兩種負面的結果都會反映在交易者的帳戶與信心上。

| 最新的交易概念 |

這是個嚴重的問題。因為那些不道德的策略銷售員將運用聰明且具刺激性的市場銷售手段，導致你很難防備。當你感覺到市場為新發現而歡欣鼓舞時，那就是訊號了。他們的銷售話術將會刺激我們大腦內的腦內啡接受器，讓你產生歡愉感。當我們自然地感到歡愉時，就有可能一鍵進行本能性的買賣，而那正是他們所希望的。我們將非常難以抗拒自己

的本能。「新」選擇對我們來說有著強大的吸引力，讓我們相信它可以取代「舊」經驗所帶來的失望與痛苦——好比持續性的虧損。誰不希望能有新事物取代過去的負面經驗呢？

另一個必須注意的風險是，策略銷售員所慣用的「否認」手法；他們暗示你需要「新」策略，否則你就會被市場淘汰。「否認」自己是不公平的。你不妨思考以下看似聰明，卻非常有狡猾的說法：

你需要目前最進步、最尖端的交易策略。否則你就會被淘汰，和那些永遠不會成功的平庸交易者一起掉入深淵。

哇！好吧，誰不想要領導潮流啊？沒有任何人希望被淘汰或掉入深淵吧！這種充滿肯定與勾引本能反應的說法很容易說服那些剛入門的交易者。你必須小心提防這些話術，它們不僅失準，也能帶來強大傷害。他們建議、說服你必須獲得最新、最流行的策略，才能安穩交易。他們建議拋棄過去帶來虧損的策略，因為你將不會再運用過往的交易資訊。這絕對是廢話。你真正需要的是可以被事實檢驗且可行的策略。當你的策略待在市場上越久，那麼你擁有的證據也就越多，自信也會隨之增加。

因此，請對任何「新穎」的市場發現保持警覺，如果該策略缺乏可證明表現優劣之證據，最好就別嗨過頭。

| 缺乏淨值曲線 |

最後，另一個極可能預示交易失敗的跡象就是缺乏淨值

曲線。沒有淨值曲線就滿可疑的。這代表該策略過於主觀，並且缺乏明確、精準的規則，或是策略開發者在檢視曲線後知道其虧損狀態。因此，不管銷售話術多麼動人，或是特意選出的圖表多麼能說明其交易概念，缺乏歷史淨值曲線就代表無法計算期望值與破產風險值，那麼此策略多半只是個白日夢，奉勸讀者盡可能地遠離它。

關於風險訊息的說明到此告一段落。接著，我希望分享自己的「應用」觀點。

關鍵訊息 3：應用

我的「應用」關鍵訊息如下：

- 加強你的驗證技能，現在就去買軟體！
- 少即是多。
- 穩健才是王道。
- 選擇舊方法，復古正是新流行。
- 抵制新策略。
- 發展主要策略。
- 技術、時間與市場的多樣化。

▎加強你的驗證技能，現在就去買軟體！

如果你非常、非常認真地想要交易，那麼你就會希望擁有正確的工具。你會需要正確的軟體工具確認自己的交易想

法。如果無法證明你的策略擁有正期望值與零破產風險，那麼你就等於是在賭博。沒有任何例外。沒有任何藉口。句點。你恐怕會自食其果。

你必須現在就有所改變。你必須現在就發展有用、必要的技術。你必須學習精確定義自己的交易方法。你必須學習如何製作歷史淨值曲線，進行盈虧分析、計算表現性指標。要做到上述幾項要求，你就必須購買正確的測試軟體，並學習使用。缺乏正確的軟體，你將無法有效驗證交易概念。因此，請開始學習精準定義的交易概念、開始製作淨值曲線。如果你不相信我說的話，請先閱讀《交易聖經》第十二章中，我對布萊恩‧沙德（Brian Schad）所做的訪問。

再來，壞消息是這麼做很花時間，且會帶來重重挫折，你很難一夕之間獲得成功。你必須善用軟體，不然你就得獨自驗證策略。好消息是，當你擁有適切的軟體能力時，你就會處在更有利、更具知識高度的位置，進行良好決策。

我運用 Excel 的 Visual Basic for Applications（VBA）系統寫出交易測試器。學會使用 Excel 的程式語言是我個人最好的投資之一。這讓我徹底獨立，並擁有得以檢驗任何冒入腦中的交易概念之技能。我的意思並不是推薦你去學 Excel 的 VBA，因為我知道還有許多其他第三方軟體能讓你將交易概念轉換為程式語言。然而，若你還不會寫程式，我建議你趕快開始學習！

要找到最好的方法，最好的方式就是先用 google 做功課。然而，為了幫助你，我自己也才剛剛辦完一個參與者來自全世界的網路工作坊，我的學員來自加拿大、美國、波

蘭、澳洲、巴西、香港與日本。在工作坊中，我調查交易者們所使用的軟體，我把這個資訊分享給你。雖然市面上有許多軟體，但是要入門，你可以先從以下幾個軟體著手：

- AmiBroker
- Channalyze
- MultiCharts
- Trade Navigator
- Tradeguider
- TradeStation
- Trading Blox

在上述選項中，最受工作坊學員歡迎的工具為 TradeStation、MultiCharts、Amibroker 與 Trading Blox。

除了第三方提供的工具以外，也有些學員用以下軟體將我的策略程式化：

- Visual Basic
- Python
- Java
- Ruby

我必須和你分享一件令人開心的事，上述學員中，除了少數人擁有工程師背景外，很多人都和我一樣，完全沒有相關經驗。然而，我們都花了不少心力學習運用軟體寫程式。

更令人感到有趣的是，不是只有業餘自學的工程師在為自己的交易策略編碼，就連專業工程師也這麼做。以下是一位學員寄給我的信，他的職業是工程師：

你好，布倫特，

我使用 TradeStation/MultiCharts 來解決所有需要視覺化與自動化的交易問題，但是這對投資組合層級的模擬與執行來說，不是特別理想。

對於投資組合層級的模擬，我會使用 Trading Blox，但它的視覺化效果較差，並需要支付 IB 整合年費。我也用 Excel 進行個別訊號的驗證與除錯。

一直以來，我都用 Java 建構後台的測試平台……，我稱之為「尋路者」（Pathfinder）。

為了要測試你的系統，通常我會用 TradeStation/Trading Blox 進行模擬，但不太順暢，後來在一連串的後台測試後，我決定用「尋路者」進行所有的交易測試與自動化。我早該這麼做了。你在研討會說的概念真的很有啟發性，特別是連你這樣沒有程式背景的人，都可以自己架構平台！

謝謝。（M.L，來自美國）

能帶給別人影響力當然是好事。這也讓我回想起一開始我為什麼想建立自己的 VBA Excel 模組。請參考《交易聖經》第十二章中我對拉里‧威廉斯所做的訪問。

另一位交易者也和我一樣，成為自學的程式設計師：

嗨布倫特，

我不覺得自己已經是純熟的程式設計師。過去幾個月來，我都在學 Python，並在先前的幾個禮拜內，把你的五個策略進行編碼（目前為止，它可以透過一鍵操作進行資料運作與排序）。我會在接下來的兩三個禮拜內將其他四個策略編碼，並期望可以透過簡單的操作，以 Python 進行完整的 IDX 投資組合測試。

祝好。（J.W，來自澳洲）

不過，以下這位自學的交易者，又更進階了：

嗨布倫特，

以下是我的學習筆記：

- 你的策略很有組織性、簡單、直白，這點我非常喜歡。
- 我買了 Microsoft Visual Studio 和兩本關於 VB.NET 程式語言的書。
- 我讀了第一章並做了所有練習……每天晚上在孩子入睡後繼續在廚房的餐桌上學習。
- 我列出了希望用軟體來進行的工作清單，我的目標比較像是關於「方法」：
  1. 打開 text 檔案，將資料輸入（我用美國時間為準）。
  2. 進行計算——交易格局、進場條件、停損、進場日期、出場條件、出場日期、每系統做多及做空的位

置。

3. 為交易委託單進行記錄。

4. 記錄交易歷史並計算表現性指標。

5. 打開 Excel 檔案，將資料輸入，關起檔案。

- 我將上述動作分解，並測試每一個步驟（好比打開檔案，仔細閱讀內容），然後透過 google 進行學習。

- 我驗證了所有交易並確保系統百分之百正確，進行許多除錯動作。

- 我請太太每天下單……因此我必須把動作簡化（以節省她的時間）……我編寫了 MT4 腳本執行 CSV 訂單檔案，並自動下單。

人無所不能，即便吃掉一頭大象也是有可能的，只要一次一小口、一小口地進行，我就這麼進行了三年之久。

祝好。（T.W，來自澳洲）

讀者們看到了嗎？打破慣性，好好工作吧！一次一小口。堅持下去，你就會有收穫。我們確實可以學習將交易策略編碼、製作淨值曲線、分析盈虧與計算期望值與破產風險值。如果期望值結果顯示淨值曲線相當穩健，那麼你就可以將你的策略編碼，並將交易單自動化。如果你不相信這是可行的，請再次閱讀以上的信件。他們都是真人真事、都是真正的交易者，並有著各自的野心。他們願意聆聽，而非重複者、強化者、訊息收集者、干擾者與小說家。

你還記得自己很聰明嗎？很好，因為你確實很聰明。至

少你知道不要單憑已見進行交易。現在，善用智慧，運用第三方軟體或程式語言工具，將你的交易策略編碼。請記得你很聰明。我已經告訴你，其他交易者確實做到了，你也可以。唯一阻撓你的原因是：

- 時間太緊，而且要仰賴第三方協助。
- 你沒有那麼想要在交易上獲得成功。
- 懶惰。
- 你不像我說的那麼聰明。
- 更不幸的，在潛意識裡，你只是為了賭博的痛快感而交易。

什麼時候開始都不算晚。一次進行一點點就可以了。（現在我也想試試我太太會不會幫我下單，祝我好運囉！）

▌少即是多

淨值曲線的動盪代表策略失敗。過度的曲線配適往往造成不穩定性。過度的曲線配適也造成複雜性。所謂的「複雜性」，意思就是有過多的組成元素（規則與篩選），以及涵蓋過多可調整變數的指標。也因此，我通常對指標沒有太大興趣，因為交易者們往往花費太多時間去調整每個指標，以期得到自己的夢想淨值曲線。夢想往往會變成夢魘，這真的是不變的道理。

之後，我會花更多時間討論過度曲線配適，以及它所造成的複雜性、淨值曲線不穩定、交易失敗等問題。

然而在現階段，我的主要「應用」訊息是希望保持你的策略簡單。請記住：少即是多。請保持策略簡單、客觀與維持穩定性，因為複雜、主觀與不穩定的交易策略是失敗的源頭。複雜僅會帶來巨大的痛苦與失望。

我認為以下的摘文是我所知最有用的交易經典名句。首先來自狄馬克（Tom DeMark），他是全球知名的市場分析師，曾為許多知名人物工作，好比保羅・都鐸・瓊斯（Paul Tudor Jones）、史蒂夫・科恩（Steve Cohen）。他在柯林斯（Art Collin）的著作《贏得市場》（*Market Beaters*）中寫道：

在歷經了十七個工程師，並花費四、五年的時間測試後，我發現最基本的四、五個系統表現得最好。

狄馬克所指的是他在為瓊斯工作的時期。他在都鐸投資公司建立了四到五個基礎系統。在建構策略後，該公司請了十七個工程師測試優化模型，運用人工智慧及高等數學方法測試。而這正是他的觀察：在歷經十七個工程師花費四、五年的時間測試後，最基本的四、五個系統表現得最好。正如我所說，我認為他的觀察是真知灼見，而他的意思也絕非在複雜中尋找答案。

當你面對交易策略時，請避免複雜性，並擁抱「少即是多」的哲學。如果你不相信我，那麼請聽聽狄馬克的意見。

穩健才是王道

穩健性會反映在平穩向上、表現在樣本外數據的淨值曲

線上。對所有交易策略來說，可交易的穩健性可說是聖杯式的目標。很自然的，我們期待自己的策略可行，但它們往往在實務上遭致失敗。因此，一個策略在剛剛發布時就證實可行，確實非常少見，也由於這種情況相當少見，因此難能可貴。穩健性是唯一能在無可避免並且痛苦的虧損時，能讓你持續前行的原因。它讓你保有信心，即使你已開始質疑自己的策略。

穩健性與穩定性都是一樣的意思。

| 穩健性——首要指標 |

穩健性是你在檢視策略時的首要指標，這也是任何策略最重要的指標。唯有當策略能持續在未來獲利，否則就不用考慮了。表現能力正是穩健性的參照基準。你必須學會如何辨識表現能力。當我檢視交易策略時，不管它看起來多麼吸引人，但除非該策略具有穩健性，不然我都會徹底忽視它們。我希望你也能這麼做。

| 穩健性——重要性大於其他績效指標 |

穩健性的重要性遠大於其他指標。請忽略任何其他的說法。你應該注意到了吧？如果沒有，也請開始注意市場上多不勝數的績效指標。作為交易者，你能選擇的衡量工具實在太過龐大。不管是廣泛性的比率，好比夏普（Sharpe）、索提諾（Sortino）比率、Calmar、Mar、Treynor 和 Martin，到溫・塔普（Van Tharp）的系統品質分數 SQN、詹森（Jensen）的 Alpha、Modigliani，再到期望值、破產風險值、風險／報

酬率、獲利因子（profit factor）、潰瘍績效指數（Ulcer Performance Index）、最大回撤與年均複合成長率……對交易者來說，衡量系統績效的選擇實在太過混亂。

以我的觀點來看，穩健性遠比多數績效指標重要。

然而，假如你眼前有數種穩健型策略可供選擇，那麼你可再運用其他績效指標，為其進行排序。我會在第八章分享我所使用的績效指標。

但不幸的是，多數策略都談不上穩健，基本上它們離穩健很遠，因此無法稱之為穩健型策略。過度的曲線配適與資料探勘，往往在市場猛烈攻擊下徹底崩潰。沒有任何積極的績效指標能挽救向下狂飆的淨值曲線。如果你感到不確定，那麼請觀察幾項你注意的績效指標，如果你的策略自一開始就缺乏穩健度，那麼請理解任何指標都無濟於事。

| 穩健性——時間無價 |

當你檢視策略時，真正無價的是自策略公布以來所經過的時間。當時間越長時，樣本外數據（out-of-sample）就越多。當時間越長，就越有證據證明此策略的穩健性；當時間越長，交易者就更有信心在未來的市場下跌後仍然能繼續交易（圖 2-2），因為不管你在做空、或是在極深的回撤時，都會需要信心。唯有抱持信心，才能相信交易策略的表現能恢復正常，並回到新的淨值高點。而從交易策略獲得信心的方式，就是觀察其樣本外數據的表現。當策略在市場上越久，證據就越充足。交易策略越老越好。假如你對自己的策略越有信心，就越有可能運用此策略度過市場下跌。

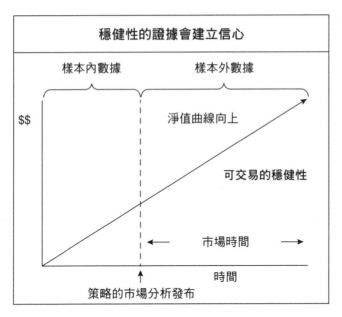

圖 2-2 交易策略所知的時間越長,其樣本外數據越多,交易
者的信心也就越充足。

| 穩健性——R^2 可交易性 |

我已經提到,所有策略的聖杯目標都應是可交易性的穩
健度。因此當穩健性存在時,我們自當偏好可交易的穩健
度。對普通散戶而言,不管某策略的穩健性如何吸引人,如
果機構規模縮水時,一切都只是理論而已。對你和我自己而
言,我們不妨實際一點。

我會運用 R^2 估算可交易性(R-Squared Tradability)。它
能估算淨值曲線擬合迴歸曲線(regression line)的程度。
100%的 R^2 數值表示淨值曲線趨平,也就是以直線表示。而

低讀取值則代表淨值曲線非常波動，交易難度較大。通常我希望交易策略的 R^2 數值約為 90+%。

| 穩健性——如何測量？ |

你可以用下列兩種方式測試策略的穩健性：

1. 證據法。
2. 指示（信念）法。

| 穩健性——證據法 |

對穩健性來說，唯一無可否認的證據或事實，是正向的樣本外數據表現。也就是在策略公布後的正上升淨值曲線。這就是絕對原則——樣本外的數據結果。這也很簡單，是百分之百的證據，也是事實。如此我們將無須討論該策略的穩健性。沒有任何數值比樣本外數據表現更重要。也沒有任何其他績效指標勝過樣本外數據的表現。沒有比這更吸引人或更震撼的交易原則。我們不需要達成共識、抱持過分樂觀的想法或是任何權威式的說服。我們不需要精巧、聰明的市場行銷操控法。這些和樣本外數據表現相比，都很多餘。

擁有強健樣本外數據表現的最佳策略，往往發布的時間較長，並通過充足的時間考驗。運用發布時間較長的策略能讓交易者擁有龐大的樣本外數據，以此展現該策略的淨值曲線之穩健性。當你擁有的樣本外數據越多，策略所能證明其穩定度與穩健性的可能就越高。

如果樣本外數據表現極佳，那麼其他數值都是多餘的。策略相關意見、出色的指標、警告性評論、可疑的消息、部分好評、猶豫性套期保值──這些全都是冗餘、毫無意義的。如果某策略擁有正樣本外數據表現，那就擁有了穩健性。沒有例外。沒有如果。該策略已擁有穩健性的正字標記。在第六章中，我將分析一系列建構良好的趨勢交易策略。你將會看到，這些交易策略大多擁有正樣本外數據表現。它們相當穩健。我們無須懷疑這些策略的表現。關於其表現的可接受度請容我後續再談。但是，大部分我將分析的策略都擁有極強的穩健性。

| 穩健性──指示（信念）法 |

如果某策略沒有任何歷史數據，那麼代表它是新的策略。新策略無法提供樣本外表現證據、無法證明穩健性，因為那根本不存在。然而，交易者仍可發展或研究新的策略。而且若新策略的功能性高，並且遵循良好的設計原則，自然也極有可能獲得穩健性。

當我們運用新策略時，必須仰賴自身信念。而提供新策略的一方自然強調其適用性高、遵循良好的設計原則，並期望該策略將表現出穩健性。他們將期望該策略足夠穩健，以避免策略發展的兩項重大缺陷──資料探勘、過度曲線配適。他們會希望新策略的淨值曲線能呈現穩定性。

方法在於，如何避免策略發展的兩項重大缺陷。其中一項無可避免的因素將可先篩除──資深的交易者會避免過度曲線配適，而剛入門的交易者則往往相反。

穩健性的兩項重要指標是：

1. 多功能性。
2. 良好的設計原則。

| 多功能性 —— 避免資料探勘 |

多功能性代表策略在多樣化的廣泛市場組合中的獲利能力。多功能性為表現穩健性的重要指標，並代表該策略已避免資料探勘，且絕非僅以特定挑選的市場或圖表呈現其績效。

| 良好的設計原則 —— 避免過度曲線配適 |

遵循良好設計原則的策略將擁有較好穩健性，並代表該策略已避免過度曲線配適。

良好的設計原則包括：

● 可衡量性 —— 運用清楚定義、精準客觀的原則，提供完整的交易策略，包含：
  • 何時交易？
  • 從哪裡進場？
  • 在哪裡停損？
  • 何時出場？

● 簡單性

- 著重少即是多。
- 著重簡單而非複雜。
- 著重客觀而非主觀。
- 著重穩定性而非彈性。
- 著重扎實、無聊與邏輯性的概念，而非令人興奮或深奧的概念。
- 較少規則。
- 較少指標。
- 較少變量。
- 買賣架構擁有相同變量值。
- 不同市場擁有相同變量值。
- 避免過度曲線配適。

如果該策略通過上述考驗，那麼它已具有穩健性的潛在特質。就這麼簡單。多功能性、可衡量性，並且簡單。非常地簡單——少即是多。

如果你不相信我的說法，那麼請你（再一次）思考狄馬克的名言：

在歷經了十七個工程師，並花費四、五年的時間測試後，我發現最基本的四、五個系統表現得最好。

對我個人來說，身為一個機械式／系統化，或稱程式、演算法式交易者（你喜歡怎麼稱呼都可以），我相信狄馬克的話，這應該是我聽過關於交易最有見地的名言。答案不會

藏在複雜性裡。

當你選擇邁向交易之路，你會需要在關鍵時刻選擇一條路徑。你最好選擇一條依據證據打造，一條擁有過時、乏味且已經用樣本外數據，反覆證明其穩健性的路。而依據信念法的道路或許擁有看似可觀的可能性，但你必須期望自己確實擁有足夠技術，能創造一條相對穩健的淨值曲線，並且避免資料探勘與過度曲線配適。在這關鍵性的時刻，你必須在兩條路中，選出自己的路徑。你會仰賴證據而非信念嗎？選擇信念而非實用的方法嗎？我個人會選擇仰賴證據，而非內在的信念或希望。

▌選擇舊方法，復古正是新流行

沒錯。如你所知，我喜歡「老」方法。就是因為「老」，所以我喜歡。「老」代表在市場存在的時間長度。時間才能驗證理論。時間用樣本外數據證明了概念的穩健性。時間代表長久性。長久性代表獲利性。獲利性代表穩健，而穩健正是所有交易策略的主要目標。時間越長，越穩健，也代表我會擁有更多信心。若我們想要樣本外數據所證明之穩健性，就必須得運用舊有、已知的交易策略。

我在此強調的原則是不要忘記過去。因此，你會需要重新檢視舊有的交易技術書籍、研究其理論，並設法驗證某策略是否確實有效。你應該多**翻翻**那些在 2000 年以前出版的交易策略書籍，因為它們已擁有至少二十年以上的樣本外數據。如果那本書裡擁有任何值得進行編碼操作的交易概念，那麼你至少擁有二十年的數據得以檢視其穩健性。

在本書第六章，我會討論數種不同的**趨勢交易策略**，大部分都擁有樣本外數據表現。我知道那份清單不算詳盡，但絕對會提供你好的開始。不管你從哪裡下手，請確認你使用的是較有歷史的交易策略。新的策略無法透過樣本外數據驗證其穩健性，畢竟「新」策略無法擁有歷史數據。請學習如何挑選、檢視與驗證老方法，畢竟唯有老方法擁有真正珍貴的樣本外數據。

抵制新策略

你很快會發現，有許多時間夠長、穩健性高的趨勢交易策略可供選擇。你實在無須發展自己的策略，並陷入關於自我的陷阱之中。我認為，你應當避免那些嶄新、年輕，以及振奮人心的新策略，而是要多多專注在已知且受過考驗的老策略。

抵制「新」策略的主要原因有二：

1. 缺乏穩健性的相關證據。
2. 你體內強大的神經傳導物質。

│缺乏穩健性的相關證據│

請永遠記住：如我先前所述，新概念雖然看似吸引人，但它們無法擁有可供檢驗、扎實的樣本外數據表現。它們永遠無法確實證明其穩健性，而穩健性是我們思考交易策略時最重要的指標。新策略讓人擁有「希望」，使我們期望未來

能看見穩定、穩健的淨值曲線。當然，我們擁有其他「指標」足以檢視穩健性，好比我先前提過的多功能性與良好的設計原則。但若以普遍觀點來看，如果你運用新策略，或許是因為你認為其淨值曲線將會持續平穩。

正如我反覆所提到的概念：市場擁有足夠成熟且穩健的**趨勢交易策略**可供檢驗和挑選，我們無須返璞歸真，在毫無事實證明其穩健性的狀況下，堅持走出自己的路。

當然，我知道任何策略一開始都是新的。沒錯。我不應該太過排斥新策略，這我也懂。然而，我自己不會願意在實驗中當那隻白老鼠，況且市面上已有太多老而彌堅的策略可供檢視與交易。我很樂意將機會獻給那些願意戰戰兢兢、測試全新可能的傢伙們。

不過我也認為，如果有任何新的策略吸引你的目光，你仍舊可以謹慎考慮，只是請記住：在你決定投入資本以前，請先檢查該策略的穩健性指標，確認它具有正向的淨值曲線穩定性。也請別忘記：如果你選擇新策略，等同於放棄擁有堅實、已知且已通過事實驗證的交易方法，而後者則可能帶給你豐厚的報酬。以我的觀點來看，這個選擇很簡單。我會優先選擇已經由樣本外數據證實的策略，而非參與空想大作戰。我建議你抵制新的策略。

| 你體內強大的神經傳導物質 |

再來，「新」策略會駭進你體內的神經傳導物質，讓你被舌粲蓮花的策略銷售員迷惑。在你察覺以前，恐怕已經被製作精美的網站吸引目光，為那些最新、當前流行的交易方

法買單。你購買新策略的原因並非因其穩健性高（這應是選定策略的第一原則），而是因為神經傳導物質讓你覺得這筆採購「感覺」很好。我們很難抗拒這種全身暢快的感覺。

讓我們再來檢視一次我先前所提到的聰明、精湛的操控話術。它聽起來確實滿有說服力的：

你需要目前最進步、最尖端的交易策略。否則你就會被淘汰，和那些永遠不會成功的平庸交易者一起掉入深淵。

誰想被淘汰啊？我不想。那誰需要進步的交易策略呢？給我來兩份好了——哪裡可以報名啊？

聰明的策略銷售員懂得善用我們的心理，觸發我們的腦內啡與血清素的神經傳導物質。強而有力的神經傳導物質讓我們有良好的自我感覺。嘿，誰不希望感覺好呢？

長期在市場下跌狀況下承受虧損，會給帶來莫大的精神壓力。虧損會帶來自我拖延、自我遲疑與悲觀，上述狀況往往與多巴胺缺乏有關——你會開始覺得自己相當失敗、孤立與沮喪。孤立與憂鬱也與血清素缺乏息息相關。

策略銷售員與市場專家深諳此道。因此，他們設計好新產品的銷售手法，帶給你希望，降低你的憂鬱感。銷售員知道當「新」策略賣出某種獲利感與富有感時，會大幅提升消費者的多巴胺分泌物質，提振他們的精神、自信與熱情。他們知道當你看到新穎的交易策略問世時，你會如同看到成功一樣。

任何「新」交易策略往往為銷售員帶來好處，為交易者

帶來風險。因此請提防新策略，不要為了它綻放的希望感與愉悅感而有所動搖。新策略對銷售員來說很好推，因為他們特別需要那些缺乏多巴胺分泌物與血清素的交易者們。

請不要為任何宣稱在交易領域找到「新解方」的話術感到精神振奮。我知道人很難抵抗強大的神經傳導物質，我也曾經掉入相同的陷阱。我們都是過來人。你必須足夠強大，才能抵抗它們的作用。請記住：任何新策略都無法提供樣本外數據以驗證其穩健性——這是唯一能檢驗策略穩健性的方法。你最好避免接觸新的交易策略。

█ 發展主要策略

一個完整的主要策略，是可以立即進場使用的，它擁有完整、客觀的交易架構、進出場設定與停損設定等，且無須任何外在、附加的詮釋。

不管是基於部分機械式或全機械式的交易模式，發展主要策略的重要性皆來自以下兩點：

1. 破產風險。
2. 認知偏誤。

｜破產風險｜

任何交易者的第一原則，就是在零破產風險的前提下進行交易。你的帳戶所承擔的風險來自於交易方式（方法論）與每筆交易風險（資金控管）之數學結果。若破產風險值高

於零，那麼交易者絕對必遭慘敗。

擁有 30%破產風險的交易者，絕對比擁有 1%破產風險的交易者，更快面臨破產。然而，即便擁有極低、好比 1%破產風險的交易者也不代表安全無虞。這只是時間問題。如果你希望擁有長期永續的交易生涯，那麼你必須知道自己破產的可能性為何，並以此修正自己的交易方式及每筆交易中你願意承擔多少成本風險。唯一能客觀計算破產風險的方式，就是擁有一個全面性、能精確定義所有交易規則的主要策略。

請記住：要成為成功的自由裁量型交易者非常困難。大多數的自由裁量型交易者都擁有不完整、無法衡量的交易計畫。如果沒有衡量標準，那麼自由裁量型交易者如何能計算期望值與破產風險值呢？以我來看，災難徵兆就是由此顯現。

如果你想進場交易，那麼請了解在你的方法與資金管理之下的破產風險。而唯一能獲得精確破產風險值的方法，就是擁有全面性的交易策略。沒有例外。沒有其他可能。這絕對無可退讓。不管你認為自己是自由裁量型、機械式或兼顧兩者的交易者，你都必須確保自己在零破產風險的狀態下進行交易。這是在交易領域生還的唯一法則。這是無可轉圜的金律。請記住：零破產風險就是王道。唯有在交易策略相當完整，且擁有客觀定義的架構與交易計畫（進場點、停損與出場點）時，才有可能計算破產風險；唯有當策略擁有完整性或全面性時，才有可能進行程式編碼並進行獲利率、期望值與破產風險值的後台測試。任何過於鬆散的交易架構與決

定進場、設立停損與出場的方法，都相對太不專業、太散漫，而這絕對不是合適的交易方法。這種業餘的交易方式或許可以成為暢銷書或論壇的主題，但絕對不適合真實的市場與真實的帳戶。

如果你想認真交易，那麼請發展完整的交易策略，並理解個別交易的破產風險。若你決定以自由裁量型策略進行交易，自行選擇與辨識市場訊號，那麼至少你得知道自己交易的基礎，並擁有足夠的緩衝地帶做自我保護。如果你沒有一套主要策略，這種行為等同於是在黑暗中狂奢豪賭。

| 認知偏誤 |

我們的頭腦非常強大，這通常是一件好事。然而對交易來說，這卻可能是如惡魔微笑般的裂隙。在交易世界，如果我們沒有一套清楚、毫不模糊的交易架構與計畫時，我們就會讓自己擁有多重的認知偏誤。你的想法往往受到偏見的左右。如同前文所述，自由裁量型交易有很嚴重的問題，因為此類型的交易者往往只看見自己想看見的東西。我們的頭腦產生太多認知障礙，讓我們幾乎無法駕馭。

讓我們來看看所有人都擁有的選擇、確認與近因（recency）偏誤。

面對交易時，自由裁量型交易者可能擁有選擇偏誤障礙，因為他們只會記得那看似完美的圖表。他們往往輕忽其他無法解釋的交易模式圖表。自由裁量型交易者也同樣面臨確認與資訊偏誤的誤導，因為他們僅願意參考與相信符合其信念的資料。他們迴避其他觀點。如果他們正在做多，那麼

他們就只看符合牛市觀點的新聞。自由裁量型交易者也擁有「近因偏誤」，他們傾向相信最新的獲利模式會持續重複，忽略任何其他呈現虧損的歷史圖表資訊。

雖然自由裁量型交易者往往聲稱自己已然控制認知偏誤，並且有能力做出明確的決策，但事實往往與良好動機互相違背。如同前文所述，自由裁量型交易者的期望偏誤，讓他們落入「所見即所思」的陷阱。請參考以下的例子：

我不卜剛感相昂信我幾然看低當這句子。根即據尖橋代學的煙就報告，人雷大腦泳有槍大能力，可以宜呼適文資子的拼法，真正中要的思滴一與錐後的字而已。其他地可宜是一團亂，但是尼仍扔九可以月讀無礙。這四因微人雷大腦冰梅有月得每一個字，而四以全面幸西的方式閱讀。這卜四時很屬害嗎？

這段文字來自席安那（Paul Ciana）的著作《技術分析新前線》（New Frontiers in Technical Analysis）。席安那用這段文字證明我們大腦的強大性，讓我們可以在混亂之中編列秩序。而我認同他的說法。我們有辦法閱讀上述段落實在太不可思議了！但這也荒唐證明了我們的大腦是如何企圖創造出我們已知的秩序。我們的期望會產生所見即所知的偏誤，如同古老的讀雲術。而這正是技術分析備受批評的地方，也是為什麼自由裁量型交易者很難取得成功的原因。

許多人認為可以用像讀雲術的方式，辨析交易圖表。而這全然仰賴個人片面的主觀與知覺詮釋。由於技術分析（與

讀雲術）仰賴詮釋，因此過於主觀性，不值得我們花任何時間去關注。發展主要策略得以迴避個人認知偏誤的干涉，因其不容許任何灰色地帶存在——交易者將有掌握交易架構、進場、停損與出場的絕對值。

發展主要策略得以保護交易者，不受偏誤所創造的想像干擾。如果你還是決定以自由裁量型方式交易，那麼（希望）至少你的策略得擁有正期望值與零破產風險。自由裁量型交易者往往宣稱他們可以節制認知偏誤，但事實上，零破產風險才是王道，而唯一能精確計算破產風險的方法，就是發展主要策略。主要策略帶來雙贏結果。主要策略不但可以計算個別交易的破產風險，也讓你免受強大想像力所帶來的破壞與認知偏誤阻礙。對我來說，這絕對是精湛的雙贏策略。

技術、時間與市場的多樣化

分散投資（diversification）很有效，其中包括技術、時間與市場的多樣化。我建議你的交易要盡可能達到技術、時間與市場的多樣化。我將以本書協助你開始這麼做，然後協助你走向永續交易之路。首先，你最好開始跟隨大盤走勢去交易，這是最安全的方法。唯有當你在趨勢交易中達到永續交易標準時，你才能發展可行的反趨勢交易策略。

最終，所有成功的交易者多半使用包含相異技術與時間的投資組合進行交易。他們的投資組合包含趨勢與反趨勢策略，並以此進行短期、中期與長期交易。

分散投資很有效。我自己也如此操作，未來，你也應該如此操作。運用相異策略在不同時間維度、不同市場裡交

易，讓你擁有更多的交易可能；分散投資較能避免個別策略或個別市場的失敗，達成更為平緩的淨值曲線。分散投資代表更好的風險管理。但是首先，請先追隨趨勢並達到永續交易的彼岸。

以上所述，是我想分享的主要「應用」方法。接下來，我希望分享我「執行」的心得。

關鍵訊息 4：執行

這是讓你能持續交易的方法！關於「執行」的主要訊息如下：

- 忍受痛苦。
- 面對虧損。
- 接受不確定性，這是常態。
- 接受頻繁變化，這就是人生。
- 忽視未來。
- 專注在自己身上。
- 學會滿足。
- 擁抱羞恥。

接著，我會一一解釋這些概念。

忍受痛苦

痛苦？你恐怕以為交易可以為你解決痛苦——解決缺錢

的痛苦、解決生活中缺乏彈性且無法追求自己所愛的痛苦、解決受僱於人的痛苦。

好吧，我先道歉，我要（再次）潑你冷水。不過，痛苦將會是你在交易世界裡的沈默新夥伴，正如同你也得習慣其他商業夥伴的特質，並學會與之共存。

因此，如果你希望進行交易，你必須先歡迎「痛苦」的到來，然後揮手向它致意；你得放下新冠病毒的疑慮，給它一個堅實的擁抱，接受它來到你的生活之中。痛苦將如影隨形的跟著你。請學習接受它，將它視為你最好的朋友。

你不相信嗎？請想想看。當你賠錢時，心一定很痛。如果你連續好幾個月賠錢，那絕對痛上加痛；當你賺錢時，你會想到如果你之前在市場待得更久一點，那會賺得更多。這也很痛，揪心地痛；當你花了相當多的時間與精力研究某交易策略的可行性，然後發現它不符合你應用的最低標準時，這也很痛；當你花錢報名某知名研討會，然後發現付出的成本並不值得所學，這很椎心；當你花相當多的時間與精力研究、發展、編碼及測試某交易策略，結果卻得到負期望值時，這也讓人沮喪；當你花了數年時間設法改進交易缺點卻依然失敗時，你會感到非常失望與痛苦。當你順勢交易，卻造成 67％ 的虧損，這很痛；當你以具有極高精確度的策略進行交易，卻面臨價格下跌時，這雖然是常態，也還是會痛苦萬分；當你提取資金以支付自己開銷或繳稅時，這會影響到部位規模，而當你感到因小額交易而錯過潛在的額外利潤時，這種感受也會讓人坐立難安；而當投資項目虧損且逐步惡化時，這真的、真的很痛苦；當你出場並且等待下一筆交

易時，你會因為自己不在市場內且可能錯過下一波漲勢而感到焦慮，這也會帶來痛苦；當你的伴侶正準備籌劃國外旅行，而你深信市場即將面臨某重大轉折時，只要想到旅途中無法進場交易，你甚至會在行程還尚未確定、機票與旅館都還沒預訂之前，你就感到痛苦了。以上種種都很糟。

請記住、記住、再記住：不要視交易世界是充滿成排棕櫚樹與沙灘的熱帶天堂，不要以為你不用在乎現實世界了。不是的。交易不過是另一項需要付出心力、需要忍耐的活動，而且你必須十分耐痛。我已經警告你了。

▍面對虧損

要談交易的痛苦就無法避談虧損。所有的交易者都痛恨虧損，有將近90％的交易者永遠都無法從虧損的痛苦中復原過來。

我唯一能保證的是：虧損會比你預期的還快來。因此，不要視虧損為遠方的事件，請實際想像它終將無可避免地到來。你的問題將是：交易者可以如何處理虧損？很幸運的，你可以透過以下幾個步驟去管理虧損。

首先，你會拋棄原先策略並從頭來過嗎？不要吧。虧損正是交易的一部分。虧損雖然讓人難受與痛苦，但（希望）它是暫時的。

你會重新檢視自己的策略嗎？當然。我總是自我質疑，皺著眉頭、瞪大眼睛，思考自己的模型是否可以修正，同時避免過度曲線配適的陷阱。但大多數時候，我都發現不可能再修正。通常來講，我的交易策略非常簡單，且完全仰賴價

格，不受傳統變量依賴滯後指標的不當影響。我通常不需要進行任何策略上的調整，這就是我喜歡的。

你是否會懷疑市場已徹底改變，而你需要改變策略？不、不、不。或許我該說是的，是的，是的。市場確實會改變，也已經在改變了。隨時都有新市場、新工具與新發明。不管是電子交易、高頻交易到某些市場的近二十四小時交易。是的，市場一直在變——這是唯一不變的。沒有什麼永遠的事。但是當市場變得越多，它們就會越相似，改變的只有名字和事件而已。1980 年的儲貸危機；1987 年股市崩盤；1991 年日本房地產崩塌；1994 與 1997 年亞洲金融風暴；1998 年美國長期資本公司（LTCM）倒閉；2000 年網路泡沫；2008 年美國房市泡沫導致全球金融危機；2020 年美股熔斷與新冠病毒大流行……雖然名稱與事件改變了，但結果無異。正常。驚喜。震盪。波動。正常。驚喜。震盪。波動。正常。高漲與重複。

市場頻繁經歷平穩、不穩，然後復歸於平穩、不穩，反覆重來，這與古代與當代歷史文明一樣。擾動再重來。唯一改變的是裡頭的人物與事件。因此在我的觀點看來，市場其實沒有改變。

你的策略必須好到足以因應所有的市場狀況與所有的市場情緒。如同 1960 年理查‧唐契安（Richard Donchian）所提出的「4 週策略」（Four-Week Rule）。該策略會持續停留在市場內，它會在 4 週突破（breakout）時，進場、停損與反轉。請見圖 2-3 的策略表現。

如果當我必須承認自己的某項交易策略失敗的時候（擁

有徹底失敗的淨值曲線），我絕不會責怪市場。如果策略失敗，那絕對會是我的策略不夠好。請徹底停止它。不要用什麼「市場已經改變」的藉口來騙自己。

你是否透過建立新策略來分散或降低單一策略失敗的風險呢？當然，我也是如此。我的投資組合包含了不相關但互補（順勢與逆勢）的策略，跨越不同時間段（短期、中期、長期）與在超過三十種以上的市場中交易。然而，這不代表我的投資組合沒有可以增加、改進的地方。而且這確實花了我許多時間研究、程式化、測試新的策略。我永遠都在修正自己的策略，儘管多數花費的時間與努力都不會帶來成果。

你會增加交易市場以透過多樣化分散市場風險嗎？當然，我會這麼做。我透過橫跨多市場的交易組合，降低在單一市場失敗的風險。

你會降低部位規模嗎？當然，我也這麼做。我的資金控管原則就是縮小虧損部位。

你會停止交易嗎？會，也不會。沒錯，當你的淨值動能趨向負值，那麼請停止交易，如果沒有，那就不用。這就是我的方法。

因此，若虧損如同四季變化般無可避免，那麼你仍可進行不同的操作去控制虧損。重點在於建立多樣化與低度相關性的投資組合策略，並在不同市場交易，這會減輕虧損力道。

接受不確定性，這是常態

聽著。如同我先前所說的，我不是想讓你對交易失去興

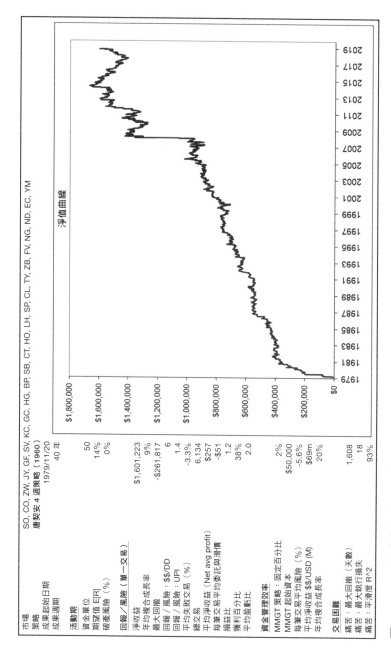

市場	SO, CO, ZW, JY, GF, SV, KC, GC, HG, BP, SB, CT, HO, LH, SP, CL, TY, ZB, FV, NG, ND, EC, YM
策略	唐契安 4 週策略（1960）
成果起始日期	1979/11/20
成果週期	40 年
活動期	
資金單位	50
期望值 E[R]	14%
破產風險（%）	0%
回報／風險（單一交易）	
淨收益	$1,601,223
年均複合成長率	9%
最大回撤	-$261,817
回報／風險：$$/DD	6
回報／風險：UPI	1.4
平均失敗交易（%）	-3.3%
總交易	6,134
平均淨收益（Net avg profit）	$257
每筆交易平均委託與滑價	-$51
損益比	1.2
獲利百分比	38%
平均盈虧比	2.0
資金管理效率	
MMGT 策略：固定百分比	2%
MMGT 起始資本	$50,000
每筆交易平均風險（%）	-5.6%
平均淨收益 $$/USD（M）	$69m
年均複合成長率	20%
交易困難	
痛苦：最大回撤（天數）	1,608
痛苦：最大執行損失	18
痛苦：平滑度 R^2	93%

圖 2-3 1960 年唐契安的 4 週策略績效顯示：在過去四十年內，市場並沒有改變，儘管期間發生一系列的金融危機。這話說明那句老話是對的，「市場越變，越是相似。」

趣。我知道！我知道！我知道！一直談論虧損、災難、破產風險與痛苦實在非常負面，但我還想討論「不確定性」。沒錯，我知道你的反應，以及隨之而來的焦慮感，但我必須避免談論交易的「榮光」，而是盡可能面對真實的「磨難」。

請讓我繼續說明吧。

另一個會對交易者造成的阻礙，就是對未來的不確定感。我們都對明天感到焦慮。我們不知道現有的狀況是否會導向市場崩盤、金融災難，或是任何難以言喻的苦難，好比2020 年的全球新冠病毒災情。我之前就說過，這令人困惑的世界有太多龐大的問題等待回答。我也說過，我不知道謎底是什麼，但我知道世界上唯一不變的就是不確定性。因此，你必須接受這個常態。如果你無法接受，那麼「拖延」就會讓你錯失機會。任何擔憂都有可能會讓你無法執行交易計畫。

首先，你必須承認你無法控制未來、控制明天，不管你有多憂慮。

再來，你必須承認未來存在不確定性，接受目前的現狀將會持續變動。某方面來說，這是你唯一能知道的事。你必須接受沒有任何事是線性的。那不會是真的。接受吧！如果你可以學習擁抱與歡迎不確定性，那麼你就不會因為不確定性所帶來的恐懼，而陷入癱瘓。你不會因為恐懼所帶來的優柔寡斷與拖延而受害。你不會因為拖延而錯失良機。

不確定性會造成延誤，而延誤是交易者最大的過失。你必須避免延誤帶來的惡性循環。不確定性往往導致拖延，讓你錯過時機。錯失機會則會創造悲觀主義。

你最好相信不確定性就是交易者的現實世界。沒有人可以知道未來，所以在你交易前，請停止尋求確定性。確定性根本是個幻象。

請理解你個人的擔憂不會為任何變動事件帶來影響。擔憂只會製造拖延與遲疑，並讓你無法執行交易計畫。

因此，請學習擁抱不確定性。它永遠也將會是交易的「常態」。唯一的真相是：你必須接受不確定性將會是你永恆的夥伴。你必須接受它，否則你永遠都無法泰然自若的交易。當你接受這個事實後，你將更能有所準備。準備好面對懷疑與焦慮吧。這就是市場的真相。不要讓不確定性、延誤與悲觀主義，拖延你的行動。交易的第一心法就是「停止尋找確定性」，以及「在市場尋求舒適感」——這根本不存在。然後，請理解機會會伴隨著不確定性馳騁而來。

▌接受頻繁變化，這就是人生

「改變」將會是全球常態，因此，明天絕不會與今天有著相同的輪廓。我知道我們多數人都害怕且對改變感到恐懼。然而，改變正是歷史唯一不變的課題。我認為頻繁的「改變」與「不確定性」往往相伴而來。頻繁的改變也是另一個造成延誤的因素。如你所知，「延誤」是交易者最大的過錯。

如同不確定性，頻繁的變化或是面對改變的恐懼，都有可能讓交易者陷入沉默，或是變成一頭在探照燈前瞠目結舌的公鹿。當你發現自己陷入對潛在問題的擔憂，或是認為自我裁量是更好、更勇敢的選擇時，請回來讀讀這個段落。

歷史的每一步都是改變，然而，我們仍舊在此。是的，有些金融事件帶來動盪，甚至像是 2020 年的疫情一樣，造成經濟崩盤，但如果你遵循合理的交易計畫，你將會發現，多數時間，你仍然會處在對的那一邊。改變，以及波動帶來的結果，都醞釀了獲利環境。如果你站在錯的那一邊，那麼停損點將會保護你。

　　請不要因為害怕改變，而放棄成為成功的交易者。

　　請永遠記住：自從有人類以來，改變就與我們共存。改變將會是人類永恆的主題與夥伴。改變見證了冰河時期的降臨與離去。改變見證文明的興盛與衰落。改變見證財富的積聚。改變見證金流的磅礡奔騰及衰逝。改變見證金融危機的跌宕起伏。改變見證國家在歷史上的頻繁變革。改變正是恆定的市場行為。所謂的「狀態」，將會定期終止。不管是四季、文明、金融市場與財富，所有的改變必然與線性發展背道而馳。改變如同潮起潮落，它隨著趨勢蜿蜒而行，最終會嘎然而止，抑或帶來毀滅性的結尾。改變暗示了一切的平穩都可能導致不平穩的終局，反之亦然。這就像是不斷地洗滌、脫水、烘乾再重複所有階段一樣。唯一不變的就是我們將從現狀脫離並改變。

　　你必須學會接受，頻繁的改變與頻繁的不確定性將會是你形影不離的夥伴。因此，請停止擔憂自己無法掌控未來，接受頻繁的不確定性才是讓世界運行的真理。不要讓自己對改變與不確定性的擔憂而導致悲觀性想法，並造成延誤與巨大的失望。

忽視未來

　　儘管媒體上不乏聳動的標題，但沒有人可以預知未來。絕無可能。請記住：交易的世界裡並沒有神話。在你內心深處，應該早已明瞭。但是，儘管我們秉持著實用主義行事，但內心裡似乎總有一種樂觀心態在醞釀滋長。好吧，請你徹底抑制那份樂觀心態。我必須提醒你：你已經是成年人了。你的後院並沒有仙子在飛舞。你必須趕快清醒，理解真實世界的朦朧。真實世界不是玫瑰花苞。真實世界是由 90％的現實組成，另外的 10％則是混亂。

　　交易者請記住：

- 我們不知道未來。
- 我們不知道獲利會來自哪裡，以及何時到來。
- 我們不知道多／空交易該持續多久。
- 我們無法掌控市場將如何反應。

　　請停止憂慮你無法控制的事情。你最好忽視未來。

專注在自己身上

　　現在要討論比較正面的事了。你唯一能控制的只有自己，而非市場，而非你所持策略的未來表現。無法。你只能控制自己。就是你。執行你的交易計畫。你自己。找到交易格局。你。進場並管理交易。你。根據你所持風險資本與資金控管策略，管理部位。作為交易者，你必須忽視未來，專

注在自己身上。作為交易者，你必須專注在控管風險與資金，唯有留在場內夠久，你才可能享受足夠的獲利。

▌ 學會滿足

接下來，你必須學會滿足。普遍來講，你成為交易大師的機會不高，然而，這不代表你無法成為具備競爭力的永續交易者。

作為交易者，你必須接受自己無法跟上所有的大趨勢。作為交易者，你應當學會為自己的交易結果感到滿足。作為交易者，你應當了解不需要跟上所有的大趨勢，才能成功管理風險資本、擁有適當的期望值。作為交易者，你必須了解你不用每天都待在市場內。作為交易者，你必須接受自己將會錯過許多好時機，但那真的沒關係。作為交易者，你必須學會滿足於自己所獲得的成就。

▌ 擁抱羞恥

當你開始獲利時，請不要忘掉虧損的時光。在市場裡，你必須學會保持頭腦冷靜。你必須學會不要到處談論自己的獲利。當成功來臨時，我希望你也能擁抱羞恥。如果你不懂這一點，市場逆境將會為你帶來巨大風暴，而且災難往往會在你意想不到的時候出現。

我特別鍾愛昂格爾（Andrea Unger）的忠告，他是絕佳的交易者，曾經四次贏得世界盃交易錦標賽冠軍。昂格爾曾如此談到：

如果你希望成為成功的交易者，那麼請永保謙虛。謙虛會讓你尊重市場，深知市場有可能毀滅你的帳戶。謙虛讓你永遠知道他人將可能控制你所在的環境。你知道嗎，控制環境的絕不會是你。你不是老大。市場才是。謙虛讓你承認自己在交易汪洋中僅只是微渺的一分子。謙虛讓你保持開放、彈性且能適應環境，你可以從自己的虧損與獲利中學習。謙虛讓你持續擁有開放態度，持續學習，這正是長期交易成功的祕訣。

我希望用上面這段話，作為我「執行」觀念的結尾。

總結

抱歉，這一章竟是如此冗長，有些部分相當重複，像是喃喃自語。但我必須將自己的所思所想化為文字。我知道讀者們恐怕極需沉澱，你們或許也對我的部分觀點有所懷疑。別擔心。你可以隨時複習這章所述的觀念。而且，我相信，當時間拉長之後，你會對我的說法更有同感。

在我把主要觀點（確實）化為文字後，現在我希望向你說明，為什麼趨勢交易那麼誘人？

第三章

趨勢交易的科學證據與市場實測

　　所以，趨勢交易為什麼那麼受到注目？為什麼這是交易領域最重要的第一課？我很高興你有如此疑惑！讓我們來檢視一下吧。但是首先，請先讓我談談趨勢交易的諷刺之處。

這是一場諷刺大戲

　　趨勢交易的矛盾與諷刺在於：交易者會收到極為混雜的訊息。

　　一方面來講，交易者往往被警告不能將過去表現當作未來表現的指標。我們絕不可能掌握到市場時機。瘋狂追逐管理者的表現將沒有任何好處。「價格絕對是隨機的」，不管是學術界的「隨機漫步理論」（Random Walk Theory）或評論者都如此認為。價格沒有任何預測功能。我們應避免運用過去價格當作發展交易策略的基礎。擲銅板的機率表現恐怕都更好一點；「效率市場假說」（Efficient Market Hypothesis）則強調效率、效率、效率，它認為我們無法從過去的價格裡獲得任何有益資訊。你無法獲得比市場收益更高的超額收益。企圖透過過去的價格預測未來的價格是毫無意義的。

　　他們認為市場是隨機的，趨勢並不存在，因此請不要追

隨趨勢。

而另一方面，交易者們擁有堅實的證據，有些證據甚至可追溯至數百年前，它們證明了趨勢交易確實可創造出高於市場的超額收益。而這個現象不僅存在於一、兩個市場，而是存在於所有市場、所有國家，以及所有的市場循環。而商品交易顧問基金（CTAs）則索取高額費用與高額市場報酬，不管是大衛·哈丁（David Harding）、比爾·丹（Bill Dunn）、約翰·亨利（John Henry）與愛德·沙克塔（Ed Seykota）都能持續打敗大盤——交易者們深知這些名家的表現。交易者們被提醒要追隨趨勢，趨勢就是他們的夥伴。

噢，所以到底該怎麼做呢？

我相信你應該會覺得自己像是這場諷刺大戲的龍套角色。兩方人馬都有著強勁的觀點（不要在乎昨天的表現，那根本是隨機的），也非常有說服力（請緊跟著昨日的表現，趨勢就是你的朋友），交易者們——也可以說我們，在如此矛盾的訊息之下，感到迷茫。

好吧，讓我試試看是否能解釋清楚。但在我開始之前，我想先重新檢視趨勢交易的歷史，告訴你為什麼趨勢如此重要。

什麼是趨勢交易？

簡而言之，趨勢交易是運用過去的價格來進行買賣決策。趨勢追隨者會在市場上升時買進，並在市場下降時賣出。「趨勢」決定交易方向。

重點在於正確地定義趨勢。趨勢交易的方法有兩種：

1. 動量趨勢交易（momentum trend trading）。
2. 相對強弱趨勢交易（relative strength trend trading）。

你可透過表 3-1 瀏覽兩種交易法的個別技術。趨勢交易仰賴三大黃金原理：

● 追隨趨勢。
● 砍掉虧損部位。
● 讓獲利部位持續滾動。

上述三點，是所有成功的趨勢交易背後的主要原因。趨勢交易的祕訣不在於預測市場走向，而是針對市場走向做出反應，並企圖從市場的巨大變動中獲得收益。

趨勢為什麼如此重要？

趨勢的重要性在於它能驅動市場，且是所有收益的基礎。「趨勢」意指市場在特定時間區段裡的主要移動方向。當交易者在市場活躍一段時間後，目標就是要獲利，而最簡單的獲利方法，就是順著市場移動的方向去交易，也就是順勢交易。

趨勢會指出一條獲利阻力最小的曲線。

想要在上升趨勢中持續獲利很難。不是不可能，只是困

表 3-1 趨勢交易世界擁有多元的技術工具

趨勢交易的策略類型

- **動量趨勢交易**

  相對動量

  - 價格變動率系統（Rate of Change Systems）
    - 相對價格變動
      - 霍恩 1% 原則（Hearne 1% Rule, 1850）
      - 賈特列 3 週與 6 週交叉（Gartley 3- and 6-Week Crossover, 1935）
      - 唐契安 5 日與 20 日交叉（Donchian 5- and 20-Day Crossover, 1960）
      - 黃金 50 日與 200 日交叉（Golden 50- and 200-Day Crossover）
    - 相對時間變動
      - 日曆原則（Calendar Rule, 1933）

  絕對動量

  - 突破系統（Breakout Systems）
    - 價格突破
      - 李嘉圖原則（Ricardo Rules, 1800）
    - 擺盪突破
      - 道氏理論（Dow Theory, 1900）
    - 震盪突破
      - 李佛摩反應（Livermore Reaction, 1900）
      - 達維斯箱形理論（Darvas Box, 1950）
      - 阿諾德 PPS（Arnold PPS, 1987）
    - 通道突破
      - 唐契安 4 週策略（Donchian 4-Week Rule, 1960）
      - 德雷福斯 52 週策略（Dreyfus 52-Week Rule, 1960）
      - 海龜策略（1983）
    - 波動突破
      - 布林通道（Bollinger Bands, 1993）
      - ATR 通道（ATR Bands）
  - 回撤系統
    - 艾爾得 TSTS 策略（Elder's Triple Screen Trading System, 1985）
    - 均值回歸策略

- **相對強弱趨勢交易**

難度相當高。交易者最好朝阻力最小的方向（趨勢）進行交易，以獲取較容易取得的利潤。趨勢交易的訣竅就是識別趨勢！在第六章中，我會展示替代策略如何嘗試辨認趨勢。

現在，我們已對趨勢交易及其重要性有所了解，讓我們更進一步解釋為什麼趨勢交易如此吸引人。

趨勢交易的 5 大吸引力

我認為趨勢交易的吸引力來自以下五個原因：

1. 耐用性。
2. 有效性。
3. 最好的方法。
4. 簡化交易過程。
5. 因為困難。

讓我從它的耐用性開始。我們必須先從歷史看起。

▌耐用性

趨勢交易其中一項優點，就是它並非是嶄新的概念。不是的。你會發現趨勢交易的歷史長達數個世紀。儘管趨勢交易的歷史悠久，但直至本人下筆的此刻，趨勢交易仍舊能獲利，我也認為它將持續在未來獲利。

我喜歡老而彌堅的概念。雖然沒有人能保證趨勢交易在未來仍然能獲利，但以機率看來，它獲利的可能實在很大。

作為實事求是的交易者，我希望自己所使用的交易方法能用大量數據進行檢驗。我對新潮流無感。我不想當一隻遍體鱗傷的白老鼠。我沒有意願成為乘風破浪的開拓者——他們或許可以獲得廣大投資人的熱切喜愛，但也可能墜入驚濤駭浪之中，永劫不復！

我不想永劫不復。我喜歡老而彌堅的交易方法，越老越好。我喜歡那種已被人熟知的方法，好比趨勢交易。

趨勢交易的概念雖然既不新穎也不流行，但至少你可檢驗其歷史，並在交易困境中仰賴這個方法獲利。

任何新的交易方法在虧損的瞬間，就會遭到棄用。

當交易者運用老方法交易時，他會擁有足夠的信心。當然，老的交易法也會虧損，但至少你知道它有很大的機會能在未來獲利。新的方法並沒有任何可供仰賴的歷史基礎。

讓我們來了解何謂「老的趨勢交易策略」。

| 趨勢交易的歷史 |

最早的技術分析可追溯至日本米商本間宗久，人們認為他發展出 1750 年中期的蠟燭線圖。而最早的趨勢交易紀錄者則為李嘉圖（David Ricardo）。當時是 1838 年。是的，我已經跟你說過趨勢交易的歷史相當久遠。

》大衛·李嘉圖（1772-1823）：李嘉圖是英國人。最初他是一名股票經紀人，後來成為交易員與投機者，然後又成功轉型成一名受人敬重的經濟學家與政治家。人們深信他透過自己的趨勢交易三大黃金原則，累積龐大的財富（而且顯然

他的市場操縱法並沒有給自己帶來傷害）。

葛蘭特（James Grant）在其 1838 年的著作《大都市：第二冊》（*The Great Metropolis, Volume 2*）中如此描述李嘉圖：

我觀察到，他透過謹慎地追隨自己的三個黃金原則，累積了巨大的財富，他曾向友人們傳達三大黃金原則的重要性：

- 當你擁有機會時，不要拒絕。
- 砍掉虧損部位。
- 讓獲利部位持續滾動。

感覺如何呢？你已經知道趨勢交易三大原則中的其中兩個——砍掉虧損部位，讓你的獲利部位持續滾動。雖然我們不知道李嘉圖提出這三大原則的時間，但我大膽猜測約為 1800 年。沒錯，我相信如此。

所以呢，這兩大趨勢交易原則雖然在當時沒有被大加宣傳，但確實已存在約兩個世紀之久。

這兩大原則在今日仍舊相當有效，可謂歷久不衰。

不過，請不要誤以為李嘉圖擁有羅賓漢性格，想與貧困大眾慷慨分享有錢人的致富概念。不是的。當時，他身為證券市場的操縱者，透過散播法國在滑鐵盧戰役大勝的錯誤傳言而大舉致富。這個消息自然造成市場大恐慌，李嘉圖趁機在英國得勝的消息傳回本土前以極低的價格買進債券。當然，當他以低廉價格買進債券後，自然持續持有，並讓獲利部位持續滾動！

讓我們繼續了解其他著名的「趨勢」交易者。

》派特‧霍恩（Pat Hearne, 1859）：霍恩是美國知名賭徒與黑社會人物。根據佛洛樂（William Fowler）1870 年的著作《華爾街十年》（*Ten Years on Wall Street*），霍恩或許是第一個發明機械式趨勢交易策略的股票作手。佛洛樂如此形容霍恩的策略：

> 派特‧霍恩的大膽相當出名，他的手法如下。霍恩會先買進某檔股票的 100 股，若股價上升 1%，他就會再買進 100 股，有利便加碼，如此類推。如果股價下跌 1%，他就會了結持倉部位。

雖然以技術觀點來看，此方法為金字塔式結構，但基本上就是趨勢追蹤策略，也就是讓獲利部位持續滾動，並且做好停損、止蝕。

》威廉‧佛洛樂（William Fowler, 1833-1881）：佛洛樂在同一本書中記錄了三大趨勢交易原則的其中兩項：

> 經過華爾街經驗認證的名言即是：「縮小虧損，並讓利潤持續增長。」

因此，我們可知趨勢交易的黃金原則由來已久，其文字紀錄甚至可追溯至 1870 年。第一筆紀錄的出處為葛蘭特的

著作。

》查爾斯‧道（Charles Dow, 1851-1902）：「道氏理論」
是技術分析的基石，其名稱就來自查爾斯‧道，也就是《華
爾街日報》的共同創辦人與首位編輯。許多人視道氏為技術
分析之父，雖然他從未將其概念命名為道氏理論，但其概念
中心就是辨別趨勢的基礎。他在 1900 至 1902 年間將自己的
諸多市場概念發表於《華爾街日報》，爾後，漢密爾頓
（William Hamilton）與羅伯‧麗雅（Robert Rhea）繼承並擴
充道氏的想法。人們開始用「道氏理論」一詞稱呼其概念。

道氏的主要概念根基於他對高點與低點的分析，並以高
點定義牛市、低點定義熊市。主要趨勢會在每個市場持續存
在，直到下一個主要趨勢出現為止。

這符合趨勢交易的原則，也就是讓利潤繼續滾動。

道氏理論針對高點與低點的趨勢分析，應是最早以客觀
機械方式定義「趨勢」的理論。此外，該理論也可能是繼霍
恩之後，第二個針對趨勢交易而創造的機械式模型。

看看我們手中所擁有的資料。我們已知在 1838、1870
與 1900 年，都有記載趨勢交易黃金原則的出版紀錄。在這
些出版紀錄裡，趨勢交易原則被詳盡解釋，且毫無模糊空
間。

但趨勢交易的歷史還不僅限於此。

》亞瑟‧卡頓（Arthur Cutten, 1870- 1936）：1920 年代，
卡頓是美國最知名與最成功的商品投機者之一。雖然他獲得

巨大的成就，但是在 1929 年股市崩盤時，據信，他幾乎失去了所有的財產。1932 年 12 月 3 日他在為《星期六晚報》撰寫的〈投機者的故事〉一文中寫道：

我的成功往往來自於在獲利時堅決不放手。這就是最大的祕密。如果有機會，你必須如此執行。

卡頓顯然沒有追隨李嘉圖「毅然斬斷虧損部位」的黃金原則，他因此在 1929 年市場崩盤時失利，但是他知道要讓獲利持續滾動。庫頓確實是趨勢追蹤專家。

》理查德 · 威考夫（Richard Wyckoff, 1873-1934）：威考夫是交易員、股票經紀人與華爾街新聞評論人。他的主要概念是，「股票具有在已成形的牛市或熊市中順勢發展的傾向」。也因此，當市場上升時，他只選擇做多；當市場下滑時，他選擇做空。此外，他只買進最強勁的股票或是做空最差勁的股票，並在對應市場內證實他的相對強度概念。

如你所見，威考夫的主要投資方法是追隨已成形的相對趨勢。他的投資史相當顯赫，並在漢普頓擁有 9.5 英畝的土地。

》傑西 · 李佛摩（Jesse Livermore, 1877-1940）：李佛摩應該是在他的年代裡最成功的股票交易人。人們深信他正是 1923 年埃德溫 · 勒菲弗（Edwin Lefèvre）出版《股票作手回憶錄》一書中的主角。李佛摩因賺進與賠掉 2 億美元而聲

名大噪。據信他在 1929 年股市崩盤時大賺 1 億美元。人們深信他在 1940 年過世前已耗盡家產。

勒菲弗撰寫的《股票作手回憶錄》是交易界最暢銷的書籍之一。如果你沒讀過，我誠摯推薦你務必一讀。許多人認為，該書乃是李佛摩親手撰寫的自傳。在《股票作手回憶錄》裡，有許多至今仍流行的趨勢交易經典名句。包括：

如果有股票讓你虧損，就立刻賣掉，保留那些獲利的。當然這顯然是第一守則，儘管我也常驚訝自己竟然做出相反的決定。

我在華爾街打滾多年，賺進、賠掉上百萬美元，我只想告訴你：真正讓我賺大錢的都不是我的想法，而是我持續待在場內。懂嗎？我緊跟著趨勢！

他顯然知道砍掉虧損部位與讓獲利部位持續滾動的好處，這也是趨勢追蹤的兩大黃金原則。

李佛摩曾經在 1940 年《傑西·李佛摩股市操盤術》（*How to Trade in Stocks*）一書中詳細撰寫其交易技巧，該書由杜爾薩倫與皮爾斯出版社（Duell, Sloan and Pearce）出版。李佛摩在書中直接點出追蹤趨勢的必要性：

很多人或許會對我的交易方式感到驚訝，當我在記錄中看到上升趨勢逐漸成形，而股價在正常反應後進入新高點，我會立刻買進。我在做空時亦是如此。為什麼呢？因為我正在追蹤當下趨勢。我的交易史暗示我可以繼續交易。

簡單來說，李佛摩按照趨勢交易的三大黃金原則行事：追蹤趨勢、砍掉虧損部位、讓獲利部位持續滾動。他也承認失敗往往來自於未遵守原則，也就是未砍掉虧損部位、讓獲利部位持續滾動。

雖然李佛摩是著名的股票作手，但可惜的是他在 1940 年結束自己的生命。許多人認為這與他財產的大起大落有關。然而，其實他沒有賠光，他仍留了近 500 萬美元的不動產給他的太太諾布爾（Harriet Noble）。

》喬治‧賽蒙（George Seaman, 1933）：很可惜的是，我沒有賽蒙的出生與過世資訊，但是他曾在 1933 年出版關於股票市場的著作《股市成功的七大支柱》（*The Seven Pillars of Stock Market Success*）。在那本書中，他建議交易者在牛市中買進表現強勁的股票，並在熊市時，賣掉表現差勁的股票。賽蒙認為在相對強勁的趨勢交易中將能獲得好處，這點和讓獲利持續滾動的原則不謀而合。

》喬治‧切斯納（George Chestnutt, 1885- 1956）：喬治‧切斯納在 1930 年代成功管理美國投資者基金（American Investors Fund）數年。據傳他曾經如此寫道：

> 你最好買進表現強勁的項目，並捨棄差勁的項目。市場跟人生很像，強者恆強，弱者恆弱。

切斯納和威考夫、賽蒙等投資者相當類似，他們專注於
相對強勢的交易趨勢，而其主要目標是讓獲利部位持續滾
動。

» 羅伯・愛德華與約翰・馬基（Robert Edwards and John Magee, 1948）：愛德華與馬基曾合著備受注目的《股市趨勢技術分析》（*Technical Analysis of Stock Trends*），第一版於
1948 年推出。該書至今仍持續暢銷，我相信目前已經發行
至第十一版。《股市趨勢技術分析》普及了現今常用的趨勢
走勢圖與趨勢逆轉型態概念，好比三角形（triangle）、三角
旗形（pennants）、旗形（flags）、頭肩型（head-and-shoulders）
等。兩人並藉由擺盪點（swing points）定義趨勢線概念，協
助推廣道氏理論。愛德華與馬基皆為趨勢交易名家，並教育
其他交易者順勢交易的重要性。

» 哈羅德・賈特列（Harold Gartley, 1899-1972）：賈特列
是華爾街經紀人與技術分析師。他最出名的事蹟是 1935 年
出版《股市利潤》（*Profits in the Stock Market*）一書，討論道
氏理論、三角形、移動平均與缺口（gaps）。賈特列有可能是
最早提倡機械式交易的先驅，他曾經提過 3 週、6 週雙重移
動平均交叉策略：

　　我運用機械式系統進行股票交易，每週進行相關研究的
時間不會超過十五分鐘，並在過去動盪的六年內帶來可觀的
利潤。

賈特列不但點出順勢交易的重要性，他也嘗試將趨勢交易策略系統化。我在第六章會檢驗賈特列的策略，觀察該策略八十五年來的表現。

》尼可拉斯‧達維斯（Nicholas Darvas, 1920-1977）：達維斯是專業舞者。他在舞壇頗具名聲，也常受邀至世界各地演出。達維斯同時也是相當活躍的股票交易者。1950 年時，達維斯透過交易股票大賺超過 200 萬美元。1960 年時，他出版《我如何在股市賺到 200 萬美元》（*How I Made $2,000,000 in the Stock Market*）一書，並分享自己的策略。

他的交易方法被稱為「達維斯箱形理論」（Darvas Box strategy），這是一種相當簡單的順勢交易突破策略。當價格壅塞時，達維斯會想像一個擁有不同價格運行的箱形，並在價格突破箱型時買進。他透過這個方法發現趨勢、讓利潤持續滾動，並砍掉虧損部位。

達維斯成功將趨勢交易的黃金原則納入機械式的交易策略裡。

》理查‧唐契安（1905-1993）：唐契安是商品和期貨交易員，他在 1949 年成立首家公開管理期貨基金的公司，名為「Futures Inc.」。此外，他發明了趨勢交易策略。他的交易哲學深信商品價格在長期、廣泛的牛市及熊市中波動。他在 1957 年的《商品年報》（*Commodity Yearbook*）中寫道：

任何好的趨勢交易策略都應該要能自動限制虧損，不管虧損來自什麼部位，多頭或空頭，但又不會限制獲利。

1960 年代時，唐契安因發明多項趨勢交易策略，成為華爾街炙手可熱的人物，他透過每周的「商品趨勢時機」（Commodity Trend Timing）專欄，分享自己的觀點，其中之一就是運用 5 日及 20 日移動平均的交叉策略；另一個則是突破策略，被外界稱為「唐契安突破通道」或「4 週策略」。這兩項策略都屬於機械式策略，排除了交易者的自我判斷。

以我的觀點來看，唐契安的 4 週策略（請見第二章的圖 2-3）是迄今最成功的趨勢交易策略。

唐契安運用他的交易策略，實現了找到趨勢、砍掉虧損部位與讓獲利持續滾動的三大黃金原則。

» 傑克・德雷福斯（Jack Dreyfus, 1913-2009）：德雷福斯是活躍於 1950 與 60 年代的另一位成功投資者。他被稱作是「華爾街之獅」。1953 至 1964 年間，他的德雷福斯基金獲利率為 604%，同期的道瓊指數則為 346%。許多人認為德雷福斯是趨勢追蹤者，他投資的股票創下 52 週的新高價。

作為一名價格突破型投資者，讓德雷福斯成為趨勢追蹤家族的一份子，而他的成功早已說明一切。

｜兩百年的歷史證明：趨勢交易有效｜

假如我們認為李嘉圖在 1800 年就已實踐砍掉虧損部位、讓獲利部位持續滾動的方法，那麼趨勢交易已至少有兩

百年的歷史。每個世紀都有著名且成功的趨勢交易者，而我認為趨勢交易至今仍舊是成功且有效的策略。

擁有兩百年歷史的趨勢交易可算是金融界最長壽的概念，畢竟在這個領域裡，沒有多少想法可以歷久彌新。你慢慢會知道，我喜歡「耐用」的概念，而趨勢交易策略就相當耐用。趨勢交易的耐用性，讓它充滿吸引力。

現在我們知道，趨勢交易的一大優點就是它的耐用性，那麼我們必須再檢視它的第二大優勢，那就是「有效性」。為了理解趨勢交易的有效性，我們必須先討論其背後的科學。這點相當重要，因為總有許多人努力勸退他人退出市場。我們必須看到趨勢交易確實擁有有效性的證據。當然，我們更希望看到「錢」，然而，擁有「科學」佐證是必要的。接下來，讓我們先以科學觀點去檢視趨勢交易，然後再來確認我們的利潤。

趨勢交易經「科學」實證的有效性

趨勢交易的另一項優勢就是有效性。為了解其中原因，我們必須從科學的角度進行檢視。這點相當重要，因為有一派學術界勢力，相當排斥過於積極的交易，他們認為這麼做根本毫無用處且浪費時間。首先，請先讓我們認識學術界為什麼如此排斥趨勢交易。

▌理論上，你不可能打敗市場？

讓我試著綜合學術界的觀點。簡單來講，學術界認為你

不可能打敗市場。他們認為市場很隨機。他們認為市場具有效率性。理論認為價格是依據「常態分布」（normal distribution）來變動，這是學界對「隨機」的聰明說法。由於價格是隨機的，因此任何企圖預測未來價格變動的策略，也就是趨勢追蹤，都將徒勞無功。不管是自我裁量型或機械式的趨勢交易，都不可能成功——你無法運用過去的價格預測未來價格。

以下讓我們花點時間分析學界的理論。

▌隨機漫步理論

「隨機漫步理論」認為市場價格在序列上是獨立的（這是他們針對「隨機」的聰明術語），也就是說，今天的價格變化與昨天的價格變化無關。「序列獨立」意味著價格會遵循常態分布而變動，其中，價格變化將隨時間恆定不變，平均價格的兩側則會對稱下降。因此，觀察過去的價格以預測未來的價格，是完全沒有意義的。

▌效率市場假說

「效率市場假說」認為，所有的市場都擁有合理的價格，因為市場會反映出所有的資訊。該假說認為，投資人或交易員無法研究已經吸收、反映出所有資訊的市場，並從中得到更多的利潤。

此外，由於價格僅會受到新資訊的影響，價格在新資訊到達以前是未知的，因此該理論認為價格也是隨機的（這點近似於隨機漫步理論），因為新資訊曝光的時間同樣是隨機

的。市場既有效又隨機，故企圖透過研究過往的價格以預測未來的價格，無疑是毫無意義的舉動。

▌關鍵假設：隨機性

上述兩大理論的主要假設，都認定價格變動是隨機的，而市場具有效率。不管是市場或價格都能吸收新的資訊。它們能快速、正確地調整價格。

這些說法都相信價格變動是隨機的。如果價格是隨機的，那麼沒有任何人能透過觀察歷史價格預測未來價格，而這正是趨勢交易的基本手段——如果價格上揚，我們預期價格會變得更高；如果價格走低，我們預期價格會變得更低。但如果價格是隨機的，那麼我們就無法得知價格上漲後，行情是否會隨之反彈，價格下跌後，行情是否會隨之下探。

理論所包含的重要假設在於，隨機的價格必須跟隨常態分布而變動。常態分布意指隨機性，並認為價格變動會持續、平均的發生，且會對稱地落在平均值的兩側。其分布將符合鐘形曲線。

這正是主流且被廣為接受的經濟模型，其背後的邏輯。上述模型認定價格變動是常態分布（也就是隨機性）。他們以此駁斥趨勢交易的有效性，並聲明趨勢交易毫無意義——交易者無法運用過去價格預測未來價格，畢竟，價格根本就是隨機的。運用趨勢交易策略無疑是用擲銅板來進行交易決策。

經濟模型認定市場追隨「常態分布」

如同表 3-2 所示，許多重要的經濟模型，都認定價格仰賴常態分布而變動。

表 3-2 許多重要經濟模型都假設市場價格或報酬率，會遵循常態分布原則而變動。

依據「價格仰賴常態分布而變動」所建立的經濟模型
RWT 隨機漫步理論
EMH 效率市場假說
MPT 現代投資組合理論（Modern Portfolio Theory）
CAPM 資本資產定價模型（Capital asset pricing model）
Options 布萊克休斯期權定價模型（Black-Scholes option pricing）
VAR 風險價值（Value at Risk）

我想我們無須感到意外，畢竟常態分布正是人類生命形態的一部分。市場也只是反映了龐大投資人與交易者的聲音罷了。日常生活裡，我們無時無刻不被某種常態分布給包圍，而市場正像是反映了每日近上百萬買家與賣家的集合體。

在我們的生命中，常態分布是普遍現象，而所有的事件都平均地落在基準線的兩側。不管是我們的身高、智商、體重都可視為常態分布下的樣本。

▎常態分布的優點

當我們知道時間序列按照某種方式分布後，就能運用該分布的功能預測某特定變量的可能結果。我們可以此推測學生的表現、車禍、保險理賠、貸款抵押違約與死亡率。我們也可以此預測股市崩盤的可能性。

好消息是，當事件本身運作正常時，常態分布理論得以計算出合理的結果

舉例來說，如果我們相信該理論的說法，認為市場價格是隨機變動，且依據常態分布而運作，那麼我們可以運用常態分布算式推斷，市場將可能上揚或下跌 1%、2% 或 5%。

但壞消息是，如果價格並非依據常態分布而變動，那麼我們所預估的結果就會是錯的，而且可能大錯特錯。這對仰賴「常態分布」假設的經濟模型來說，將是很嚴重的缺陷。這點容我稍後再來討論。

首先，讓我們先來了解常態分布的意思到底是什麼？

▎常態分布是什麼？

常態（隨機）分布代表當我們擁有足夠龐大的樣本數據時，單一隨機變量的結果（身高、體重、智商或每日／每週／每月的價格變動等）將會系統性地持續落在平均中線的兩側。每單一結果都是序列獨立（隨機）——有半數結果會經歷負向變動，另一半的結果則會經歷正向變動，而平均值將非常接近中數。該分布會符合鐘形曲線，約有 99.7% 的數值會分布在距離平均值三個標準差的範圍內。

假設某一變量為常態分布，那麼：

- 68％的結果，落在平均數一個標準差之內。
- 95％的結果，落在平均數兩個標準差之內。
- 99.7％的結果，落在平均數三個標準差之內。
- 99％的結果，落在平均數四個標準差之內。

如果該變量，好比價格變動，遵循常態分布法則，那麼僅會有極少數的結果會落在平均數三個標準差之外，而幾乎沒有任何結果會落在平均數四個標準差之外。

▍鐘形曲線

顧名思義，鐘形曲線是如「鐘」一般的曲線。圖 3-1 說明了標準鐘形分布的樣子。

常態分布被稱為鐘形曲線，因為隨機結果將持續系統性地落在平均中線兩側。約有半數結果為負向變動，另一半為正向變動。

很抱歉我一再地重複這個要點，因為我們必須知道何謂常態（隨機）分布，以及其現象，以便了解學術界為何如此反對趨勢交易。常態分布為多數金融理論與模型的根基，也是用來辯駁為什麼無法以歷史價格預測未來價格（趨勢交易）的重點論述。

讓我們從歷史最悠久的第一個理論——「隨機漫步理論」開始討論。

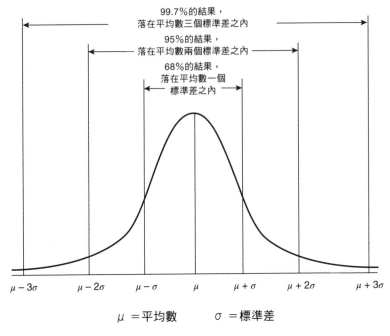

99.7%的結果，
落在平均數三個標準差之內

95%的結果，
落在平均數兩個標準差之內

68%的結果，
落在平均數一個
標準差之內

$\mu - 3\sigma$　　$\mu - 2\sigma$　　$\mu - \sigma$　　μ　　$\mu + \sigma$　　$\mu + 2\sigma$　　$\mu + 3\sigma$

μ ＝平均數　　　σ ＝標準差

圖 3-1 根據理論，價格變動分布會遵守常態鐘形（隨機）分布原則。

▌「隨機漫步理論」是什麼？

　　1863 年，法國股票經紀人雷格諾（Jules Regnault）被認為是最早提出市場價格為隨機變動的人。在他之後則有另一名法國數學家巴斯里爾（Louis Bachelier）抱持相同看法。巴斯里爾在 1900 年出版其博士論文《推測理論》（*The Theory of Speculation*），他認為市場價格為隨機變動，並暗示若想用過去價格推測出未來價格，無疑是相當愚蠢的。1973 年，墨基爾（Burton Malkiel）出版《漫步華爾街》一書，並再次強調市場的隨機本質，他諷刺地說，「用射飛鏢來預

測未來，將會有更好的報酬。」

上述專家的論點，主要在於強調市場變動為序列獨立（隨機），因此無法透過過去價格預測未來價格——隨機結果將依照常態分布而定。

▍「效率市場假說」是什麼？

1965 年，美國經濟學家法瑪（Eugene Fama）提出效率市場假說。該假說認為市場具有效率性，因其會反映所有可得資訊，並在獲得新資訊的同時，會快速、有效、正確地調整價格。也因此，效率市場假說認為，由於價格已即時反映多方資訊，因此投資人不可能獲得超過市場回報的利潤。

效率市場假說有三種形式：弱式效率、半強式效率、強式效率。每一個形式是仰賴前項形式發展而來。

「弱式效率」認為價格充分反映所有已公開資訊，並認為我們無法使用過去價格預測未來價格。此一觀點與趨勢交易相違背；「半強式效率」根植於弱式效率，認為價格也同時反映目前所有公開資訊，並將在任何資訊公開時，同步調整價格。半強式效率折衷了基礎分析的價值；至於「強式效率」則延續半強式效率，認為價格已反映所有未公開資訊（內線資訊）。

效率市場假說認為，價格有效反映了所有可得資訊，此外，僅有新資訊能夠影響價格。因此，由於新資訊尚未可知，並且將隨機性地到來，那麼未來價格必然無法預測，並將以隨機方式產生。

效率市場假說認為，交易者無法透過研究資訊打敗市

場，畢竟市場價格僅為即時反應的現象。由於新資訊將隨機發布，因此會造成價格的變動。由於價格變動為序列獨立（隨機），因此我們無法透過研究過往價格，預測未來價格。

常態分布將造成隨機結果。

▌「隨機」才是王道？

隨機漫步理論與效率市場假說都與隨機有關。兩者明確認定由於市場自有主張，因此我們無法透過研究歷史價格，得到未來價格。所以，怎麼可能有人會認為自己能打敗市場呢？

這兩個理論的主要論點在於，市場是隨機的，價格變化必定會遵循常態分布。因此，任何企圖打敗市場的舉動都是浪費你的時間、資源與精力！他們的論點就在於價格變動來自常態（隨機）分布。因此請記得：價格與常態分布有關，這是他們的終極觀點。

現在讓我們用圖表來檢視，究竟是什麼東西構成了一個完美、有效和隨機的市場（如同隨機漫步理論與效率市場假說所認定的那般）。

▌完美（隨機）的市場？

以定義上來說，完美市場應為隨機市場。在完美，或隨機市場裡，價格將會隨著完美常態（隨機）分布變動，並呈現鐘形分布。

由於該理論強調市場具有效率性及隨機性，因此我希望創造一個假市場，以測試上述理論的基本假設，也就是價格

會按照常態（隨機）分布而變動。

如果隨機漫步理論與效率市場假說都肯定隨機性，那麼我也該這麼做。我可以在模型裡納入隨機性。透過 Excel 的隨機數字產生功能，我可以模擬投擲兩顆骰子的隨機結果。

其中一顆骰子，將被視為產生負的向下移動（-1％，-2％，-3％，-4％，-5％和 -6％），而另一個骰子，將被視為產生正的向上移動（1％，2％，3％，4％，5％和 6％）。 每次隨機投擲結果，都會將兩顆骰子的數值相加。最終總和將介於 -5％至 5％之間。

我的兩顆骰子隨機投擲結果如下：

-5％，-4％，-3％，-2％，-1％，0％，1％，2％，3％，4％ 或 5％

我的模型將產生 9,600 次隨機投擲結果，以涵蓋過去四十年的每日市場數據量。

每一次的隨機投擲結果將累積成一個時間序列。

圖 3-2 顯示了我的第一個假市場。

哇，不錯吧。我們可以看到許多可交易的趨勢機會點確實存在。但是，別太樂觀。請記住：這是模擬結果。這是隨機的。也是假的！由於我們透過隨機數字產生器進行模擬，因此我可以很輕鬆地建立另一個假市場。請再嘗試看看圖 3-3 中的市場。

雖然第二個市場沒有像第一個市場那麼完美，但是在模擬近四十年的交易量後，我們也得到許多可以進場交易的趨

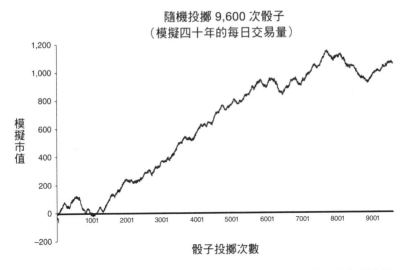

圖 3-2 這個模擬市場雖然看似強勁，但卻是假的，因為價格變動（骰子點數）來自常態（隨機）分布。

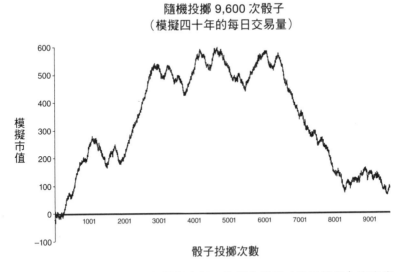

圖 3-3 這是另一個模擬市場，其價格變動（骰子點數）來自常態（隨機）分布。

勢時機。

所以呢？

這兩個假市場都根據「隨機漫步理論」與「效率市場假說」，設定相同的模擬條件，並且假定當新資訊（骰子投擲）隨機產生時，價格的上下波動將隨之（同步）進行相當有效率的改變。結果和大多數真實的市場一樣，這兩個市場看起來截然不同。

我相信，我的假市場是相當好的模擬結果。

現在，儘管它們具有不同的外型，不過這兩個市場都具備許多極佳的投資機會，正如同真實市場。

這麼說對嗎？

根據隨機漫步理論與效率市場假說，假市場的存在與否都不重要，因為它們與真實市場無異。不管是模擬市場或真實市場，根據隨機漫步理論與效率市場假說，價格的變動都是依據常態分布而定的。價格變動為序列獨立（隨機），並將持續發生。價格將會落在均線的兩側，一半為正向，另一半為負向。價格變動將沒有任何偏差性，這意味著我們不可能發展獲得未來價格的策略，並得到高額回報。

讓我再重複一次：根據隨機漫步理論與效率市場假說，價格變動將會隨著常態（隨機）變動而定。既然該理論奠基於此，因此我們不可能超越市場獲得高額報酬，換句話說，不要試著打敗市場，不要試著研究交易策略，好比趨勢交易。趨勢交易根據過去價格企圖預測未來價格（趨勢），此舉將沒有任何幫助。

因此，雖然我的模擬骰子投擲結果看起來貌似真實市

場，並且（理應）追隨常態（隨機）分布而變動，但我們不可能預測結果，並以此獲得交易優勢。

查看價格變化的序列獨立性或隨機性的最佳方法，是觀察價格分布的方塊圖。請見圖 3-4，這張直方圖顯示了我模擬骰子投擲的落點分布。

我在圖 3-4 的直方圖上加上了鐘形曲線，並完美展現了我透過擲骰子而得到的價格，確實符合常態隨機的「鐘形」分布。

這代表什麼呢？

我的假市場直方圖顯示在骰子投擲結果之下，多數的價格變動與真實價格變動一樣，會持續發生，且呈現序列獨立（隨機），落點在均線的兩側。其中有一半的結果呈現負向變動，另一半則呈現正向變動。投擲落點並沒有偏好正向或負

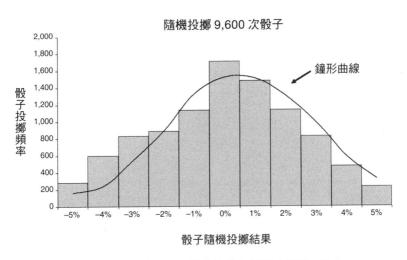

圖 3-4　骰子投擲方塊圖顯示變動值符合常態「鐘形」分布。

向結果，線條可說是相當平滑。骰子投擲結果造成的價格變動看起來相當持續、隨機並呈現常態分布，在價格變動之間沒有任何序列依賴的狀況存在。

三張圖表的故事

由此看來，我有三張看起來不同的圖表，皆顯示相同模擬時間的結果。我有兩張表現極好的（假）折線圖，得以顯示許多重要的**趨勢**，而另一張直方圖則總結我的骰子投擲分布。

雖然這三張圖是顯示同樣的事件，但卻有兩種不同結果。雖然折線圖顯示我們可以取得不錯的利潤，但直方圖卻表現出截然不同的狀況。

直方圖所呈現的分布狀態，並未說明我們可以「輕易」取得利潤。它證明了價格變動的分布是具序列、獨立性的。

當你檢視直方圖會發現，骰子投擲所得到最頻繁的結果為 0% 報酬率。我的「假市場」基本上來講根本無利可圖。當我們檢視 0% 的兩側，你會發現骰子投擲結果以 0% 為基準往兩側平均分布，暗示所得為正之總數值等同於所得為負之總數值。其分布符合完美的常態（隨機）分布。隨機性大勝。讓我們來檢視表 3-3 所得個別百分比的實際頻率。

準備好了嗎？

直方圖的數字似乎述說著另一個故事。所有的正移動似乎抵銷了負移動。這代表儘管數值有所變動，但其結果幾乎沒有任何實質意義！隨機的骰子投擲生產器，也就是我的假市場，在頻繁地勞動後，幾乎毫無所得。

因此，讓我們回到隨機漫步理論與效率市場理論的基本假設。價格變動真的如同我的骰子模擬實驗一樣，擁有時序獨立（記得這是學界稱呼「隨機」的方式）嗎？市場本質上是隨機的嗎？市場符合常態（隨機）分布嗎？如果我們花時間試圖找到打敗市場的價格的話，會有收穫嗎？

基於以上觀察，直方圖顯示正負移動百分比最終相互抵消，價格變化接近平均水平，我們確實可以得到如此結論。儘管模擬實驗呈現了時序性的價格變化，但個別價格變動與真實市場一樣，都是隨機的，我們可以從均價兩側的相等價差得到證明。

以上為隨機漫步理論與效率市場理論的假設。這也是兩個理論的基石。

表 3-3 骰子投擲機率顯示所有正移動總和抵銷了負移動總和，而價格變動符合持續且對稱的常態（隨機）分布。

骰子投擲總和	骰子投擲數			
–5%	281			
–4%	601			
–3%	831	往下移動	3735	39%
–2%	886			
–1%	1136			
0%	1709	0% 移動	1709	18%
1%	1481			
2%	1141			
3%	828	往上移動	4156	43%
4%	474			
5%	232			
總數	9600			

如果市場與價格同時具有效率性與隨機性，那麼其每日、每週、每月、每季的價格變動，應當符合常態鐘形曲線，而正負移動將足以互相抵銷；價格變動將持續發生，並落點在平均點兩側。我們可以預期：68％的結果落在平均數的一個標準差之內；95％的結果落在平均數的兩個標準差之內；99.7％的結果落在平均數的三個標準差之內。我們應可預期不可能有結果會落在平均數的四個標準差之外。

常態分布認為，我們不可能獲得超越市場的超額收益。

常態分布認為市場與價格是隨機的，也因此我們無法透過研究過去價格，預測未來價格。由於價格變動為序列獨立，因此沒有任何價格趨勢存在。不要跟隨趨勢。趨勢交易根本毫無意義，出版關於趨勢交易的著作根本就是太愚蠢了，而我就是笨蛋！

你認為呢？

▎市場真的符合常態分布嗎？

噢，我們才剛剛簡述了市場報酬或價格變動將符合常態（隨機）分布的市場理論，其主要論點是：市場報酬及價格是隨機的。如果此說為真，那麼發展趨勢交易策略無疑是浪費時間，因為趨勢交易往往仰賴過去價格，推測未來價格；若價格是隨機的，這個推測將無法成立。你無法預測未來。你無法打敗大盤。不要試圖超越大盤。誰嘗試誰就是笨蛋。你不要浪費自己的時間。

讓我們再進一步深思，先把理論性的模擬假市場放到一邊，並觀察實際的市場。讓我們看看真實世界和學術界說的

是否相似。我們來觀察真實的黃金市場，請見圖 3-5。

假設有投資人或交易者在 1998 年買進黃金並持有其部位至 2020 年，那麼儘管 2015 年市場價格往下走低，他們仍舊獲利頗豐。人們可能會因此認為，黃金很容易操作。

然而，我們知道還有另一種更有用的方式來觀察市場，那就是觀察市場每日價格變化或報酬的直方圖。從不同的角度來看同樣的數據可能會揭示：想靠操作黃金賺錢並不是那麼容易。

圖 3-6 的直方圖顯示 1998 至 2020 年間的黃金每日報酬率分布。它顯示黃金價格達成特定百分比所花費的天數。圖的中央顯示每日 0% 變動為常見的變動（或稱無變動）。往圖表右方，我們可見正向百分比移動（0.25%）；往左方則為負向百分比移動。方塊高度則代表特定變動的發生天數，也就是發生的頻率。

直方圖與折線圖呈現出完全不同的事實。透過直方圖，我們不可能認為要在黃金市場獲利是一件很「輕鬆」的事。

直方圖中央顯示了平均每日變動為 0% 的天數，並代表毫無變化可言，而此方塊獲得最高天數，這代表發生機率相當高。

直方圖似乎在平均 0% 變化的兩邊分布得相當對稱。往右正向移動幾乎等同於往左負向移動。此圖呈現了常態（隨機）分布狀況，也就是鐘形曲線。

讓我們進一步觀察表 3-4 所呈現的每日百分比移動頻率數據。

很顯然的，表 3-4 呈現了截然不同的故事。在過去

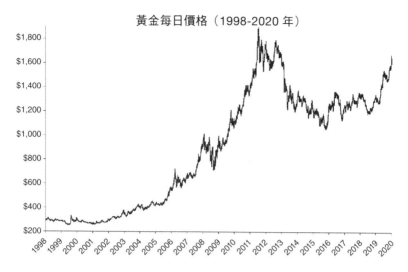

圖 3-5　在過去二十二年內，黃金價格呈現顯著趨勢。

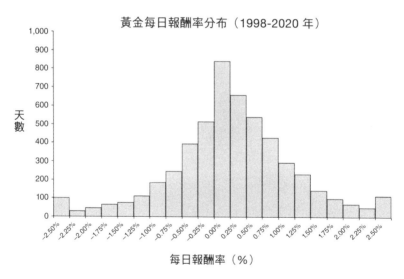

圖 3-6　過去二十二年來，黃金每日價格變化或報酬率的直方圖。

第三章　趨勢交易的科學證據與市場實測　145

二十二年的數據中,向上移動的次數基本上等同於向下移動的總和(0%)。換句話說,大部分的市場變動總合後幾乎為零!頻繁的市場活動並沒有帶來任何收益。我們可以看到,在 5,231 天的黃金每日收盤價中,有超過 840 天(或將近 16% 的時間),黃金的每日價格一直努力地在朝橫向盤整。

表 3-4　黃金每日價格變動或報酬的頻率數據顯示,上漲走勢通常被下跌走勢所抵消。

黃金每日報酬率	天數			
−2.50%	100			
−2.25%	30			
−2.00%	47			
−1.75%	66			
−1.50%	75			
−1.25%	112			
−1.00%	184			
−0.75%	246	從零往		
−0.50%	395	下移動		
−0.25%	513	的總和	2608	50%
0.00%	840			
0.25%	658			
0.50%	539	從零往		
0.75%	427	上移動		
1.00%	293	的總和	2623	50%
1.25%	231			
1.50%	143			
1.75%	98			
2.00%	70			
2.25%	50			
2.50%	114			
總數	5231			

讓我們再次回到隨機漫步理論與市場效率假說的基礎假設。市場遵循常態分布嗎？市場本質上是隨機的嗎？黃金每日報酬率（做為我們的真實市場驗證）是否符合常態鐘形分布？黃金每日報酬率分布是否以持續、對稱且時序獨立（隨機）的方式，分布在均線兩側，而99.7%的結果落在平均數（0.03%）的三個標準差（-3.2%和+3.2%）之內？

若我們快速檢視一下圖3-6，你的答案很容易是肯定的。然而，若我們更進一步仔細檢視，黃金價格真的是按照我們所想的那般進行常態分布嗎？

讓我們再看一次直方圖。

問題在於黃金（做為我們的通用市場範例）是否進行常態分布？我們需要知道答案，因為若黃金按照常態分布，那麼我們就無須耗費時間發展預測未來（趨勢）價格的交易策略，並期待可以獲得比大盤更好的結果。

黃金是否按照常態分布，並符合鐘形曲線？

有一個簡單的回應方式，是將鐘形曲線疊合至黃金每日報酬率的圖表上。如果黃金確實以常態分布，那麼鐘形曲線將完美疊合直方圖。

使用黃金平均每日報酬（0.03%）與其標準差（1.08%），我們將可以輕鬆地得到鐘形曲線。我使用Excel的隨機數字產生功能，建構鐘形常態分布曲線，其中68%的所有回報率均在平均值的一個標準差之內；95%的回報率落在兩個標準差之內；99.7%的回報率落在三個標準差之內。然後，將我的鐘形曲線分布覆蓋在直方圖上。

讓我們觀察圖 3-7。

如何？很有趣吧。雖然看起來黃金圖表符合常態（隨機）分布，並貼近鐘形曲線。但是如你所見，直方圖並沒有完美貼合鐘形曲線。圖表中央的每日百分比變化頻率遠較常態分布所期望來得高，遠超過鐘形曲線頂部。此外，黃金每日報酬率日均發生量比常態分布所預期的要多得多，超出了三個標準偏差（-3.2％和 +3.2％）。其邊緣似乎有肥尾（fat tails）效應。

當我們觀察直方圖並無法完美貼合鐘形曲線分布後，可知黃金每日報酬率或價格變化，並不符合常態分布規則。

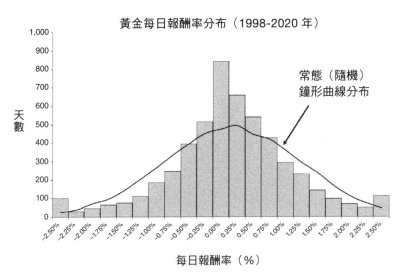

圖 3-7　黃金每日報酬率並非如理論所述，符合常態（隨機）鐘形曲線分布。

▌肥尾 —— 你唯一會愛上「肥」字的時刻

請參考圖 3-8，你會發現其邊緣部分被標註為「肥尾」。

如果價格呈常態分布並遵循鐘形曲線，肥尾表示發生大規模價格變化的可能性遠遠超過人們的預期。肥尾或尾端風險（tail risk）代表極端值可能出現的風險。肥尾經常伴隨著黑天鵝事件到來，好比像 2020 年新冠病毒所造成股市崩盤的極端狀況。塔雷伯（Nassim Taleb）透過《隨機騙局》（*Fooled by Randomness*）一書，將「黑天鵝」概念流行化。肥尾則是市場行為中相當重要的一部分，也就是無法預期的市場大規模移動將頻繁出現。依據常態分布而定的市場並無法預期大規模移動。

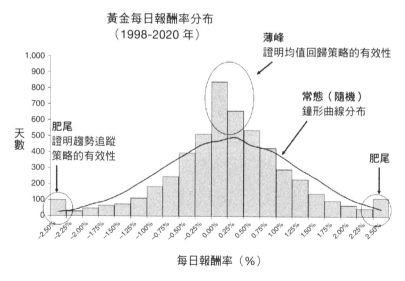

圖 3-8　薄峰與肥尾的存在，證明黃金每日報酬率並非遵照常態（隨機）鐘形曲線分布。

假如以黃金代表所有市場，那麼其每日價格變動的「肥尾」現象則代表市場價格並非依據常態分布，這證實趨勢交易策略確實有預測大規模定向移動的能力。

▌薄峰——證明「均值回歸」的有效性

在圖 3-8 中，我把直方圖超越鐘形曲線的中間部分圈了起來。「薄峰」（Thin Peaks）代表許多比平均移動更小的移動。如果市場確實為常態分布，那麼不應該有如此頻繁的小規模移動。

如果黃金可代表所有市場，那麼黃金每日報酬率圖上的薄峰，代表市場價格並不依據常態分布而變動，並證明了運用「均值回歸策略」的有效性。

薄峰鼓勵交易者們從期權賣出之中輕鬆獲得溢價收入。然而，他們忘了肥尾的發生往往超越預期範圍，並讓期權賣方血本無歸。

▌善用「肥尾」與「薄峰」的交易策略

正如我提到的，肥尾與薄峰這兩種異常，都是市場行為的重要部分，我們可透過設計良好的交易策略善加運用上述兩種情況。

肥尾與薄峰的存在駁斥了學界認為市場價格依循常態（隨機）鐘形曲線分布的說法。肥尾與薄峰無疑打了學術象牙塔裡的人好幾下響亮的巴掌。因此，肥尾現象證明發展趨勢交易策略以期預測大規模變動的可能性。而薄峰現象則證明了發展反趨勢（波動）策略以期預測均值回歸的可能性。

▌那麼，市場是常態分布的嗎？它們完美嗎？

當我們了解理論與黃金每日價格變動分布後，很顯然地，黃金並不符合常態分布的假設。這證明交易者應當嘗試發展趨勢交易與均值回歸策略，以期利用肥尾與薄峰時機──對積極的交易者而言，大規模的收益是極有可能的。

然而，我們眼前唯一的阻礙是我的樣本市場僅有單一的黃金市場。

運用單一市場無法徹底反證常態分布假說（我是否聽見學院派的歡呼聲了呢？）。

讓我們進一步檢視我包涵了二十四個市場的投資組合，並試著了解其價格變動是否符合常態分布，且符合理論的預期設定。我知道僅有二十四個市場遠遠不足以讓我的樣本數符合統計效應，我應當至少擁有三十個市場作為數據基準。然而，我認為如此的規模已足夠證明我的觀點，此外，我相信自己的投資組合相當多樣化，且具備通用性，足以代表「市場」。接下來，我們將檢視這二十四個市場，並觀察它們的價格變動與回報率是否符合常態分布，或是與上述的黃金市場擁有相似的特質。我在表 3-5 整理出我所運用的二十四個市場。

▌我的投資組合報酬率，是否符合常態分布？

我運用 1998 至 2020 年間共二十二年的現貨價格作為數據基準。此數據包含二十二年來二十四個市場的大量收盤價格。我將這個涵蓋二十四個市場的投資組合稱為「P24」。

表 3-5 我的通用市場投資組合包含在芝加哥商品（期貨）交易所交易的二十四個流動性最強與最多樣化的市場。

通用投資組合 -P24	
類別	**市場**
指數	NASDAQ 100
	標普 500
	道瓊
利率	5 年期國庫券
	10 年期國庫券
	30 年期國庫券
貨幣	歐元
	日圓
	英鎊
金屬	銅
	黃金
	白銀
能源	原油
	天然氣
	ULSD 供熱燃油
穀類	玉米
	黃豆
	小麥
肉類	幼牛
	瘦肉豬
	活牛
軟性商品	糖
	咖啡
	棉花

首先，讓我們看一下這個投資組合的每日報酬率或價格變化的直方圖，衡量從一天到下一天的收益或損失百分比（圖 3-9）。

乍看之下，我的投資組合每日報酬率符合常態分布現象，價格隨著時間持續變動，並對稱地落在均線兩側。讓我們對照表 3-6 所呈現的實際每日報酬率百分比數字。

負向和正向移動之間似乎幾乎沒有偏差，負向日移動百分比的總數被正向日移動百分比的總數所抵消。日報酬率似乎在均值（0.02％）的兩側恆定，以對稱和序列獨立（隨機）的方式平均分配。肉眼看來，此投資組合的每日報酬率（99.7％）大部分都落在平均值（0.02％）的三個標準差（3×1.85％＝ -5.5％至 +5.5％）之內。

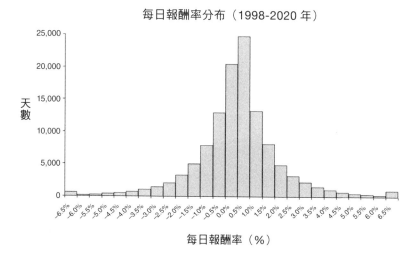

圖 3-9 乍看之下，我的二十四個通用市場投資組合的每日價格變化或每日報酬率似乎符合常態分布的鐘形曲線圖。

表 3-6 在我的 P24 通用市場投資組合中，每日向上移動的總數似乎已被每日向下移動的總數抵銷了。

P24 每日報酬率（%）	天數			
−6.50%	601			
−6.00%	186			
−5.50%	242			
−5.00%	378			
−4.50%	486			
−4.00%	704			
−3.50%	1044			
−3.00%	1442			
−2.50%	2067			
−2.00%	3267			
−1.50%	4995	從零往		
−1.00%	7853	下移動		
−0.50%	12935	的總和	56671	48%
0.00%	20471			
0.50%	24762			
1.00%	13200	從零往		
1.50%	8115	上移動		
2.00%	4868	的總和	61781	52%
2.50%	3205			
3.00%	2206			
3.50%	1527			
4.00%	1083			
4.50%	709			
5.00%	527			
5.50%	371			
6.00%	236			
6.50%	972			
總數	118452			

也就是說，每日報酬率似乎符合常態分布鐘形曲線圖。真是如此嗎？

我的 P24 市場每日報酬率，是否符合鐘形曲線？

為了確保判斷之準確，我們最好將常態隨機分布的「鐘形」曲線疊合至直方圖上。如果市場每日報酬率符合常態隨機分布，那麼圖表應會確實符合鐘形曲線。

在進行這個動作前，我先以自己投資組合的每日價格平均變動（0.02％）、標準差（1.85％）與樣本數（118,452），製作相同的常態分布曲線。我運用 Excel 的的隨機數字產生功能，並確保 99.7％的結果落在平均數的三個標準差之內、95％的結果落在平均數的兩個標準差之內、68％的結果落在平均數的一個標準差之內。接著我將鐘形曲線疊合到方塊圖上，如圖 3-10 所示。

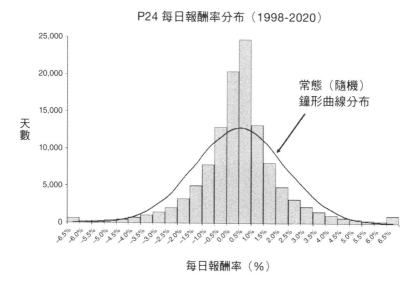

圖 3-10 將常態隨機「鐘形」曲線疊合至我的 P24 投資組合的每日價格變化或報酬率直方圖上。

不知道「隨機漫步理論大師」與「效率市場假說大師」對此如何作想？

結果徹底推翻他們的說法吧！

正如同黃金市場的樣本，乍看之下我的投資組合每日報酬率似乎符合常態隨機分布。但是，當我們將鐘形曲線疊合後，結果將徹底改變。如你所見，直方圖並未確實地符合鐘形曲線。圖表中央的每日報酬率發生頻率遠較常態分布所期望的來得高，遠超過鐘形曲線頂部。此外，我的投資組合所得的日報酬率超過三個標準差（-5.5％至+5.5％），此狀態顯然並不符合常態隨機分布準則。

當我們檢視我的 P24 通用市場投資組合時，會發現其每日報酬率並不符合常態分布原則。

我的投資組合之薄峰與肥尾

在圖 3-11 中，我將中間較高數值區域、肥尾與薄峰標注出來。薄峰代表遠低於常態分布市場預期值的每日報酬率；肥尾代表遠高於常態分布市場預期值的每日報酬率。在我的投資組合每日報酬率圖表中出現的薄峰與肥尾，駁斥了市場為常態分布之觀點。假如市場為常態分布的話，那麼在我的通用投資組合裡，每日會有過多過小（可藉此證明均值回歸策略之有效性）的變動，與過多過大的變動（可藉此證明趨勢交易策略之有效性）。

這正是為什麼我們能運用均值回歸策略或趨勢交易策略，追求龐大市場報酬率的科學根基。

好吧，讓我們再回到隨機漫步理論與效率市場假說的基

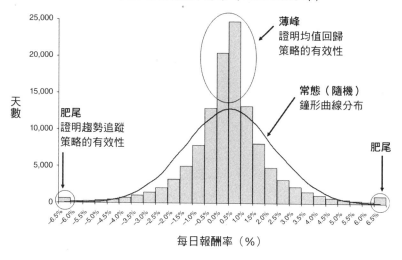

圖 3-11 在我的 P24 投資組合每日報酬率圖表中出現的薄峰與肥尾，駁斥了市場為常態分布之觀點。

礎假設。

市場符合常態分布原則嗎？當我們發展均值回歸策略或趨勢交易策略，運用過去價格推測未來價格時，是否是在浪費時間？

根據以上數據來看，當然不是！絕對不是，我希望那些身處雲端的學院派可以看清楚了。

好吧，我聽到你想說的，「這只是奠基於單日交易基礎上的結果。」然而，我也知道你想問什麼，單日的絕佳表現是不錯，值得驕傲，但真正可以帶來龐大收益的應該是持續數天以上的趨勢吧。當然，沒錯！如此趨勢應當維持數週、甚至維持數個月，如果我們真能成為徹底的贏家的話，飆上

一整季如何？

我很高興你已經能像趨勢交易者一樣思考了！這是個好問題。不，這個問題太精彩了。你在思考的是，或許市場會在更漫長的時間架構下，以常態方式進行分布。

讓我來為你詳細解釋。

市場是「碎形」的嗎？

人們認為市場是碎形（Fractal）的。無論是在每小時、每天、每週、每月或是更長期的時間範圍下，都將展示相似的行為或模式。在我的投資組合每日報酬變動中，所呈現的薄峰與肥尾現象，證明了市場並不符合常態分布原則；也證實了交易者可透過發展均值回歸策略與趨勢交易策略獲得龐大的市場報酬。然而，如此的市場異常現象——薄峰、肥尾是否存在於所有時間範圍的報酬率結果呢？當我們觀察每週、每月、每季或每年的價格變動時，是否也存在著薄峰與肥尾現象？

如果答案為是，那麼我們就徹底推翻了市場依據常態分布原則的假設（無須再理會學院派的見解）。

在我評論以前，先讓我們看看更長時間範圍的價格變動（報酬率）圖表。

我的投資組合之每週報酬率分布

圖 3-12 呈現我投資組合的每週報酬率。

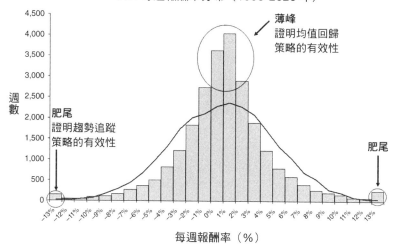

圖 3-12 圖表中出現的薄峰與肥尾，駁斥了市場為常態分布之觀點。

我的投資組合之每月報酬率分布

圖 3-13 呈現我投資組合的每月報酬率。

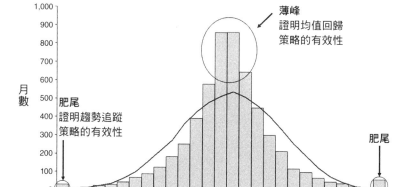

圖 3-13 圖表中出現的薄峰與肥尾，駁斥了市場為常態分布之觀點。

我的投資組合之每季報酬率分布

圖 3-14 呈現我投資組合的每季報酬率。

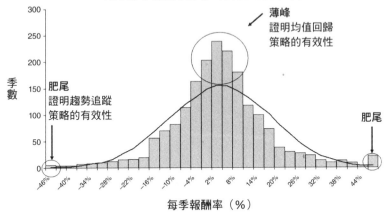

圖 **3-14** 在我的 P24 投資組合每季報酬率圖表中出現的薄峰與肥尾，駁斥了市場為常態分布之觀點。

我的投資組合之每年報酬率分布

最後，圖 3-15 呈現我投資組合的每年報酬率。

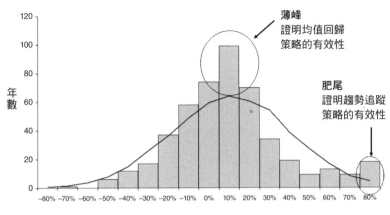

圖 **3-15** 在我的 P24 投資組合每年報酬率圖表中出現的薄峰與肥尾，駁斥了市場為常態分布之觀點。

市場報酬率符合常態分布嗎？

那麼，在不同時間範圍架構下的市場報酬率，是否符合學院派所言，符合常態分布呢？讓我想個奈米分之一秒好了，當然沒有！

如同上述圖表所顯示的，在過去二十二年內，儘管隨機漫步理論派與效率市場假說派言之鑿鑿，但市場報酬率並不符合常態分布鐘形曲線。說不定在上述理論創立時，市場報酬率確實符合之，但在 1998 至 2020 年間則不然。

圖表顯示，在報酬率分布之兩端，出現薄峰與肥尾現象的機率相當高，此現象被稱為「高峰度」（high kurtosis），而在不同時間架構下，其發生的頻率遠高於常態隨機分布所預期的狀況。肥尾現象的高峰度表現證實趨勢交易的存在與意義。

若價格並非常態分布，那麼模型為什麼仰賴該假設？

這個標題問得好。或許我會說當上述理論建立時，價格確實符合常態分布原則；但是，用簡單的分析就能駁斥這個說法。

首先，讓我們回顧一下時代背景。如先前所述，美國經濟學家法瑪在 1965 至 1970 年間提出「效率市場假說」。1965 年時，法瑪在《商業雜誌》（*The Journal of Business*）發表〈股票市場價格的行為〉，並支持隨機漫步理論的觀點；1970 年時，他在《金融雜誌》（*The Journal of Finance*）發表〈效率資本市場：理論與實證工作之回顧〉，在該篇論文中，

他架構出效率市場假說，以及其三種形式：弱式效率、半強式效率、強式效率。

為了查看法瑪論文發表時的價格是否符合常態分布，我必須回顧 1928 至 1964 年之間標普 500 指數的每日價格變化——這是他在當時可以參照的數據。

讓我切入重點，請見圖 3-16 裡，標普 500 每日價格變動或報酬率的表現，是否符合隨機鐘形曲線分布（如同隨機漫步理論與效率市場假說所認定的）？

噢，這很有趣。糗了吧？我似乎聽到象牙塔內傳來啜泣的聲音？

就在支持隨機漫步理論，並依此發展出效率市場假說的同時，全球最大經濟體的主要市場卻不符合常態分布。雖然

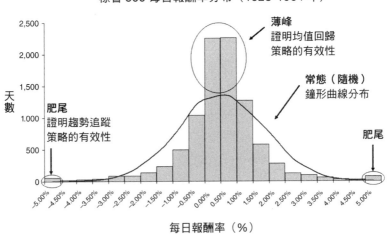

標普 500 每日報酬率分布（1928-1964 年）

圖 3-16 1928 至 1964 年間標普 500 的每日價格變化或報酬率，並不符合常態隨機鐘形曲線分布。

這只是其中一例，但仍具指標意義。然而，隨機漫步理論仍舊受到有力的支持，而效率市場假說也因此成立，儘管這兩個理論皆相信市場價格為常態分布。

奇怪吧？有些人或許會認為法瑪不知道市場數據？這不太可能。

當然，那是在個人電腦、Excel 和各種免費數據出現之前的年代。然而，如此聰明的學者恐怕比今日的我們擁有更充裕的時間。那麼，為什麼他們會把如此不堪一擊的假設放進自己的模型裡呢？

好吧，我們只能猜測。然而，許多人認為之所以常態分布的假設被接受、且被廣泛運用的原因就在於其方便、簡化，以及讓統計方法更為友善。簡而言之，就是簡單和容易使用。

如果我們接受上述邏輯，似乎也認同了學者們的便宜行事。但正因為如此態度，讓我們直至今日仍舊承擔其後果，並且深信：

- 過去的表現並不代表未來的表現。
- 我們不可能掌握市場交易時機。
- 追逐經理人的管理績效毫無意義。

學術界所灌輸根深蒂固的常態分布論點，帶給許多人錯誤的安全感，並大大低估了市場風險。常態分布的說法，讓許多人相信市場崩潰的可能性非常低。但前述的直方圖和歷史紀錄告訴我們：市場崩潰的發生頻率高於當價格依據常態

分布的狀況。

因此，所有認定價格變動依據常態分布的模型，都忽略了巨大價格變動的機率，它們低估了市場風險。你可能會認為，在 1998 年美國長期資本公司倒閉，或 2008 與 2020 年的金融危機打擊我們之後，「價格變動依據常態分布」的說法應該早已被眾人丟進垃圾桶。但其實不然。這種說法更加根深蒂固。

令人感到荒謬的是，「數據被忽視」。前述圖表中的肥尾現象早已清楚說明價格變動並不依據常態分布——價格變動並非對稱狀態，且具有肥尾現象；由於大規模變動遠較常態分布狀況下來得頻繁，因此價格並非隨機變動。

儘管如此，依據常態分布假設而制定的模型，至今仍被廣泛使用。人們仍舊以這些模型解釋不同金融工具的潛在風險（或有限潛在風險），好比 VIX 反向 ETN。這些工具透過賣空波段來賺取輕鬆的管理費收入，並認定 99.9％的每日價格變化會發生在平均值的四個標準差之內。別忘了，VIX 反向 ETN 的下場並不是太好看噢。

讓我們看看表 3-7，我將總結自 1928 年以來，標普 500 的每日報酬率分布。

根據常態隨機分布原則，價格變動幾乎不可能超過四個標準差（100.00％ - 99.99％ = 00.01％）。從表 3-7 看來，達到四個標準差的移動應只發生兩次（22,646 天 ×00.01％）。然而，如你從表中所見，標普 500 在過去九十多年內，共有七十五次超過四個標準差的移動發生！這根本就打臉鼓吹常態隨機分布理論者們的說法。然而，儘管數據如此表現，人

表 3-7 標普 500 每日報酬率分布顯示，等於或大於四個標準偏差的移動發生次數遠遠超過常態隨機分布原則的預期。若假設每日報酬率遵循常態分布，等同大大低估了股市突然變動和崩潰的風險。

自 1928 年以來的標普 500 每日報酬率分布

標準	標準差	SP500 每日報酬率	天數
4 × STD	−4.7%	−5.0%	75
		−4.5%	31
		−4.0%	40
3 × STD	−3.5%	−3.5%	58
		−3.0%	121
2 × STD	−2.3%	−2.5%	163
		−2.0%	296
		−1.5%	606
1 × STD	−1.1%	−1.0%	1,253
		−0.5%	2,665
平均值	0.0%	0.0%	5,510
		0.5%	5,855
		1.0%	3,176
1 × STD	1.2%	1.5%	1,415
		2.0%	652
2 × STD	2.4%	2.5%	292
		3.0%	168
		3.5%	85
3 × STD	3.5%	4.0%	51
		4.5%	37
4 × STD	4.7%	5.0%	97

們仍舊堅信常態分布假說，並過度忽視風險。正如同 2018 年初期的狀況。2018 年 2 月 5 日標普 500 盤中波動幅度為 -4.5％，幾乎等於四個標準偏差（-4.7％），如果市場價格確實依照常態分布，此狀況應當每四十三年「只會」發生一次。

在那天，所有 VIX 反向 ETN 持有者的部位市值暴跌 80％至 90％──數億美元從人間蒸發。

我可以想像那些持有 VIX ETN 或持有其他收取期權管理費用的類似工具，更不用說裸期權（naked option）的賣家，都會對這種事件感到相當震驚，畢竟在價格常態分布的狀況下，這幾乎不可能發生。當 2020 新冠肺炎疫情爆發時，在 2 月 19 日至 3 月 24 日之間，標普 500 經歷了六次大於四個標準差的每日價格移動（-4.7％與 +4.7％）！請見下表：

日期	每日收盤變化
2020/3/16（一）	-10.3%
2020/3/12（四）	-9.9%
2020/3/09（一）	-7.8%
2020/2/27（四）	-4.9%
2020/3/13（五）	8.5%
2020/3/24（二）	9.5%

根據理論，超過四個標準差的移動應該每九十年「只會」發生兩次！

相信價格會依據常態分布的人根本是瘋了。

根據研究顯示，價格波動幅度比常態分布所期望的更大，而且發生頻率確實更高。肥尾確實存在。但相信隨機漫步理論與效率市場假說的機構或個人，好比長期資本公司、VIX ETN 創建者與裸期權的賣家，以及擁護「買進並持有」策略的基金管理者，都忽略了常態隨機鐘形分布下幾乎不可能存在的極端風險。

▌肥尾──趨勢交易背後的科學

在不同長短時間架構下發生的肥尾現象，即極端的市場波動，證實了趨勢交易的觀點，並且讓趨勢交易成為金融市場上最顯著的「異常現象」。

儘管隨機漫步理論派與效率市場假說派言之鑿鑿，但市場並非完全具有其效率性，也不依據隨機方式分布。趨勢確實發生。趨勢確實存在。它們堆積在分布的邊緣，乞求能受到交易者青睞。交易者可藉此發展策略，運用過去價格，計算買進與賣出的訊號，並預測未來價格。我們必須以非常明理的方式進行趨勢交易。

▌肥尾──此書至今的寓意

「肥尾」證明了我們確實可以跟上趨勢，但重要的是，我們必須尊重市場的最大逆境先生，理解未來將有無法預期的事件發生。極端的價格變動將會發生，而且它們發生的次數將遠比許多人期望地更為頻繁。因此，做好被驚嚇的準備吧，準備好被驚嚇，請不要用毫無停損點的方式交易。此外，我們也該學習拒絕輕鬆地賣出裸期權獲利的誘惑。雖然這麼做可以獲得長期的穩定收入，但它可能在瞬間蒸發，甚至可以在單一交易區間就被徹底終結。請想像一名收取時間價值溢價的期權賣家蹲在壓路機前撿錢。這不可能會有好下場的。請最好放棄輕鬆收取費用的想法！

但就我走筆至此的目的而言，科學已證明了「肥尾」的存在，也證實了趨勢交易的可行性。極端價格變動確實在不

同的時間架構下發生。它們確實存在。而我們必須發展合理的趨勢交易策略來運用它們。

▌那麼，為什麼不是所有人都在跟隨趨勢呢？

我懂你的問題。如果統計科學證明：肥尾毫無疑問地確實存在，而趨勢交易者總是會贏，那麼為什麼不是所有交易者都在跟隨趨勢呢？為什麼不是所有趨勢交易者都能賺到了錢呢？好問題。毫無疑問地，大家都聽過這句老話：

順勢交易，趨勢是你最好的夥伴。

然而，我知道很多人想順勢交易卻失敗了。交易者失敗的原因有很多，我在前作《交易聖經》中有探討過。然而，既然我已經用科學證明了趨勢交易的合理性，請讓我再次用科學來解釋：為什麼對很多人來說，順勢交易如此艱難？

這與鐘形曲線有關，或更具體地說，與鐘形曲線的結構有關。儘管出現了肥尾現象，這對趨勢交易者來說是件好事，但肥尾的出現遠不如常規、小幅的價格變動來得頻繁。

還記得嗎？大多數的價格變化發生在平均值的兩個標準偏差之內（95％）。其中一個巨大的挑戰是：「鐘形曲線」唯有在許許多多的價格變動後，才會顯得漂亮。也因此，趨勢交易者必須歷經許多飽受損失的交易，才能享受到最後的肥尾效應，成為贏家。雖然市場靠呼吸空氣就能活了，但我們的帳戶可不行哪！所以，如果一名交易者的資本不足，或是沒有以0％破產風險進行交易，那麼他們就會在足夠的肥尾

事件發生、帶來足夠彌補虧損的豐厚收益之前，就耗盡交易資本。

因此，肥尾背後的科學邏輯不但證明**趨勢交易**不會失敗，還解釋了要吸收完美的常態鐘形曲線分布下的眾多虧損交易，有多麼地困難——大量的虧損交易，讓交易者們很難消化。這很困難，但不是不可能。然而，運用設計良好、穩健的正期望值**趨勢交易**策略，輔以合理的資金控管與零破產風險，透過多元化的投資組合，交易者將能安然度過許多的虧損，享受到最終幾個理想的獲利。

既然我們已經了解肥尾現象背後的科學支持趨勢交易的論點，那麼現在就讓我們來看看「獲利」吧。了解科學固然是件好事，但光是欣賞科學是不能幫我們付帳單的。

趨勢交易能賺錢的證據

現在，讓我們來尋找趨勢交易之所以有效的證據。

▌證據：趨勢交易為什麼有效？

在談論分配、隨機性和效率之前，要知道市場的存在目的，在於促進買賣雙方之間的商品和服務交換。許多市場已存在數個世紀之久。多年來，許多市場交易者收集並整理數據，以研究**趨勢交易**的效率性。現在，認定**趨勢交易**的有效性，及其帶來龐大市場收益的報告有如山一樣高。

我不想在此解釋所有的佐證資料，但我可以告訴你兩個方向。

首先是卡明斯基（Kathryn Kaminski）和格里瑟曼（Alex Greyserman）合著的《趨勢交易與管理期貨：尋找危機解方》（*Trend Following with Managed Futures: The Search for Crisis Alpha*）。不要被書名的「管理期貨」給誤導了。這本書主要聚焦於趨勢交易，以及歷史、績效，還有如何在投資組合中運用趨勢交易技術。請注意：該書的目標讀者並非散戶，而是機構型投資者與基金管理者。書中的文字稍嫌枯燥，塞滿了圖表與數據。然而，雖然乍讀之下有著濃濃的學術味，但是該書確實是關於趨勢交易表現的絕佳深度著作，它解釋了趨勢交易的邏輯與優勢，且見解深入。該書的研究詳實（時間軸涵蓋八百年），文筆流暢。然而，它並非教你如何發展趨勢交易策略的書籍。因此，不要想在那本書裡找到好點子，但如果你希望可以深度理解趨勢交易報酬率的佐證資料，讀那本書就對了。它引人入勝。

卡明斯基和格里瑟曼研究了從 1200 至 2013 年以來的八十四種股票、固定收益、大宗商品和貨幣市場。他們根據價格是高於或低於過去十二個月的滾動收益來建立多頭或空頭等風險規模頭寸。表 3-8 總結了其比較表現。

上述趨勢交易策略的年均複合成長率為 13％，年化波動率為 11％，夏普比率為 1.16。相比之下，買進並持有策略的年均複合成長率為 4.8％，年化波動率為 10.3％，夏普比率為為 0.47。也就是說，趨勢交易經風險調節後的表現是買進並持有策略的兩倍。

我認為以下段落，精彩總結了卡明斯基和格里瑟曼的發現（摘自其著作的 p.401）：

表 3-8　在過去八百年來，趨勢交易策略的報酬率不但比買進並持有策略高，若以夏普比率衡量，趨勢交易策略也有較好的風險調節基礎。

買進並持有與趨勢追蹤投資組合的績效統計（1223-2013 年）		
	買進並持有投資組合	趨勢追蹤投資組合
年化報酬率	4.8%	13.0%
年化標準差	10.3%	11.2%
夏普比率	0.47	1.16

資料來源：Trend Following with Managed Futures: The Search for Crisis Alpha.
© John Wiley & Sons.

　　我們運用八百年來的市場數據，以長期觀點檢視趨勢交易。幾個世紀以來，根據實證觀之，趨勢交易擁有明顯的正報酬率、較高的夏普比率，以及與傳統資產類別，通貨膨脹和利率制度的低度相關性。趨勢交易策略在市場危機時期持續提供正向表現，而這種表現似乎與市場間的差異有關。以投資組合的角度來看，若以 60/40 的比例分配趨勢交易與傳統投資組合，將能有效提升風險調節後的表現。

　　此外，我想討論另一篇 2017 年由赫斯特（Brian Hurst）、黃華姚（Yao Hua Ooi，音譯）、普德森（Lasse Heje Pedersen）共同撰寫的論文〈趨勢交易投資的百年實證〉（A Century of Evidence on Trend-Following Investing）。雖然該篇文章的數據沒有涵蓋八百年那麼久，但作者群將分析範圍追溯至 1880 年。他們發現：1880 至 2013 年間，涵蓋全球投資組合六十七個市場的趨勢交易策略擁有高達 14.5％的年均複

合成長率！他們也發現：自 1880 年以來的每十年區間，趨勢交易都取得相當積極的成果，與傳統資產類別（例如債券、房地產和股票）的相關性較低。他們發現：在過去的一百年來，趨勢交易投資在十次最大型的金融災難中，有八次的表現極佳。最後，他們發現：趨勢交易投資能在所有市場循環內的正成長時期與逆成長（衰退）時期獲得良好表現，不管是在戰爭與承平時期、高利率與低利率時期，以及高通膨時期與低通膨時期皆然。

目前聽起來還算不錯——肥尾效應背後的科學證實了趨勢交易的有效性，而我們擁有大量的研究報告（與專書）提供豐富的實證強調它的有效性。

▎趨勢交易的警語

我想提醒讀者。儘管有令人信服的學術論文與書籍證明了趨勢交易的有效性，但亦有相當的證據在批評趨勢交易的模擬淨值曲線。如果你已擁有相關的數據，從事後來看，要操作某策略並凸顯其優勢是相當容易的。交易者們很容易在無意間犯下過度曲線配適的錯誤，學術界亦然。

請不要誤解我的意思。我歡迎所有支持趨勢交易的經驗證據。然而，我希望保持現實感，並承認多數的實證報告都有著過度投射的毛病，正如同模擬淨值曲線一樣。

我們很快將學習到，模擬的淨值曲線可以呈現數種狀態與尺寸，並且提供不同程度的有用資訊。多數的模擬淨值曲線依據相當脆弱的屬性變量值而生成。模擬的淨值曲線唯一能提供的是成功的曲線配適與資料探勘實例，交易者成功地

將他的交易概念擬合至過往數據上。這點類似於學術研究論文的作者們，他們僅是運用成功地追溯法，證明趨勢交易策略得以獲得正報酬率。

這一切都與樣本內數據與樣本外數據有關。

不管是對實證研究或是對評估交易策略來說，最好的數據就是樣本外數據；也就是當策略或概念發展後產生的數據。

以整體而言，李嘉圖減少虧損部位、讓利潤部位持續滾動的觀點，支持並驗證了1800年後廣泛的趨勢交易策略所得結果。然而，魔鬼蘊藏在細節裡。除非有任何策略指示該於特定日期砍掉虧損部位並讓獲利部位持續滾動，否則任何的策略性嘗試都會被視為曲線配適與資料探勘。沒錯，砍掉虧損部位與讓利潤部位持續滾動的想法可追溯至1800年；然而，除非有任何特定人士曾經確實計算出特定交易日的進場與交易規格，以便砍掉虧損與讓利潤滾動，不然任何以此策略佐證趨勢交易的研究者與學者，都有誇大不實之嫌。如果實情並沒有誇大，那麼或許他們犯下了透過優化眾多回撤性變量，優化並產生良好結果的錯誤。簡而言之，正是曲線配適。

儘管專家們的學術研究報告與他們擁有的學位都有可觀之處，但他們的分析往往也會落入曲線配適與資料探勘的謬誤裡。所以，沒錯，請擁抱支持趨勢交易的觀點，但是請保持頭腦清醒、睜大眼睛，觀察趨勢專家們使用的是樣本外數據還是樣本內數據。如果是使用樣本外數據，那麼，你就可以上車了；如果是樣本內數據，那麼請注意其研究成果或許僅只是為了得到那條漂亮的模擬淨值曲線。

請原諒我叨叨絮絮了常態分布、鐘形曲線、理論與肥尾那麼久。然而，我希望你確實理解為什麼趨勢交易有效，這也是趨勢交易最吸引人的地方。

接下來，我希望討論趨勢交易的另一項優勢——它是唯一最可行的方法。

最可行的交易方法

到目前為止，我已經介紹了趨勢交易背後的科學原理，我也介紹了證實趨勢交易有效性的研究與論文。

趨勢交易的另一大優勢就是：這是最可行的交易方法。世界上絕大多數的優秀基金管理者，都是機械式的趨勢交易者。如我在第二章所討論的，根據巴克萊對沖基金調查，自1999 至 2019 年，機械式趨勢追蹤者的總資產從 220 億美元成長至 2,980 億美元。根據該項調查，相較於機械式趨勢追蹤者，自我裁量型交易者的表現可說是遠遠落後，後者的資產在同一時間區段內，僅從 80 億美元成長至 120 億美元。請見第二章的圖 2-1。

如果財富對我們而言極其重要，那麼趨勢交易絕對是處理財富的最佳方法。如果趨勢追蹤對機械式交易者而言是好方法的話，那麼對我們來說一定也是吧？向最好的老師學習絕不可恥！

我希望再一次以外部資料來源佐證我的說法，請參閱卡威爾（Michael Covel）的《趨勢交易正典》（*Trend Following*）一書。卡威爾不但證明了趨勢交易的好處，也觀察世界上幾

位最優秀趨勢交易者們的絕佳資金管理作法。

在卡威爾的書中，你將讀到許多擁有高報酬率的趨勢交易者，他們同為絕佳的資金管理者：

- 大衛・哈定／元盛資產管理（Winton Capital）
- 比爾・鄧恩／鄧恩資產管理（Dunn Capital Management）
- 約翰・亨利／約翰亨利集團（John W Henry & Co）
- 愛德・沙克塔
- 凱斯・康貝爾（Keith Campbell）／康貝爾集團（Campbell & Co）
- 傑利・派克（Jerry Parker）／切薩皮克資產管理（Chesapeake Capital Management）
- 塞扔・亞伯拉罕（Selem Abraham）／亞伯拉罕交易公司（Abraham Trading Company）

上述優秀的經理人提供了趨勢交易獲利的可靠證明，因為他們的成果均來自樣本外數據。我之所以說是樣本外的數據，是因為他們銀行存款中的實際收入是來自於他們的實際交易績效，而非來自於虛擬的淨值曲線，也不是來自學術研究論文。他們運用趨勢交易策略來賺取豐厚的回報，而所有的報酬都來自於他們的策略發展之後，用真實的錢在樣本外數據上進行實際交易。

也因此，這些經理人不但認為趨勢交易是最可行的交易方法，他們的交易成果也提供了樣本外數據，證實趨勢交易的有效性與效率性。

趨勢交易吸引我的另一個原因，在於它簡化了交易過程。

簡化交易過程

對任何交易者來說，交易都是麻煩事。即便對老手來說也不例外。

先前我討論過，當下的世界已陷入混亂之中，我們面對許多可能毫無答案的問題。每位交易者都要面對許多問題。不管是以宏觀來看，歐洲、北美、亞洲所面臨的關鍵挑戰，或是個別交易者所面對的市場、工具、時間區段與技術等微觀問題皆然。每一位交易者似乎都得面對具體而微的所有決定，小到哪一分鐘該進場、停損或出場等，無不困難重重。

有時候，我們面對太多有待解決的問題，如果沒有完整的交易策略，交易者可能會有如墜入五里霧之中。這會非常棘手。然而，我相信當交易者擁有完整策略時，自然能簡化這些問題。而且，以我的觀點來看，運用完整的交易策略可以徹底簡化交易過程。

| 太多問題了──該選擇哪個市場交易呢？ |

對很多交易者來說，第一個問題是他們該選擇哪個，或哪些市場？選擇偏好的市場並不是件容易的事。

許多剛入門的新手，甚至一些交易老手也往往會認為，在選擇一個或多個合適的市場進行交易之前，他們必須先全面理解全球經濟成長狀況。全球經濟成長率將會上揚或衰退？對個別市場的影響如何？房地產、股票、債券或大宗商

品市場，哪一個市場可能會成為贏家？

　　以區域觀點來看，他們或許認為需要發展出特定單一國家視野，以成功選擇一個合適的市場或市場組合進行交易。我之前提出的問題包含：

- 歐盟還會存在嗎？
- 美國有辦法控制債務與赤字嗎？
- 中國是否會恢復成長趨勢？
- 日本是否能解決其人口挑戰？
- 未來是否會爆發一場伴隨關稅問題的全面貿易戰與貨幣戰？
- 新冠病毒大流行後，全球是否可回歸常態？

　　如果上述問題的答案是正面或負面的，對各個市場會造成什麼影響？

　　有些人可能認為，要想在市場上取得成功，他們必須對金融危機是否會發生、發生在何時何地，以及哪些市場會受益或受害等問題有自己的看法。有些人可能也認為，他們必須先成為縝密的思想家與更精確的預測專家、專業的經濟學者等，或至少有了自己的見解，才能成功選對市場或市場組合，進行交易。

　　好多大哉問哪！

　　若想試著確認、選擇正確的市場、市場組合或公司進行交易，恐怕會帶來無止盡地失望與折磨。

　　沒有人能確保自己選擇的市場或公司在未來絕對會獲

利。事實上，市場的「最大逆境先生」恐怕會證明他們所選擇的市場或公司將全軍覆沒！

但我們仍舊不能放棄建構投資組合。

｜太多選擇了——該使用哪種技術呢？｜

當選擇好合適的市場或市場組合之後，下一個問題就是該如何選擇進場時間？何時該買進或賣出？這個問題很難用直球分勝負的，就好比在選擇市場時，有多個選項可以幫助交易者選擇進場時機。

首先，交易者必須先決定他們要運用基本面分析還是技術分析，或兩者兼顧？如果是技術分析，那麼他們還必須決定該選擇哪一種研究與操作的門派？舉例來說，他們可以有如下的選擇：

- 週期（cycles）。
- 辨認模式：
  - 圖表型態
  - 蠟燭線表
- 季節性。
- 占星術。
- 月亮變化。
- 潮汐節奏。
- 道氏理論。
- 艾略特波浪理論。
- 甘氏理論。

- 市場輪廓（Market Profile）。
- 費波那契分析。
- 碎形。
- 神聖幾何。
- 趨勢線。
- 衡量指標分析：
  - 價格
  - 趨勢
  - 回撤
  - 動能
  - 情緒
  - 波動
  - 規模

噢，天阿。這並不僅僅是選擇一種技術法的簡單任務，因為現實是許多技術都起不了作用！由於有90％的交易者都在賠錢，你也可以說上述有超過90％的技術都是行不通的。這是心智角力。當交易者選定特定交易方式後，他們只能祈禱自己能被幸運之神眷顧。

當選擇交易方法之後，還有執行層面得衡量：分析、下單準備、進場、設定停損點與出場，有太多的事情要做，也有太多的困惑——在哪個市場交易好呢？該用哪種策略呢？交易時，何時進場、怎麼下停損點，什麼時候出場呢？當你做投資與做交易時，焦慮與困惑將排山倒海而來，只不過，對趨勢交易者來說，事情似乎簡單許多。

趨勢交易的簡單性

趨勢交易的其中一項關鍵優勢是：它簡化了投資或交易決策。

趨勢交易者無須指認出單一市場或公司，而是對流動性市場的多樣化投資組合進行交易。他們不需要面對選擇單一市場或公司的壓力，他們無須為了該買原油或黃金、Netflix或Apple而失眠。他們不需要為了思考全球經濟的擴張或衰退，會對市場造成什麼影響而焦慮難安。

選擇趨勢交易，你就能消除必須解開某種投資祕訣的壓力。你無須思考經濟學家怎麼想。你不用創建一個全球宏觀經濟的大敘事。你不用找到市場波動的原因。你不需要贏過大盤。你不需要逼自己做出正確的選擇。你也不需要選出贏家、遠離輸家。選擇趨勢交易，得以避免不確定性與拖延。趨勢交易讓你無須專注於單一市場。趨勢交易消除了只能做多的不靈活性，因為你也能做空。

如我們所知，趨勢交易雖然困難，但又相對簡單。

你不需要焦慮地思考自己對全球經濟成長的觀點。你只是在流動市場中運用多樣化投資組合進行交易。

你不需要焦慮地思考那些歐洲、美國、中國與日本所面對的大災難。你只需要在流動市場中運用多樣化投資組合進行交易。

你不需要痛苦的預測下一場金融危機或大規模流行性疾病。你只需要在流動市場中運用多樣化投資組合進行交易。

你不需要痛苦的選擇市場。你只需要在流動市場中運用

多樣化投資組合進行交易。

　　你不需要深思要如何選到對的標的、避開壞的標的。你只需要在流動市場中運用多樣化投資組合進行交易。

　　你不需要再對個別市場感到焦慮。

　　你不需要焦躁地選擇對的領域及其技術分析，並抉擇買進與賣出的時間點。你只要運用**趨勢交易**的三大黃金原則進行操作，而這三大黃金原則是：

- 追隨趨勢：
  - 買進上揚的市場或公司
  - 賣出下跌的市場或公司
- 砍掉虧損部位。
- 讓獲利部位持續滾動。

　　你不需要了解市場為什麼變動，你就跟著**趨勢**就對了。你不需要理解為什麼有些市場會下跌，你只要砍掉虧損部位就對了。你不需要焦慮地選擇在對的時間點賣掉獲利部位，你只要讓你的獲利部位持續滾動。

　　如我所說的，趨勢交易的一大好處就是簡化投資或交易過程，徹底讓交易簡單化（請見表 3-9）。

　　對我來說，趨勢交易的最後一個好處就是：它很困難。

▋趨勢交易的困難度

　　不管你相不相信，對我來說，**趨勢交易**的執行難度，對我來說也是一個好處。對你來說，這應該也是一大優勢。

嘿，如果趨勢交易很簡單，那麼每個人都會想做趨勢交易，肥尾現象就不會存在了。要在十項交易中處理其中六到七個虧損項目，實在很困難。這讓許多散戶舉雙手投降。雖然趨勢交易已相對簡單，但要吸收如此巨量的虧損單仍舊會造成心理上與財務上的壓力。

　　在心理面上，當你面對虧損、虧損、虧損再虧損時（你懂的），那絕對會壓垮你的心靈；在財務面上，你必須擁有足夠的風險資本，不僅要為交易多樣化市場的投資組合提供資金，還要為趨勢交易造成不可避免的持續虧損提供資金。

表 3-9　趨勢交易簡化了整個投資與交易的過程。

趨勢交易概要	
趨勢交易者交易多樣化的市場組合	
趨勢交易者遵守交易計畫	
趨勢交易者不需要知道市場在哪裡，或為什麼要移動到某一市場去賺錢	
趨勢交易者只需要追隨趨勢	
趨勢交易者的主要優勢	
賺錢——請觀察全球最佳的投資／交易經理人選擇哪種交易方式就知道了	
趨勢交易者的次要優勢	
消除找到投資祕訣的壓力	他們只需要跟隨交易計畫
消除要像個經濟學家般思考的壓力	他們只需要跟隨交易計畫
消除要找到全球宏觀經濟走勢的壓力	他們只需要跟隨交易計畫
消除要理解市場變動的壓力	他們只需要跟隨交易計畫
消除要試圖打敗大盤的壓力	他們只需要跟隨交易計畫
消除要避開壞標的的壓力	他們只需要跟隨交易計畫
消除不確定性與拖延帶來的壓力	他們只需要跟隨交易計畫
消除要選對市場的壓力	他們只需要跟隨交易計畫
消除缺乏彈性與只能做多的壓力，你也能做空	他們只需要跟隨交易計畫

回撤與趨勢交易密切相關，就像白天之後是黑夜一樣規律。許多散戶交易者無法承受如此無可避免且會持續發生的回撤。

但是對我而言，這正是趨勢交易吸引人的地方，也就是從成堆的失敗者中勝出。你也應該在眾人失足之領地，尋找自己的成功機會。眾多心智軟弱的人只會突顯出你的毅力不搖，他們舉起白旗，宣稱趨勢交易之路窒礙難行（他們說的沒錯），或者說趨勢交易根本無法執行（這絕對是謊言啊）。

我鼓勵你接受挑戰，證明自己擁有獲得成功的韌性與決心，儘管多數人都被淘汰了。

總結

我希望我已讓你理解為什麼趨勢交易如此吸引人。歷經兩個世紀驗證的趨勢交易策略已證明其持續性，並足以繼續發展下去。肥尾現象背後的科學證實了趨勢交易的有效性，而諸多的研究論文亦認為它是一種有利可圖的技術方法。專家們將趨勢交易視為最可行的交易方法，而全球頂尖、持續為其客戶打敗大盤的經理人們，也選擇趨勢交易作為其主要交易法則。趨勢交易簡化了投資或交易的流程，並擁有足夠的困難性，挑戰那些交易者們是否能持之以恆。

因此，我希望讀者們認同這個章節，相信趨勢交易的可行性不但顯而易見，而且將為自己帶來極大的收益。

然而，我也希望讓你知道，儘管我們有足夠明確的好理由選擇趨勢交易，但大多數的散戶趨勢交易者都失敗了！

沒錯，這真的超難，這就是關於散戶趨勢交易者的殘酷事實，如同波段交易者或逆勢交易者們也多半會賠錢一樣。當然，就如我先前所述，大量的虧損單讓許多交易者躊躇不前，但這並非唯一的觀點。不過，在我解釋為什麼迷人的趨勢交易會讓人遭受失敗之前，讓我先分享一些見解，解釋「為什麼趨勢會存在」。

第四章

市場趨勢為什麼會存在？

突破混亂的市場理論

關於趨勢之所以存在的原因，觀點有很多。一方面，學術界的理論很難解釋為什麼趨勢存在。而另一方面，證實趨勢存在的證據則不容忽視。總而言之，金融理論模型並無法解釋趨勢為什麼會存在。因此，儘管趨勢確實普遍存在，但我們無法找到得以充分解釋其存在的理由。

根據隨機漫步理論，市場是隨機的，價格的變動與過往價格變動無關，兩者之間並沒有連續的相關性，因此趨勢是不存在的。正如我們所知，市場效率假說相信所有市場都根據現有資訊，合理反映價格，不但快速、有效率，價格亦被正確地吸收。交易者無法使用現有資訊預測未來價格，因為這些資訊已經有效地反映在市場價格中了，因此趨勢並不存在。

儘管反對聲浪轟隆作響，但肥尾分布的出現證明了趨勢確實存在。

證明 1：行為金融學

　　鑑於這種反常現象，另一個金融思維領域開始挑戰金融市場的數學觀點。雖然隨機漫步理論與市場效率假說仍受到支持，但是新的觀點也在此浮現，那就是「行為金融學」（Behavioral Finance）。

　　行為金融學以對人類行為的觀察為基礎，結合心理學與經濟學的觀點，解釋交易者的不理性行為。行為金融學相信心理因素，好比行為與認知偏誤會影響交易者，從而縮限、扭曲了他們所得的資訊。這種扭曲有時會導致交易者的行為如同老鼠一般，做出完全錯誤或非理性的決策。

　　交易者知道情緒確實會影響自己的財務決策。我們在市場上經常看到這種情況。我們目睹與感受到自己的恐懼與貪婪如何左右我們的決策。我們都看過集體行為如何能造成價格不正常攀升，因為大眾的貪婪將泡沫推得越來越高，人人都害怕錯過行情。我們也看過集體恐懼如何讓價格崩潰，直到恐懼被消滅為止。毫無疑問的，恐懼與貪婪絕對會影響市場價格。行為金融學深知這個道理。

　　行為金融學不認為人們能因為資訊的效率性、快速性與合理吸收之狀況，做出合理決策，該學說主張市場受到人們情緒的影響。其中，最重要的因素就是恐懼與貪婪。行為金融學認為情緒無法永恆地合乎邏輯。交易者各自擁有極其迥異的背景，並擁有多元複雜的心理認知、偏見與價值觀。根據行為金融學，個人行為的缺陷會延遲並阻礙訊息被有效、迅速和正確地吸收到市場價格中。

行為金融學的關鍵結論是：人們的行為偏誤會導致價格變動往往延遲反應即時資訊，這就造成「市場摩擦」（market friction）。而這種摩擦將進一步形成趨勢。這些行為偏誤是我們身體結構的一部分，儘管有時它們可以為我們服務，但它們也會無意間讓我們表現得像旅鼠一樣，恐慌而不是保持頭腦冷靜。

根據行為金融學，資訊無法有效率、快速且正確地反映在價格中。不可能的。你和我都是情緒的動物，不管優劣勝敗，人類的「思想」都是無可忽視的環節。我們的偏誤阻礙了新資訊被正確吸收，進而導致趨勢的出現與延續。行為金融學認為人類行為相當昏昧、緩慢、經常過於激動、亢奮，甚至否認事實。我們都是人。我們並非是理性的機器。沒錯，當我們受到挑戰時，我們很容易回到那個過度亢奮又過度恐慌的六歲小孩的原始狀態。

所以，現在有兩種思想流派——傳統隨機漫步理論與市場效率假說的支持者認為交易者相當理性（因為所有資訊都有效、快速及正確地被吸收），而行為金融學的支持者則認為，交易者是不理性的（因為我們的內在偏誤導致即時資訊無法有效率、快速及正確地被吸收）。

如果我們都是理性的，那麼所有的資訊都會正確地反映在價格變動上。交易者將無法運用現有資訊預測未來價格。如此一來，趨勢將不復存在，因為價格將迅速地調整至正確的水平。然而，如果交易者不是理性的，那麼我們的個人行為偏誤將延遲價格資訊的調節過程。當我們緩慢地接受新資訊、做出反饋時，趨勢便開始醞釀成形。

所以，一切端看你認為自己是理性的還是不理性的。有趣嗎？哈囉！

不管你如何作想，行為金融學至少試圖解釋「趨勢」的存在，這與隨機漫步理論與市場效率假說對其視而不見大異其趣。

然而，在我們開始檢視這些行為偏誤之前，我必須先指出，行為金融學受到來自學術界（獨居象牙塔的居民們）的龐大批評與阻礙。沒有人確切知道他們如此抗拒的原因，但有一派的說法認為，這是因為他們認為行為金融學不夠「科學」。絕大多數的學者都希望自己專精的領域，能被視為是可受數學驗證的科學。因此，他們對行為金融學的客觀性存疑。他們認為行為金融學更近似於哲學，無法透過實驗去驗證其中的因果關係。對他們來說，行為金融學太籠統、太模糊、太曖昧、太藝術，而且太軟調了。雖然許多投資決策的心理基礎可以用看似合理的原則來解釋，但對學者來說，仍舊缺乏確鑿的證據去解釋他們所研究的事件。行為金融學對他們來說太虛無飄渺了。

總之，不管阻力如何，我們至少可以觀察這些行為偏誤，並思考為什麼趨勢（肥尾）會存在。

圖 4-1 說明了為什麼行為金融學可以解釋趨勢。

行為金融學認為，我們的認知偏誤造成價格延遲變動。這種延遲產生摩擦，而摩擦又會反過來促成趨勢的發展。懂了嗎？意思是：我們從資訊中看到真相的速度實在太過緩慢，因為我們的認知偏誤蒙蔽了我們的雙眼，延遲了我們行動的速度。

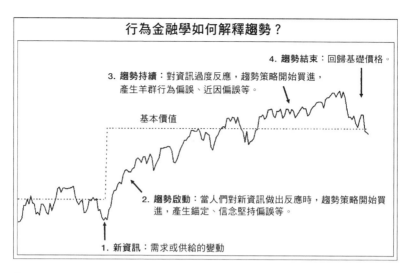

圖 4-1 與其他理論不同，行為金融學至少試圖解釋趨勢存在的原因。

讓我們來看看這些行為偏誤，它們讓我們對新資訊過度反應，或是反應不足。當價格變動缺乏效率性時，就會延遲價格的正確變動；市場摩擦延緩價格調節，並造成趨勢形成，接著延續至價格回歸到正確基礎為止。

如果你還不夠了解自己，請容我介紹一下在你腦海中嗡嗡作響的細微差別。那些我告訴你要無視他們的人——他們自詡為市場專家、訊息收集者、重複者、強化者、小說家與修正專家——他們腦子裡也有同樣的認知偏誤。而這些人造成的雜訊，加上我們自己的認知偏誤，使得趨勢得以延續下去。另一方面，我們的認知偏誤也會導致反應不足或過度反應，這讓我們很難成為一名自由裁量型交易者。

反應不足

以下就讓我們來看看，我們為什麼會反應不足。

錨定偏誤

我們每個人顯然都帶有「錨定偏誤」（Anchoring Bias），會不自覺的把自己的觀錨定在我們所收到的第一條訊息上，就像是出生命定一般。我們錨定在自己所獲得的初始資訊上，然後緩慢地針對新資訊調整觀點。由於我們不願立即做出反應，因此價格無法有效反映新資訊。

信念堅持偏誤

我們很多人都有宗教信仰，有些人的信仰比其他人更強烈。但你或許不知道，我們也可能對自己的交易策略產生某種強烈信仰。我們對交易策略的信仰如此強烈，以至於當它持續地表現拙劣時，我們仍舊堅持己見。這讓我們忽視所有駁斥目前策略的新資訊。我自己也深受其害，當時我太過相信艾略特波浪理論。當我們固執地堅持實際已慘敗的交易策略時，即犯下「信念堅持偏誤」（Belief Preservation Bias）。這種偏誤會延遲我們對新資訊做出反應，導致價格再次對新資訊反應不足。

確認偏誤

我們都會犯這種錯。我們總是對他人存有偏見，只看見他們的缺點，無視他們的優點。這即是「確認偏誤」

(Confirmation bias)。我們只看見他人的壞行為，並再次強化我們對他的反感，而忽視其好行為。我們也會在交易中犯下許多確認偏誤——我們往往只關注那些能強化我們既有觀點的資訊。如果我們正在做多黃金，那麼我們往往只會關注法定貨幣即將終止等令人不安的新聞，卻忽略宣布重大新金礦發現的消息。這將延遲我們對新資訊做出反應的速度，並讓價格對新資訊反應不足，導致趨勢出現。

| 保守性偏誤 |

人是習慣與秩序的動物，隨着年齡的增長，我們的習慣變得越來越根深蒂固。我們會越趨保守。我們拒絕改變任何日常生活的規律性，這即是「保守性偏誤」（Conservatism Bias）。嘿，我可能是全世界唯一不使用臉書的人吧。我也花了非常久的時間才開始進行電子下單。作為交易者，我跟你並沒什麼不同。我們都對新資訊感到遲疑。我們無法快速吸收並對新資訊做出反應。只不過，這種猶豫最終會被行動所取代，問題是，每個人都在不同的時間點採取行動，隨著越來越多交易者對新資訊做出反應，趨勢就會隨之出現。

| 損失規避或處份效應 |

交易者都不是好輸家。人人皆然。我們承受虧損的時間遠遠超過了我們應該承受的時間。之所以如此是因為我們討厭承認損失。我們討厭痛苦。雖然我們不介意「帳面損失」，但實際上我們討厭意識到損失，因為在我們看來，這是真正的痛苦。當我們做多時，這種損失規避（Loss aversion）的

偏誤消除了賣出壓力，允許下跌趨勢持續更長的時間。如果我們能更早地集體停損，那麼「停損」就能幫助價格更快地回歸至正確的基本面水平。

另一方面，我們也是很差的贏家。我們經常太早賣掉獲利部位，這是因為我們內心希望獲利能趕快變現。這種過早賣壓抑制了上揚的勢頭，允許趨勢繼續發展下去，直到達到新的基本面水平。

過度反應

接下來再讓我們來看看，我們為什麼會過度反應。

羊群行為偏誤

我們熱愛群聚。我們渴望被接受，害怕被拒絕。我們討厭在人群中被單獨挑出來、被視為「與眾不同」。這就是「羊群行為偏誤」（Herding Bias，或稱羊群效應）。作為交易者，我們都愛集體共識，我們喜愛和諧帶來的舒適感。因此，身為交易者，我們喜愛跟著人群走。這對趨勢追蹤者來說是好事——這讓價格過度反應，超出實際基礎水平，讓子彈再多飛一會兒。羊群行為偏誤會不斷地自我反饋，並可能導致泡沫化。我打賭你不知道——我一直認為中央銀行是市場泡沫化的元凶。

近因偏誤

我們很多人都會受到最近期經驗與想法的影響。這即是「近因偏誤」。在交易過程中，我們很容易過分重視最新的價

格變動，而忽略久遠以前的價格變動。如果我們看到價格攀升了，我們會期待價格持續走高。這讓趨勢得以持續發展，讓價格過度反應，超出了實際基礎水平。

證明 2：路徑依賴

除了行為金融學，還有另一種在金融領域引起關注的論點，即「路徑依賴」(Path dependence)。路徑依賴也提供了另一個關於趨勢為何存在的解釋。路徑依賴意指「過去」如何影響決策，也就是說，歷史很重要。

隨機漫步理論認為，現在的價格變動與過去的價格變動完全無關。如果用擲銅板來看，我們會知道這個說法是對的。然而對市場價格來說，我們就不能這麼肯定了。根據路徑依賴理論，價格並非是隨機變動的，而是與路徑依賴性有關。

路徑依賴理論解釋了持續運用歷史價格的策略。即便在新資訊可得時，路徑依賴理論仍然有效。該理論的存在原因，在於要持續原本的觀點往往比運用新資訊來得容易（這點與保守性偏誤相似）。

換句話說，當我們做決策時，歷史是很重要的。因此，如果人們依據歷史形成記憶，市場也是如此——市場具有路徑依賴性，而非隨機性，因此趨勢才能存在，也確實存在，因為人們對「上一個價格走勢」仍保有記憶。

所以，趨勢存在嗎？

好了，你懂了吧。學術界公認的理論認為趨勢並不存在，但經驗證據及行為金融學的新見解卻認為趨勢確實存在。你頭痛了嗎？我先前應該有說過，趨勢交易的難題不輸經典鬧劇！

我建議我們應當接受：經濟學並非一門硬科學，而是一種軟性數學結構，它具有難以量化的人為因素。不幸的是，沒有任何單一理論可以把所有的東西連結在一塊。但不用擔心，學者之間的分歧是他們的事，而我們要做的就是尋找與利用「肥尾」帶來的機會。至少我們知道肥尾現象確實存在！這點並無可議空間。

總結

現在我們理解交易者的行為偏誤，也就是反應不足與過度反應都有可能是形成趨勢的原因，接下來，我們應該要進一步理解，為什麼趨勢交易的失敗率如此之高。這種失敗率似乎與趨勢的存在，以及證實趨勢存在的科學背道而馳。現在讓我來分享我的觀點，既然趨勢交易如此吸引人，也俱足科學理論支持，但究竟為什麼有那麼多人在趨勢交易中慘遭殲滅。

第五章

檢討趨勢交易者失敗的原因

科學告訴我們不會輸……

不管學術模型怎麼說，大多數的科學數據證明：極端的價格變動確實會發生，而且發生的頻率比我們預期的還要高。價格並不是隨機的，也不會依據常態分布原則變動。肥尾現象的存在擊破了鐘形曲線理論，並證明了趨勢追蹤的可行性。

趨勢追蹤確實可行。然而，雖然科學證明趨勢交易不會輸，但還是有許多人成為趨勢交易的亡魂！我們必須問自己，到底原因何在？

全面檢視趨勢交易

在我回答問題之前，首先，我想先全盤介紹一下趨勢交易，藉此貼近脈絡，讓讀者更深入了解趨勢交易的細微差別。這將能解釋為什麼多數人會在有科學支持的趨勢交易中失敗。

▌辨識趨勢

首先，先讓我們退後幾步。我希望先問你：成功交易必備的元素是什麼？你的答案是什麼呢？對，答案就是：

順勢交易，趨勢就是你的朋友。

這也是成功的**趨勢**交易，其首要執行原則。

讓我們先保守一點，假設市場中僅有 60％ 的活躍交易者（active trader）聽過並理解上述的說法（我相信比例應該更高）。如果大家都知道這道理，那為什麼還會有將近 90％ 的**趨勢**交易者在虧損呢？當然，如果多數交易者都知道成功的**趨勢**交易，其第一原則就是：

順勢交易……

那麼為什麼還有那麼多活躍交易者在虧損呢？

很有趣吧？如果你認為有超過 60％ 的交易者都知道要順勢交易，但卻有超過 90％ 的活躍交易者失敗了，這不是很矛盾嗎？這兩者互相違背，如果多數人都知道要跟隨**趨勢**去交易，但為什麼都無法做到？這實在不太尋常。

▌為什麼趨勢交易應該很簡單？

儘管經歷了這麼多失敗，但若能謹遵以下三大黃金原則，那麼跟隨趨勢去交易應該是相當簡單的：

- 順勢交易。
- 砍掉虧損部位。
- 讓獲利部位持續滾動。

多虧了李嘉圖與其他交易者,上述原則早已流傳近兩百年之久。這三大原則不但歷史悠久、耐用,而且相當簡單。所有成功的**趨勢交易**原則都與這三大原則一脈相連。了解上述原則,你就能掌握趨勢交易。簡單吧!趨勢交易就是這麼簡單。不多也不少。如果有人有異議,那我絕不同意。然而,卻有那麼多人在**趨勢交易**中失敗了。

▋ 趨勢交易的 4 大觀察重點

為了全盤檢視**趨勢交易**,我必須先分享**趨勢交易**的四大觀察重點:

1. 最安全的交易方法:順勢交易。
2. 趨勢推動市場,趨勢是所有獲利的基礎。
3. 作為趨勢交易者是痛苦的,虧損機率高達 67%。
4. 趨勢交易的兩種主要方法是:
   - 突破交易
   - 回撤交易

首先,順勢交易是最安全的交易方式。相對的,若反其道而行,逆勢交易就等同於是與市場背道而馳。如果能在最低阻力狀態下進行交易的話,獲利的簡單程度應當最高。

其次，市場因趨勢而變動。因此，**趨勢推動市場**，且是一切獲利的基礎。若你持有趨勢部位夠久，那麼獲得龐大利潤的可能性就越高。趨勢交易者持有部位的期間可能長達數週、數月，甚至更久。

第三，**趨勢交易**的諷刺之處在於雖然它相當簡單，卻也相當困難。由於市場趨勢並不常見，因此趨勢交易者通常只能抓到三分之一的勝率，這意味著你有67％的交易是在輸錢！如果你希望做順勢交易（我希望你這麼做），那麼你就必須接受這個事實——你不會知道利潤何時會到來，大部分時間你的部位都在縮水，那將會非常痛苦，非常令人沮喪，非常悲慘。沒有如果，沒有可是，沒有其他如果。趨勢交易很不幸。我已經提過無數次了。

然而，若你已掌握上述三大觀察點，那麼你就掌握成為成功趨勢交易者的機會。如果你無法掌握，那麼請確定你真的對交易有誠摯興趣。

最後，趨勢交易的兩大主要方法包括：

1. 在趨勢方向的突破點進行交易：
   - 不要錯過重大趨勢。
   - 使用較大的停損點。
2. 在趨勢方向的回撤點進行交易：
   - 不要錯過重大趨勢。
   - 使用較小的停損點。

這兩大策略都很實用。

在價格突破高點或低點的趨勢方向交易，正如同海龜的通道突破策略，這是一個成功的趨勢交易策略。突破策略並不是等到上升趨勢出現向下修正或回撤後才進場做多，他們也不會在下跌趨勢中等到止跌反彈或回撤後才進場做空。他們會在上升趨勢中以更高的價格買進，在下跌趨勢中以更低的價格賣出。突破策略的好處是，交易者不會錯失任何大趨勢；缺點則是該策略相較於回撤策略，需要更大的停損點。

趨勢交易的回撤策略會在上升趨勢中等待停頓點或拉回點進場，或在下跌趨勢中等待止跌回升的時刻進場。此策略的缺點在於，許多時候，趨勢強勁的市場不會提供交易者任何止跌回升或回撤的機會。運用這個策略的交易者往往會錯過某些大趨勢。然而，該策略的好處在於，相較於突破策略，它允許交易者設定較小的停損點。

▎小結

多數人都聽過「順勢交易，趨勢是你的好朋友」這句老話——儘管它多數時候會很痛苦，但它很簡單，你只需要跟上趨勢、砍掉虧損部位，然後讓獲利部位持續滾動。順帶一提，科學數據也明確告訴我們追蹤趨勢不會失敗。其中的道理顯而易見！

那麼，為什麼有那麼多人失敗了？

如果趨勢交易如此簡單，有科學數據佐證且如此出色，那麼為什麼有那麼多人失敗了？我懂，我懂，我懂。我聽見

你的心聲了。好吧，如果趨勢交易又簡單又好做，為什麼大家會覺得它如此困難？

我認為，多數趨勢交易者失利的主因有兩個。我在前文已經提過，然而，我們不妨再重新審視一次：

1. 鐘形曲線結構提升了趨勢交易的難度。
2. 交易者的無知。

▌鐘形曲線結構提升了趨勢交易的難度

現在我們知道，科學證據告訴我們趨勢交易是有效的，然而，並非所有操作趨勢交易或所有企圖跟隨趨勢的交易者都能獲利。一方面，確切的科學證據顯示趨勢交易不會虧損，但另一方面，又有一群失敗的交易者在咒罵趨勢交易。這讓你感到困惑嗎？讓我們先來看看，為什麼科學證據無法幫助交易者獲利。你還記得我的口號嗎？「當個趨勢交易者很痛苦」，沒錯，一切都是鐘形曲線的關係，或準確地說，是跟鐘形曲線的結構有關係。

是的，我們看著鐘形常態分布曲線，用手指著肥尾現象嘲笑學院派。我們瞧見了肥尾現象，但學院派卻對它視若無睹。沒錯，這對趨勢交易者來說是好事。

但是，構成完整（鐘形曲線）分布的報酬，要比極端的「肥尾」報酬多得更多。有許許多多的報酬（價格變化），發生在一個、二和三個標準偏差的平均值之內。有無數正報酬與負報酬的變動不但微小，而且隨機、令人生氣、疲乏與焦慮。鐘形曲線下方有大量的正負收益，此現象之所以存在，

是因為市場並非總是與趨勢同調。我們所辨識出的「薄峰」證實，市場頻繁地轉向均值回歸，並在區間震盪下，產生大量錯誤的突破點。「假突破」讓交易者燒乾了帳戶，傷心欲絕（請見圖5-1）。

這就是為什麼趨勢交易如此悲慘。這也是為什麼趨勢交易者必須做好在十筆交易之中，約有六、七筆都會虧錢的心理準備。在他們等待大局、在肥尾中攫取龐大報酬之前，得承受無數次的虧損。趨勢交易就是如此困難。這不僅是人性考驗，也是口袋考驗。交易者必須知道自己在做什麼，才有可能承受且吸收如此頻繁的虧損與手續費。他們需要明智的控管資金。他們需要知道自己的破產風險值為零。

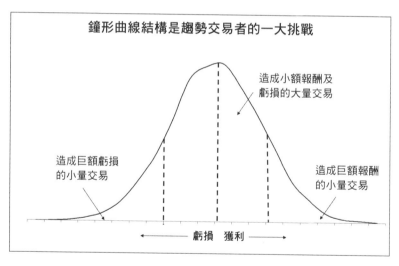

圖 5-1 鐘形曲線的形成需要大量的小規模市場變動，這為趨勢交易者帶來沮喪與困難。

鐘形曲線中的肥尾現象確實證明了長期的**趨勢交易**有利可圖；然而，這也代表在短期到中期的區段，它面臨的挑戰將相當嚴苛。趨勢交易者必須在過程中解決大量的難題，對他們來說，這些挑戰不但來自心理面，亦與財務面有關。

天啊，鐘形曲線帶來正反兩面的影響。

至於另一個讓這麼多**趨勢交易**者失敗的原因，則來自他們本身的問題。

交易者的無知

導致交易者失敗的唯一最重要原因，就是他們違背了破產風險值為零（ROR 大於 0％）的準則。儘管他們想賺到錢，但無知將扼殺一切——你必須正視破產風險值為零的準則；這項準則不容絲毫忽視與否認。破產風險確實存在，這是真實且致命的。如果我們無視破產風險原則，那麼我們等同棄守兩項維護破產零風險的方法：資金控管與期望值。

1. **糟糕的資金控管**：大多數人過度交易，沒有明智的資金控管策略。他們以較少的現金單位進行交易，將破產風險值推升至 0％以上，使自己陷入財務危機。

2. **拙劣的交易方法**：大多數交易者都沒有穩健的正期望值策略，維持樣本外數據曲線向上揚升。多數交易者的策略都陷入資料探勘與過度曲線配適的兩大魔鬼陷阱，導致不穩定的、多變的、向下傾斜的、低至負期望值的淨值曲線，因而將破產風險值推升至 0％以上，帶來財務損失。啊，那絕對苦不堪言。

除此之外，拙劣的心態與心理素質也會造成交易者的失敗。然而，如果你讀過我的前作《交易聖經》，你應該知道，我把心理因素排在資金控管與方法論之後，作為相當關鍵的因素之一。是的，糟糕的心理素質會影響交易者的表現，但以我的觀點看來，它所帶來的損害，仍舊低於糟糕的資金控管與拙劣的交易方法。此外我相信，如果你能修正低級的資金控管與交易方法，那麼心理因素所帶來的阻力也將大幅減少。

在這樁如同莎士比亞悲劇般的交易慘案中，罪魁禍首正是交易者本人。對交易者來說，他們所能犯下的最嚴重錯誤正是來自於他們的無知。

他們對破產風險一無所知，也不知道破產風險正是交易成敗的關鍵。

無知總是會讓所有的正向動機全軍覆滅。雖然交易對於具備經驗與知識的人來說並不困難，但絕對不容易。只有具備知識與經驗的人能夠了解這個關鍵。

缺乏正確知識的交易者，儘管有良好的動機，仍舊會在市場失利。這是真的。他們成為贏家腳底下的破碎浪花。他們無意間以過小的資金單位進行交易，又或者用負期望值的策略去做交易，兩者便導致他們的破產風險值高於零，得到失敗的保證。他們往往站在趨勢的對立面，太晚砍掉虧損的部位，又太早砍掉獲利的部位。

儘管科學數據證實趨勢交易有利可圖，但多數的趨勢交易者都還是在虧損。你問為什麼？現在你知道答案了。他們不知道自己的破產風險值高於 0％。任何高於零的數值都非

常致命。確實，破產風險值較低的交易者可以在市場上活得更久，遠勝破產風險值較高的對手。然而，破產風險值不會隨著交易變動；破產風險值將一直存在於該筆交易之中。交易者必須以零破產風險的方式執行交易，並確保策略的淨值曲線相當穩健，以此維持零破產風險。如果他們確實做到了，那麼他們就能活下來，享受隨之而來的利潤。

不幸的是，大多數的交易者都相當無知，他們對破產風險理論毫無概念，也對自己資金控管與交易策略中的破產風險值毫不知情。

他們不知道破產風險，因為他們缺乏正確的知識，不知道該如何計算自己的破產風險值。他們不知道主觀變量相關工具會如何導致策略中的雙重弊端，即資料探勘和過度的曲線配適。

當交易者僅是回顧和交易那些對他們的策略最有利的市場時，就造成了資料探勘。這是典型的「摘櫻桃理論」（cherry picking，即單方論證），讓交易者誤以為自己的策略相當穩健。

當交易者在他們的策略中納入了太多的規則、篩選方式與指標，就會讓策略涵蓋太多的變數，造成過度的曲線配適，得到看似完美的歷史淨值曲線。

資料探勘與過度曲線配適都是讓破產風險值高於 0％ 的關鍵因素。即便他們交易前知道自己的策略擁有正期望值，且破產風險值為零，他們也不知道該如何使用主觀變量相關工具（例如指標），觀察策略中的潛在風險。擁有多種潛在期望值的淨值曲線足以導致個別破產風險值高於 0％。

現在讓我稍作整理，總結一下交易者的「無知」是如何表現出來、阻礙自己的：

- 對破產風險無知。
- 對拙劣的交易方法無知。

│對破產風險無知：問題在數學，笨蛋！│

我知道我一直重複叨念（無盡的輪迴，我知道），但這個概念正是我的成功之鑰，所以請讀者們海涵。

大多數趨勢交易者失敗的原因，在於他們的破產風險值大於 0%。之所以如此，是因為他們根本不了解破產風險理論。他們缺乏在市場獲利的知識。他們不知道交易成功的第一件事就是要先活下來，而要活下來就必須將破產風險值控制在 0%（請見表 5-1）。

表 5-1 破產風險是一個函數，它包含交易的資金單位數及策略期望值。

破產風險（ROR）＝ Fn〔資金單位＋策略期望值 E [R]〕

如果交易者有正確的知識，他們就會知道何謂「破產風險」，也會知道要怎麼計算自己的 ROR。他們會知道並理解交易的數學概念，以零破產風險進行交易。他們會知道能控管破產風險的兩大關鍵，就是資金控管與正期望值。他們會知道資金控管意味著你的資金單位規模，以及這個規模是否能將破產風險值維持在 0%。他們會知道正期望值是取決於

交易方法，取決於如何制定進場、停損、出場點。他們會知道根據自己的交易方法，每冒一塊錢的風險，以及每一塊錢會帶來的期望值或帶來多少百分比的預期報酬。他們會知道如果將資金單位規模與交易策略的預期百分比或報酬百分比加總之後，可得出破產風險的統計概率。他們會知道如何計算破產風險值，並以零破產風險進行交易。

此外，交易者理應知道，他們不但應以正期望值策略交易，而且應當以向上揚升的淨值曲線維持穩健的正預期值策略。他們應當知道，樣本外的穩健向上淨值曲線來自資料探勘與過度曲線配適的雙重弊端。他們必須知道如何設計得以迴避資料探勘與曲線配適的策略，確保個別交易的破產風險為零。

但不幸的是，大多數趨勢交易者並未擁有正確的交易知識。他們無意間以太少的資金單位進行交易，錯認自己是以正預期值策略進行交易，他們冒著破產風險進行交易，而這皆源自於他們缺乏知識、缺乏嚴格審視策略，以及過度的曲線配適，他們以錯誤的淨值曲線與期望值發展策略並使用之，而他們的破產風險值則為此上升至 0% 以上。

太少的資金單位和（或）過度曲線配適的策略會在交易過程中產生高於零的破產風險值。如果破產風險值高於零，代表交易者遲早會被踢出市場，這僅是早或晚的問題。

交易的唯一數學法則，就是以零破產風險進行交易。如果你還未閱讀《交易聖經》，請務必要參考那本書，以徹底理解破產風險的相關知識。

| 對期望值的無知：不知道自己所在的位置 |

決定破產風險的兩大因素是資金控管與期望值。由於我在前作《交易聖經》曾廣泛討論過資金控管，因此我希望本書能對期望值多著墨。期望值來自交易者的策略。我希望在閱讀本章節後，讀者們能理解為什麼有那麼多人在趨勢交易中失敗。我希望能證明為什麼有那麼多的交易者在無意間發展並運用負期望值的策略進行交易，並因此推升破產風險。交易者完全不了解自己所在的位置，不清楚自己是處於劣勢、優勢或持平。

| 對拙劣交易方法的無知：垃圾進、垃圾出 |

許多人不知道自己所發展並執行的交易策略相當拙劣。

如果你和我一樣，認為科學已證明肥尾現象確實存在，並進一步驗證趨勢交易的可行性，理解趨勢交易的基礎在於辨識趨勢、砍掉虧損部位、讓獲利部位持續滾動，那麼你應當也能認同，所謂的趨勢交易不外乎四大關鍵原則：趨勢、回撤、停損與出場。接下來我會建議，如果你同意上述觀點，那麼多數以拙劣方法去交易的人，擁有極低、甚至是負期望值的淨值曲線，且讓個別交易的破產風險值大於零，我們可以假設他們的策略是運用極差的交易工具、極差的回撤工具、極差的停損與出場技術？對吧？

簡單說，就是垃圾進、垃圾出。讓我們用另一種方式來解釋。

我們知道，有 90％的交易者都不幸輸了，而原因就在

於他們的破產風險值高於 0％。由於對抗破產風險的關鍵武器就是交易策略的期望值，故我們可以假設 90％ 的交易策略都擁有極差、甚至是負的期望值。如果有 90％ 的策略很拙劣，那就意味著有 90％ 用以設計該策略的工具也很糟糕。就像我說的，垃圾進、垃圾出。

因此，有一點相當重要，身為交易者，你必須當心大多數的交易工具都非常糟糕。約有 90％ 的交易工具都不值得你使用！在此，我想再一次提問：科學已證明趨勢交易的有效性，但為什麼還是有這麼多人失敗了？這個問題應該重新定義為：

為什麼有 90％ 的交易工具都那麼差勁？

我的答案只有三個字：變異性（variability）。

變異性會扼殺指標

大多數的交易工具都是指標。「指標」是當前最受歡迎的工具類型，在各種交易平台和圖表應用工具上都能見到它們，因此對交易者來說擁有極高的便利性。為了解釋「變異性」如何傷害指標（以及趨勢交易者），因此我建立了以指標為基礎的趨勢交易策略：「回撤趨勢交易者」（Rectracement Trend Trader，以下簡稱 RTT 策略）。RTT 策略涵蓋了大多數交易者都會使用的流行指標。隨後，我將根據我的淨值曲線之穩健表現，回測分析 RTT 策略，看看我們是否能找到多

數趨勢交易者失敗的原因。

在此之前，我們來看看最受交易者歡迎的指標工具。

交易者的熱門指標

市場上有數百種指標可以幫助交易者發展其策略，我在表 5-2 中列舉了其中幾種指標。

一般來說，指標或是任何交易工具的設計目的都是為了幫助交易者識別市場結構中的特定部分。有些指標的設計目的在於辨識趨勢，好比移動平均線或是 MACD（平滑異同移動平均線）。有些指標的設計在於捕捉回撤，好比相對強弱指標（RSI）、隨機指標（stochastics）與費波那契比率。有些指標的設計目的在於辨識動能衰減（exhaistion）與轉折點，好比反轉現象與背馳現象（divergence patterns），例如 VIX 指標的目的就在於找出可能導致市場反轉的極端情緒。

表 5-2 交易者有眾多指標工具可作為參考。

交易指標概要

Accumulation Distribution	Equivolume Charts	Negative Volume	Standard Deviation Channels
ADX	Exponential Moving Average	On Balance Volume	Stochastic Oscillator
Aroon Oscillator	Fibonacci Extensions	Parabolic SAR	Trend Lines
ATR	Force Index	Percentage Trailing Stops	TRIX Indicator
Bollinger Bands	Heikin-Ashi Candlesticks	Pivot Points	True Range
Chaikin Money Flow	Ichimoku Cloud	Positive Volume	Twiggs Momentum Oscillator
Chaikin Oscillator	Keltner Channels	Price Comparison	Twiggs Money Flow
Chaikin Volatility	KST Indicator	Price Differential	Twiggs Smoothed Momentum
Chandelier Exits	Linear Regression	Price Envelope	Ultimate Oscillator
CCI	Least Squares	Price Ratio	Stochastic RSI
Coppock Indicator	Hull Moving Average	Price Volume Trend	Twiggs Volatility
Chande Momentum Oscillator	MA Oscillator	Percentage Bands	Twiggs Trend Index
Choppiness Index	MACD	Rainbow 3D Moving Averages	Volatility
Candlestick Patterns	Mass Index	Rate of Change (Price)	Volalitity Ratio
Detrended Price Oscillator	Median Price	Relative Strength	Volatility Stops
Directional Movement	Momentum	Relative Strength Index (RSI)	Volume Oscillator
Displaced Moving Average	Money Flow Index	Safezone Indicator	Weighted Moving Average
Donchian Channels	Moving Average	Simple Moving Average	Wilder Moving Average
Ease of Movement	Moving Average Filters	Slow Stochastic	Williams %R
Elder Ray Index	Multiple Moving Averages	Smoothed Rate of Change (SROC)	Williams Accumulate Distribute

有些指標則能指認波動率的變化，好比布林通道。

對交易者來說，搜尋、檢視、選擇、嘗試或放棄不同的指標工具向來是非常困難的工作，畢竟選擇太多了。

為了確認有哪些指標最受交易者青睞，我們得感謝席雅納（Paul Ciana）所寫的《技術分析新領域》（*New Frontiers in Technical Analysis*），該書為我們統計出 2005 至 2010 年間，使用「彭博專業服務」（Bloomberg Professional Services）的全球交易者最常使用的四種指標工具（請見表 5-3）。

在這四大指標之中，有兩類是回撤指標、一類是趨勢指標，另一類則是波動指標。

讓我們先來關注多數交易者最常選用的指標——RSI 相對強弱指標。

表 5-3 2005 至 2010 年間彭博交易者最常使用的四項主要指標。

四大最受歡迎的指標		
排名	指標	交易者使用比例
1	RSI　　相對強弱指標	44%
2	MACD　平滑異同移動平均線	22%
3	BOLL　布林通道	12%
4	STO　　隨機指標	9%

資料來源：Paul Ciana

以 RSI 相對強弱指標為例

1978 年威爾德（J Welles Wilder）開發出 RSI，這是一

個簡單的回撤工具，可對比價格目前狀態與先前狀態。RSI可辨識買超或賣超現象。如果買超或賣超標準分別設定為80％與20％，那麼當指標上升至80％以上或20％以下時，就代表目前的回撤已經完成，走勢折返的可能性增大。

因此，RSI 有兩個變數，一是過往表現，一是買超與賣超的狀況。

根據席雅納的觀點，RSI 是最受彭博專業服務交易者歡迎的指標，因此它是我 RTT 策略的完美參考基準。我將用它檢視 RTT 策略，觀察 RSI（或其他指標）的「可變性」會如何帶來傷害——不論是交易者、工具、策略或帳戶都深受其害！

但首先，讓我先告訴你我是如何運用淨值曲線穩定性評估，去衡量特定策略的。我這麼做是為了確定特定策略的淨值曲線（以及交易者的個別破產風險）是否足夠穩定去交易。隨後我將回頭檢視 RTT 策略。

如何檢視策略的穩定性？

交易者往往有很多交易策略得以挑選。真正困難的往往是發展出擁有向上揚升的樣本外淨值曲線，以證明某策略的穩健性。開發交易策略的兩大挑戰是避免資料探勘與過度曲線配適。為了解決此問題，我發展出一套審核標準，協助自己檢視、開發明智的策略。這套標準包括策略致勝的關鍵屬性，包含：

- 可測量性。
- 穩健性。

可測量性

可測量性對於計算破產風險值很重要。如果沒有精準、客觀的架構、停損與出場規則，交易者將無法建立以事實為基準的策略，也無法產生依據歷史淨值曲線計算而得出的期望值，以及交易者的個別破產風險值。

穩健性

穩健性對於避免資料探勘與過度曲線配適很重要。穩健性可透過實際數字（例如樣本外數據表現）或指示（是否具備多功能性和遵循良好的設計原則）來進行衡量。多功能性是避免資料探勘的關鍵原則。理想的穩健策略必須在多樣化的市場組合裡獲利，而非只適用特定單一市場。遵循良好的設計原則足以避免過度曲線配適。

過度曲線配適的策略通常有大量混亂的淨值曲線、期望值與破產風險值，其樣本外績效的表現也往往很差勁。相對的，穩健策略通常會有相當單純的淨值曲線、期望值與破產風險值，也擁有穩定向上揚升的淨值曲線，幾乎沒有太多令人意外的空間。穩健策略的微小變異性有助於讓交易者的破產風險值維持在 0%。

衡量穩健性的關鍵重點，在於進行淨值曲線穩定度評估。評估的目的是要確認策略的淨值曲線是否有足夠的穩定度，讓交易者的破產風險值維持在 0%。表 5-4 整理了我的

表 5-4 淨值曲線穩定度評估將決定某一策略是否足以投入交易。

RTT 策略的淨值曲線穩定度評估		
策略		
設定		
致勝策略因素		
可測量性	期望值	
	資金單位	
	破產風險值	
穩健性		
證據	樣本外數據表現	
指示		
	多功能性	在多樣化投資組合中獲利
	良好的設計原則	淨值曲線穩定性評估
		指標變量數
		變量調整次數
		可能的淨值曲線數
		淨值曲線變化
		期望值變化
		是否有任一組變量值的破產風險值 > 0%？
		淨值曲線是否足夠穩定進行交易？

評估方式。我將在回測我的 RTT 指標策略時，詳述其中的關鍵要點。

現在，就讓我為各位讀者介紹我的 RTT 指標策略。

測試——我的 RTT 策略

RTT 顧名思義，它是一種趨勢策略法則，方法是等待一次回撤，然後在潛在趨勢的方向進行交易。它使用兩個簡單的移動平均線來定義中期（34 天）與長期（250 天）的趨勢。為了確認回撤，它使用 RSI 指標回顧前十日的表現，並以

80%作為買超基準（>80%），以20%作為賣超基準（<20%）。它只會在完成RSI指標所定義的回撤後，在中期與長期趨勢方向上啟動交易。唯有價格突破進場設定時，才會進場交易；並在價格突破進場設定或出場設定的反向位置時才會停損，這取決於兩點位置的遠近。獲利部位會在最近的轉折點出場。

圖5-2展示了RTT策略的交易實例。

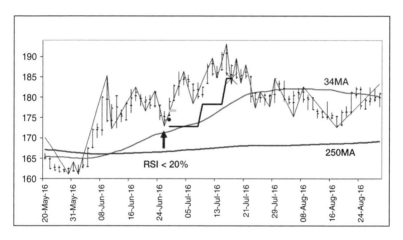

圖5-2 RTT是一個相當簡單的策略，強調在上升趨勢中等待回撤再進場。

RTT策略是一個簡單的策略，它僅使用三個指標（其中兩種類型是相同的），變量則有四個。

以下是它的交易規則：

策略：	RTT
開發：	2015
公布：	2015
數據：	每日
方法：	趨勢追蹤
技術：	回撤
對稱性（Symmetry）：	買與賣
市場：	全部
指標：	移動平均指標 RSI 相對強弱指標
變量——數目：	4 移動平均線（34 日） 移動平均線（250 日） RSI 相對強弱指標（10 日，80%）
變量——對稱性：	買賣規格相同
變量——應用：	所有市場具有相同值
規則：	7
買進規則：	
趨勢——中期	上升——前次收盤超過 34 日均線
趨勢——長期	上升——前次收盤超過 250 日均線
回撤進場點：	RSI 指標超過 20% 前日最高價突破點買進 避免缺口
初始停損：	交易格局或進場的最低價突破點賣出
追蹤停損：	最近震盪低點突破點賣出
賣出原則：	
趨勢——中期	下降——前次收盤低於 34 日均線
趨勢——長期	下降——前次收盤低於 250 日均線
回撤出場點：	RSI 指標超過 80% 前日最低價突破點賣出 避免缺口
初始停損：	交易格局進場的最高價突破點買進
追蹤停損：	最近震盪高點的突破點買進

▍RTT 策略適合交易嗎？

請記住：我們眼前要做的是檢視典型指標性趨勢交易策略，了解為什麼有那麼多人在趨勢交易中失敗。為了幫助讀者理解，我將多數交易者熱愛的主流指標，也就是將 RSI 指標納入其中。為了完整說明這個例子，我也完成 RTT 策略的淨值曲線穩定度評估（請見表 5-4）。

｜可測量性｜

根據我的評估，首先我必須確定此策略是否具備可測量性，以及它的規則是否足夠清晰，足以建構一個歷史淨值曲線去計算它的期望值與破產風險值？

如圖 5-3 所示，RTT 策略具備可測量性。20 單位的資金規模和 17.5％的期望值，讓該策略的破產風險為零。結果還不錯。

｜穩健性｜

接下來，我必須決定 RTT 策略是否具備足夠的穩健性去交易？不幸的是，我並沒有足夠的樣本外數據表現足以驗證這點，因為這個策略是我在 2015 年開發的。由於我幾乎沒有穩定性的證據，因此我必須檢視穩健性是否存在的可能性。檢驗穩健性的良好指標就是多功能性，當策略具備多功能性時，代表策略開發者並未掉進資料探勘的陷阱，僅專注在那些表現最好的市場。因此，為了避免資料探勘的可能，我用自己的二十四個通用市場投資組合，去驗證 RTT 策略。

如同你可在圖 5-3 看到的，此策略可在多個投資組合所屬市場中獲利，因此它擁有多功能性。

一切看起來還不錯。

另一個檢驗穩健性的指標，在於觀察該策略是否遵循良好的設計原則。好的原則多半很簡單。設計的簡單性可以避免策略開發上的另一個陷阱——過度曲線配適。所有的策略多半都含有曲線配適的成分，但是資淺的交易者會過度進行曲線配適，而資深交易者則會試圖將其最小化。將曲線配適最小化的方法就是減少規則、運用較少的指標及涵蓋較少的變量。當變量越少的時候，自由度會自然限縮，如此一來，透過曲線配適符合過往數據表現的可能性就會越小。此外，穩健的策略會具備相同的買賣格局變量值，並且在所有市場中皆具備相同的變量值。

當我們檢視 RTT 策略，可發現它共有七條規則——三個指標與四個變量值。

可惜的是，沒有一種簡單的方法可用來確認它是否有過度曲線配適的問題。理想上，我們應該要擁有樣本外數據表現以證明 RTT 策略的穩健性。我們唯一的方法，是運用淨值曲線穩定度的評估，來判斷它曲線配適的程度。

我必須強調，我也可以用另一種方法，也就是將數據一分為二，以此提供樣本外與樣本內數據。這當然也是檢驗策略淨值曲線穩定性的方法之一。然而，我傾向用所有數據進行這個檢驗。我希望知道這個策略在不同情況下的所有可得淨值曲線之變化、期望值與破產風險值。

另一方面，我也要強調，RTT 策略並非是最適合交易的

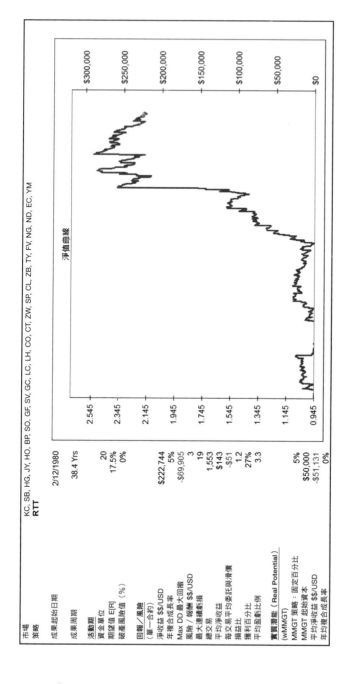

市場　KC, SB, HG, JY, HO, BP, SO, GF, SV, GC, LC, LH, CO, CT, ZW, SP, CL, ZB, TY, FV, NG, ND, EC, YM
策略　RTT

成果起始日期	2/12/1980
成果周期	38.4 Yrs
活動期	
資金單位	20
期望值 E[R]	17.5%
破產風險值（%）	0%
回報／風險	
（量一合約）	
淨收益 $$/USD	$222,744
年複合成長率	5%
Max DD 最大回撤	-$69,905
風險／報酬 $$/USD	3
最大連續虧損	19
總交易	1,553
平均淨收益	$143
每交易平均委託與滑價	-$51
損益比	1.2
獲利百分比	27%
平均盈虧比例	3.3
實質潛能（Real Potential）	
(wMMGT)	
MMGT 策略：固定百分比	5%
MMGT 起始資本	$50,000
平均淨收益 $$/USD	-$51,131
年均複合成長率	0%

圖 5-3　RTT 策略具備可測量性，因其破產風險值為 0%，理論上有利可圖。

策略。不是的。但它會是一個檢視趨勢交易者所面臨挑戰的完美練習，尤其是對那些運用主流的主觀變量指標工具進行策略開發的交易者而言。

▌淨值曲線穩定度分析

作為交易者，我們必須知道自己所用的策略在面對變量時，會發生何種細微的變化。好比我在檢視 RTT 策略時所用的 RSI 指標，以及均線指標。如同我先前所述，我們必須絕對掌握策略所產生的淨值曲線、期望值與破產風險值。我希望你深刻了解，那種以為自己的策略在複雜變量下，僅擁有單一淨值曲線類型的想法有多麼天真。我幾乎已經看到，未來你會怎麼操縱變量值。以我的經驗來說，交易者往往無法接受「簡單」。特別是男人。他們很愛不斷地操控變量。好吧，我希望提前警告交易者，讓他們了解所有策略都會在不同變量下得到不同的淨值曲線結果、期望值、破產風險值，好讓他們提早對未來進行準備。交易者在行動時必須提高警覺。當他們睜大眼睛，他們會警覺到前面的陷阱，並理解自己先前失敗的原因，最終在趨勢交易上獲得成就。

▌淨值曲線變化的可能性有多大？

首先，交易者必須對淨值曲線可能的變化幅度有所掌握。曲線變化的程度取決於策略的變量數及每變量所允許的調整值。我本人（不管是對或錯）會將可調整值的數量控制在四個之內。

普遍來講，變量越多，每變量可調整值的數目就越多，

在其他變量維持不變時，淨值曲線的可能變化就越多。換言之，變量越多，曲線可變化的幅度就越大。當策略擁有太大的彈性與曲線可調整空間時，交易者就越容易依照策略撈取過去的數據，導致過度曲線配適，以及無可避免的失敗。

我不是數學家，我也無法保證以下公式是正確的，事實上，我要說它是錯的。然而，它的大方向沒錯。對於擁有四個變量的策略來說，當其他三個變量固定時，剩下的變量擁有四種變化的可能，算式如下：

$$4 \times 4 \times 4 \times 4 = 256$$

因此，我認為此策略的可能淨值曲線變化有 256 種。不管這個數字的正確度如何，它都意味著淨值曲線的變化範圍相當大！（如果你是數學家，歡迎你透過網站 http://www.indextrader.com.au/ 聯繫我，告訴我正確的算式，感謝！）

▌RTT 策略的淨值曲線結果

請記住：我們要做的是檢查帶有變量的指標工具，檢視其脆弱性。因為我認為工具的「變異性」，正是許多交易者無法在趨勢交易中取得成功的原因。他們不了解自己策略中的可能淨值曲線、期望值和破產風險值。變異性正是他們無意中以超過 0% 的破產風險值進行交易並虧損的原因。

讓我們來看看 RTT 策略的四個變量：

1. 34 日均線，

2. 250 日均線，

3. 10 日（10-bar）RSI 指標，

4. 80％超買、超賣程度。

　　以 20 單位的資金規模，與目前的變量值組合（34 日、250 日、10 日與 80％）看來，RTT 策略擁有正期望值與 0％破產風險值（請見圖 5-4）。在四個變量各自擁有四個調整值的狀況下，我相信 RTT 策略擁有 256 種可能的淨值曲線變化。讓我們來觀察其中幾種，進行思辨。

　　在開始進行淨值曲線穩定度的檢驗之前，我先將 RSI 指標的 10 日標準單位改為 6 日。請記住：RSI 是相當受交易者歡迎、被廣為使用的指標。你可以在圖 5-5 看到，淨值曲線偏移了 50％！

　　讓我們再將 RSI 指標的回撤天數從 6 日改為 5 日。圖 5-6 顯示了另一次的偏移。不僅淨值曲線偏移了，交易者的期望值下降了，同時讓破產風險值也跟著偏移——從 0％轉為 21％。

　　最後，讓我們將 RSI 指標的回撤期改為 4 天。圖 5-7 可見到淨值曲線、期望值與破產風險值都同時偏移了。

　　讓我們回到中期均線，並將 34 日均線改為 50 日均線。哇，圖 5-8 的情況似乎並不是那麼樂觀。

　　讓我們將長期均線從 250 日改為 200 日。圖 5-9 也滿慘的，不但淨值曲線有了變化，期望值與破產風險值也跟著改變。

　　我在圖 5-10 中整合所有的淨值曲線變化。

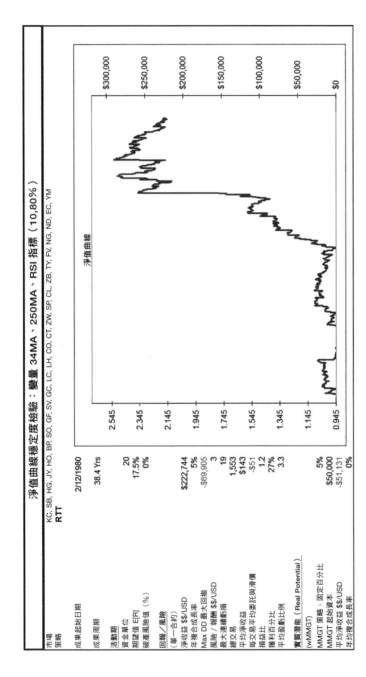

淨值曲線穩定度檢驗：變量 34MA、250MA、RSI 指標（10,80%）

市場　KC, SB, HG, JY, HO, BP, SO, GF, SV, GC, LC, LH, CO, CT, ZW, SP, CL, ZB, TY, FV, NG, ND, EC, YM
策略　RTT

淨值曲線

成果起始日期	2/12/1980
成果周期	38.4 Yrs
活動期	20
資金單位	17.5%
期望值 E[R]	0%
破產風險值（%）	
回報／風險	
（單一合約）	
淨收益 $$/USD	$222,744
年複合成長率	5%
Max DD 最大回撤	-$69,905
風險／報酬 $$/USD	3
最大連續虧損	19
總交易	1,553
平均淨收益	$143
每交易平均委託與價差	-$51
損益比	1.2
獲利百分比	27%
平均盈虧比例	3.3
實質潛能（Real Potential）	
（wMMGT）	
MMGT 策略：固定百分比	5%
MMGT 起始資本	$50,000
平均淨收益 $$/USD	-$51,131
年均複合成長率	0%

圖 5-4　RTT 策略的假設表現與初始變量值。

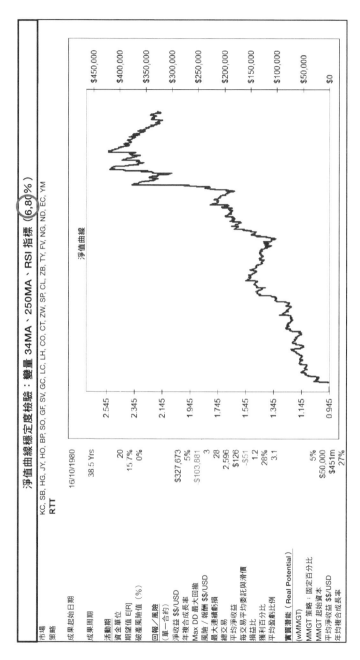

淨值曲線穩定度檢驗：變量 34MA、250MA、RSI 指標（6,80%）

市場	KC, SB, HG, JY, HO, BP, SO, GF, SV, GC, LC, LH, CO, CT, ZW, SP, CL, ZB, TY, FV, NG, ND, EC, YM
策略	RTT

成果起始日期	16/10/1980
成果周期	38.5 Yrs
活動期	20
資金單位	15.7%
期望值 E[R]	0%
破產風險值（%）	
回報／風險	
（單一合約）	
淨收益 $$/USD	$327,673
年複合成長率	5%
Max DD 最大回撤	$103,881
風險／預酬 $$/USD	3
總交易	28
平均淨收益	2,596
平均交易平均委託與滑價	$126
損益比	-$51
獲利百分比	1.2
平均盈虧比例	28%
	3.1
實質潛能（Real Potential）	
(wMMGT)	
MMGT 策略：固定百分比	5%
MMGT 起始資本	$50,000
平均淨收益 $$/USD	$451m
年均複合成長率	27%

圖 5-5 RTT 策略在 RSI 變量值為 6 的假設表現。

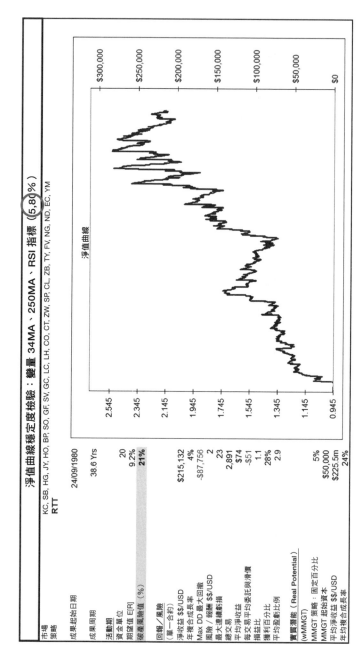

淨值曲線穩定度檢驗：變量 34MA、250MA、RSI 指標 (5,80%)

市場	KC, SB, HG, JY, HO, BP, SO, GF, SV, GC, LC, LH, CO, CT, ZW, SP, CL, ZB, TY, FV, NG, ND, EC, YM
策略	RTT
成果起始日期	24/09/1980
成果周期	38.6 Yrs
活動期	20
資金單位	9.2%
期望值 E[R]	**21%**
破產風險值（%）	**21%**
回報／風險	
（單一合約）	
淨收益 $$/USD	$215,132
年複合成長率	4%
Max DD 最大回撤	-$87,756
風險／報酬藍圖	2
總交易	23
最大連續虧損	2,891
平均淨收益	$74
每交易平均委託與滑價	-$51
損益比	1.1
獲利百分比	28%
平均盈虧比例	2.9
實質潛能（Real Potential）	
（wMMGT）	
MMGT 策略：固定百分比	5%
MMGT 起始資本	$50,000
平均淨收益 $$/USD	$225.5m
年均複合成長率	24%

淨值曲線

圖 5-6 RTT 策略在 RSI 變量值為 5 的假設表現。

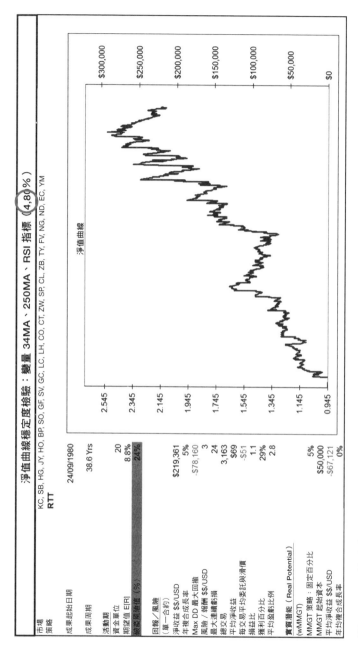

淨值曲線穩定度檢驗：變量 34MA、250MA、RSI 指標（4,80％）

市場	KC, SB, HG, JY, HO, BP, SO, GF, SV, GC, LC, LH, CO, CT, ZW, SP, CL, ZB, TY, FV, NG, ND, EC, YM
策略	RTT

成果起始日期	24/09/1980
成果周期	38.6 Yrs

活動期	20
資金單位	8.8%
期望值 E[R]	24%

回報／風險	
（單一合約）	
淨收益 $/USD	$219,361
年複合成長率	5%
Max DD 最大回撤	-$78,160
風險／報酬續虧損	3
最大連續虧損	24
總交易	3,163
平均淨收益	$69
每交易平均委託與滑價	-$51
損益比	1.1
獲利百分比	29%
平均盈虧比例	2.8

實質潛能（Real Potential）	
（wMMGT）	
MMGT 策略：固定百分比	5%
MMGT 起始資本	$50,000
平均淨收益 $/USD	-$67,121
年均複合成長率	0%

圖 5-7 RTT 策略在 RSI 變量值為 4 的假設表現。

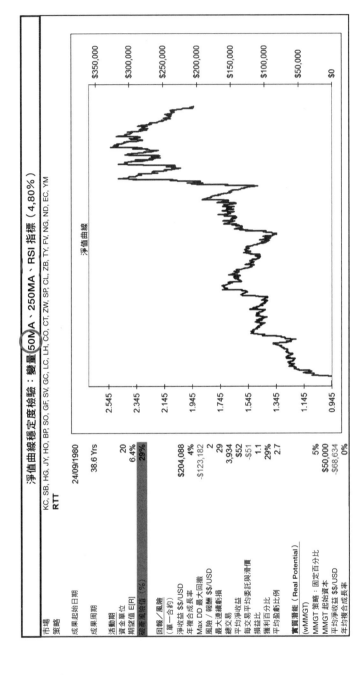

圖 5-8 RTT 策略在移動平均變量值調整至 50 日後的假設表現。

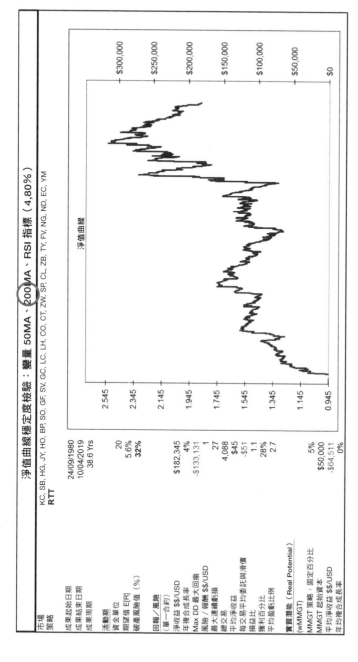

圖 5-9 RTT 策略在移動平均變量值調整至 200 日後的假設表現。

淨值曲線穩定度檢驗：變量 34MA、250MA、RSI 指標（10,80%）

市場　KC, SB, HG, JY, HO, BP, SO, GF, SV, GC, LC, LH, CO, CT, ZW, SP, CL, ZB, TY, FV, NG, ND, EC, YM
策略　RTT

成果起始日期	2/12/1980
成果週期	38.4 Yrs
活動期	20
資金單位	17.5%
期望值 E[R]（%）	0%
破產風險值（%）	
回報／風險	
（單一合約）	
淨收益 $$/USD	$222,744
年複合成長率	5%
Max DD 最大回撤	-$69,905
風險／報酬 $$/USD	3
最大連續虧損	19
總交易	1,553
每筆交易	$143
平均淨收益	-$51
每筆交易平均委託與滑價	1.2
損益比	27%
獲利百分比	3.3
平均盈虧比例	
實質潛能（Real Potential）	
(wMMGT)	
MMGT 策略：固定百分比	5%
MMGT 起始資本	$50,000
平均淨收益 $$/USD	-$51,131
年均複合成長率	0%

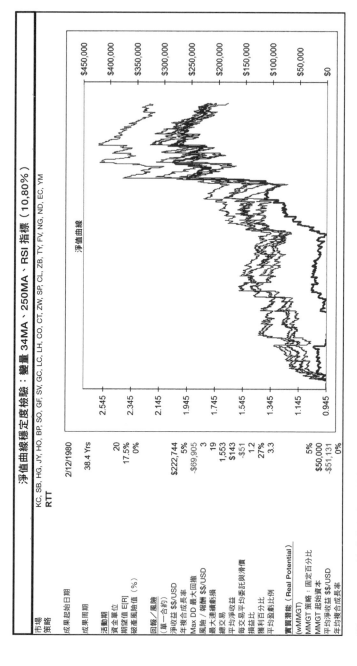

淨值曲線

圖 5-10 RTT 策略的六種淨值曲線變化。

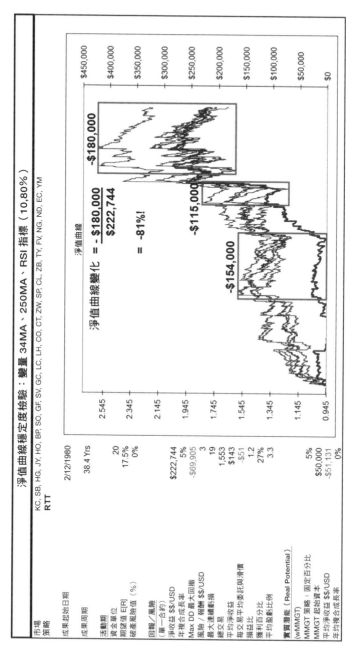

圖 5-11 RTT 策略在僅五種變量值之下就產生巨大變異性。

接下來，圖 5-11 衡量淨值曲線間的變異。

哇。在我們將初始值與五個變量結果代入後，得到六種差異巨大的淨值曲線。最佳淨值曲線，與最差淨值曲線的差異高達 $180,000。與原始歷史表現相比，差異度達 81％。此外，我們也見到 RTT 策略的期望值從 17.5％ 降到 5.6％，跌幅達 68％，而破產風險值則從 0％ 上升至 32％。

看到了吧，變化如此之大！而且我還沒把 256 條相異的淨值曲線全部畫完呢！光是檢視上述六條淨值曲線，我們就明白這絕非是一個穩定的策略。

檢討 1：交易者總是在調整變量值

身為交易者，我們最好確定自己所使用的策略，在不同的變量值之下都能獲利。然而，淨值曲線的上下變動量實在讓人膽戰心驚。

不管是交易者或策略開發者，若不能掌握樣本外數據表現，你就無法知道何種變量能帶來最佳表現。一直要到多年以後，當你往回看時，你才能說，「啊，我走的路確實沒錯。」但如此漫長的時間對交易者來說可不妙，特別是對當下的你而言。

到目前為止，僅僅五個變量就讓歷史數據創造出 81％ 的變異性，讓期望值降低 68％，且讓破產風險值飆升到 32％。更可怕的是，我只對其中的三個變量做了五次調整，就已產生六條截然不同的淨值曲線。

指標	MA	MA	RSI		E[R]		Units of $$		ROR
			Days	Level					
變量	34	250	10	80%	17.50%	+	20	=	0%
變量值的變化									
	34	250	6	80%	15.70%	+	20	=	0%
	34	250	5	80%	9.20%	+	20	=	21%
	34	250	4	80%	8.80%	+	20	=	24%
	50	250	4	80%	6.40%	+	20	=	29%
	50	200	4	80%	5.60%	+	20	=	32%

表 5-5　調整 RTT 策略的變量值會對其破產風險值帶來不利的影響。

檢討 2：淨值曲線、期望值與破產風險值的變動範圍

表 5-5 總結所有單一變量值對 RTT 策略期望值與破產風險值的影響。

對資金單位 20 的交易而言，前兩組變量值創造了 0% 的破產風險值。然而另外四組變量值所創造的破產風險值高於 0%，代表所有以此策略交易的人都會虧損。

有些人可能會認為，策略的淨值曲線變化並不重要，因為在他們內心深處相信自己已掌握良好、具邏輯性、合理的變量。事實上，他們太謙虛了，在他們腦海深處根本深信自己找到了最佳的變量！但很可惜，市場的「最大逆境先生」將會保證事情不可能如此簡單。

我在表 5-6 呈現 RTT 策略的淨值曲線穩定度檢驗。

我認為 RTT 策略的檢驗結果不證自明。如你所見，淨值曲線的多重變化造成高於零的破產風險值。依據我的小規

RTT 策略的淨值曲線穩定度評估	
策略	RTT
設定	MA (34)
	MA (250)
	RSI (4,80%)
致勝策略因素	
可測量性　　　期望值	9%
資金單位	20
破產風險值	0%
穩健性	
證據　　　　樣本外數據表現	No
指示	
多功能性　　　在多樣化投資組合中獲利	Yes
良好的設計原則　淨值曲線穩定性評估	
指標變量數	4
變量調整次數	4
可能的淨值曲線數	256
淨值曲線變化	Large
期望值變化	Large
是否有任一組變量值的破產風險值 > 0%？	Yes
淨值曲線是否足夠穩定進行交易？	**NO**

表 5-6 淨值曲線穩定度評估將決定某一策略是否足以投入交易。

模實驗，你可以看到 RTT 策略並沒有穩定的淨值曲線，因此它不適合用來交易——唯有當交易者進行類似的檢驗時，資訊才會躍然於紙上。

檢討 3：最佳變量值會持續改變

交易者不該忽視在其策略框架下的不同淨值曲線之表現。他們最好不要相信自己已經找到該策略的最佳、最正確的變量值。這是因為當他們調整策略的變量值以期得到最佳歷史表現時，他們很有可能在大量不同的淨值表現中進出。他們或許無意調整變量值，但經驗會驅使他們去做，他們總會如此追逐昨天的最佳表現。

這對強調主觀變量指標的工具來說相當諷刺，而且也是許多趨勢交易者陷入困境的原因，儘管科學已經告訴你趨勢交易不會輸。

指標的彈性容許度太高，透過歷史數據造成過度曲線配適。它們為交易者帶來虛假的安全感，以為自己可以避開市場的「最大逆境先生」，同時錯估自己擁有絕佳或正確的變量值。這類指標容許交易者根據過去的數據修改策略，藉此讓自己安心。交易者不該掉進這種自滿的陷阱。變量值永遠不會恆定。不會的。交易者總是不斷地調整它們。因此，交易者必須透過淨值曲線穩定度評估，決定策略可能的淨值曲線變化、期望值與破產風險值。儘管交易者總以為自己只會在初始設定的變量範圍內交易，但我幾乎敢保證他們最終會去調整變量值。主要原因有二：

1. 貪婪。
2. 人性。

▌貪婪

市場不斷變化，誘使人們找到可產生最高獲利與期望值的變量，這實在難以抵抗。交易者調整自己的變量，試圖抓住最佳曲線，但頻頻回顧過去並不能讓交易者在未來獲利。隨著多空循環，市場不斷變化，在趨勢之中不斷被延展，在動盪間不斷被壓縮，只有笨蛋才會認為昨天的變量可以得到今日的獲利。

遺憾的是，許多交易者無法忽視內心的貪婪巨獸。

貪婪或好奇會促使交易者不斷去調整自己的變量值。過程中，他們會嘗試不同的組合，特別是那種（史上）曾獲得最高利潤的變量。

當交易者在觀察前述五條淨值曲線時，會發現在任何特定時間點，所有變量組合都可以得到極佳表現值，每一組變量值都可在特定時間點產生最佳的歷史獲利、期望值。因此，若交易者每天都測試不同變量組合，並將獲利排序，他將會發現沒有一個策略能在歷史回測期得到最佳表現比。不管是 34 日、25 日、10 日或 80% 皆然。不能的。市場將會不斷變化，而每組變量的表現亦然。

這就是貪婪對交易者的影響，他們會不斷地檢測其策略的歷史表現，如果發現任何一組變量有較好的獲利，他們就會改變策略。但他們所能找到的僅只是該日可得的最佳歷史模擬。他們透過歷史數據進行過度曲線配適。他們會不斷地抹平曲線再重複，直到發現自己為了將績效最大化，已經以繁複的不同變量進行交易。

這就是為什麼在策略投入交易之前，必須先進行淨值曲線穩定度評估，辨識淨值曲線、期望值的變化，或是找到讓破產風險值高於零的可能。唯有如此，交易者才能理智判斷，是否要以特定策略進行交易。

▎人性

人性，特別是男性的特質，讓人無法單純接受現狀，總想動手操縱一切。因此我幾乎可以保證任何使用指標性策略

的交易者，都會更動自己的變量值。為什麼呢？因為他們可以這麼做啊！

檢討 4：掌握策略淨值曲線的上限與下限

基於貪婪與人性，我們無法相信交易者只會在單一變量組合下進行交易。

同樣的，為了確保他們的警覺狀態，交易者必須檢驗策略的淨值曲線的可能，包括期望值與破產風險值（請見圖5-12）。這個檢驗將可覺察出交易者必須掌握的兩大因素：

1. 破產可能。
2. 可交易性。

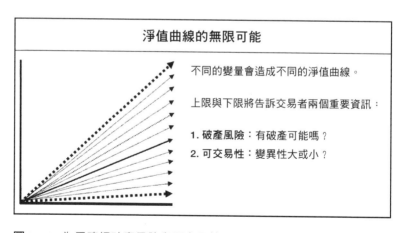

圖 5-12　為了確認破產風險與可交易性，就必須檢視策略的淨值曲線走向掌握其上限與下限。

▌破產可能

交易者必須知道任何潛在的淨值曲線狀況，其破產風險值是否高於 0%。若高於 0%，他們就不該進場。這點真的非常重要。交易者必須掌握自己策略的淨值曲線可能、期望值與破產風險值。他們不能只觀看讓他們放心的那組數據。假如該策略有任何讓淨值曲線變異且造成破產風險值高於零的狀況，那麼就該放棄此策略。

▌可交易性

此外，交易者也應觀察淨值曲線的變化範圍是否具備可交易性。若曲線的上下極限區間為可接受的範圍，變異性較小，那麼該曲線的變化範圍或許尚可接受。然而，若其變化如同圖 5-11 的六條曲線般劇烈，那麼交易者或許就該放棄此一策略——它可能如同牛仔競技般刺激，就算當曲線開始反彈，交易者可能早已被摔出場外。過高的變異性讓交易者無法持續持有，繼續以此策略去交易。

檢討 5：策略穩定度檢驗

所以，這就是多數趨勢交易者失敗的原因。他們無視自己策略的淨值曲線變化範圍、期望值與破產風險值。他們無視依據變量而變化的策略擁有如此多的淨值曲線變化，並間接造成大於零的破產風險值。他們不了解策略的挑戰有多艱辛，讓許多人無法堅守原有策略，儘管長期交易的結果很可

能會帶來正期望值。但他們總是在出場後的某一天，發現自己的策略終於止跌回升、來到新高點時才會發現這一點。

　　這就是讓大多數趨勢交易者陷入困境的原因。他們不了解如何進行淨值曲線穩定度檢驗。他們通常使用主觀變量指標，選擇他們自認最佳的變量值組合，再運用過去數據執行過度曲線配適。當他們一再變動指標數值以追逐過去績效表現時，往往忽視未來表現的寬廣範圍。由於表現值變動如此劇烈，因此他們就得壓低期望值、拉升破產風險值，讓自己一步步陷入危機中。

檢討 6：越多變量、越多可能、越多風險

　　我希望透過前述基於指標的簡單趨勢交易策略，讓你理解不同變量會如何造成劇烈的表現變化。事實上，由於曲線差異太過巨大，我們甚至可以直接將 RTT 策略掃進垃圾桶。

　　接下來，讓我們再檢視其他趨勢交易策略，看看水有多深。好比表 5-7 的簡單性策略，它運用兩個主流的趨勢指標──MACD 及隨機指標。它唯一的問題是，它的總變量數為七。

　　那麼，表 5-8 那個較複雜的策略可行嗎？從某方面來看，此策略非常保守，它使用雙重趨勢和回撤工具來確認彼此。唯一的問題同樣是變量數，有十一個。我不想知道它的淨值曲線變化會有多可怕！

　　在我看來，對這兩種策略來說，大量的變數會讓開發者很容易犯下曲線配適的錯，但若開發者有進行前述的淨值曲

線穩定度評估，那麼這些缺點都會暴露出來，阻止交易者走向毀滅之路。

表 5-7　即便是指標很少的簡單策略，都可能造成淨值曲線的脆弱與複雜性。

替代策略 1		
	指標	變量
趨勢工具	MACD	3
回撤工具	隨機指標	4
	總和	7

表 5-8　運用重量級指標的策略往往在淨值曲線表現上有更明顯的變異性。

替代策略 2		
	指標	變量
趨勢工具	移動平均	1
	ADX	3
回撤工具	費波那契比率	4
	RSI	3
	總和	11

檢討 7：使用變量與主觀的交易工具

可憐的趨勢交易者，儘管他們知道趨勢是他們的朋友，也用相關策略進行交易，但還是失敗了。糟糕的變量工具讓交易者根本不可能成功。只要變量性存在，那些策略根本就是垃圾。我們還需要懷疑為什麼他們會失敗嗎？唯有思考趨勢與回撤工具的變異性，我們才可能理解趨勢交易失敗的原因。變異性帶來極致的傷害。對交易者來說，最深刻的傷害來自於長期虧損。讓交易者慘賠的原因，來自他們對運用主觀變量工具建構的策略，以及對這些策略的淨值曲線變異性一無所知。

這些主觀變量工具以其靈活的彈性，吸引那些毫無戒心的趨勢交易者。由於它們的彈性，而不會傷害交易者脆弱的自尊，或壓抑他們的見解。這些工具提供安全感與共存感。它們建構溫暖與安全的假象，引發交易者對未來的憧憬。當過於樂觀自信的交易者遇到超彈性的主觀變量工具時，簡直是天作之合。交易者由此墜入深淵，遭致毀滅。

啊，我們都是普通人，很容易被交易螢幕上的訊號給吸引。實在太愚蠢了。我們根本就是擁有堅強信念卻無知、樂觀的笨蛋。

所以在我看來，除非策略被徹底檢驗，否則任何帶有一個或多個變量的策略都隱含巨大風險。主觀變量工具太過彈性、太不穩定、太不可靠；它們允許你動太多手腳，給你太多迴旋的餘地去操控過去的數據，以符合策略走向。它們的不夠客觀和獨立，因此必須通過詳實的檢驗，才得以運用。

檢討 8：缺乏獨立客觀的交易工具

現在我們要進入到問題的核心了。

以我的觀點而言，請容我再提醒一次，本書所有內容實屬個人觀點。如果你不同意我的觀點，這也無所謂。請記住：重點在於找到客觀證據佐證你的論點。以我的觀點而言，有效的交易工具必須獨立於交易者的操控之外。好的交易工具必須百分之百客觀，且與交易者的主觀詮釋或操作完全無涉。好的工具具有獨立性，無須仰賴交易者的主觀訊號。好的工具必須完全獨立於交易者之外，交易者絲毫無法影響策略走向。好的工具不可被交易者操控或扭曲。好的工具不該有可操縱的變量。唯有當某一交易工具滿足以上原則時，才有交易性可言。當交易工具可以遠離主觀操縱，才具備足供檢驗的實用性。好的獨立工具勝負分明，不需要仰賴變量訊息即可運作。簡單吧。

任何需要交易者干涉的交易工具都不具獨立性，也不客觀。我認為這類策略擁有太高的變化性與彈性，根本不適用於交易。我相信「變異性」與「主觀性」代表危險。我認為「變異性」與「主觀性」會殺死交易者。唯有當交易工具具備獨立性與客觀性時，才有討論的必要。

身為交易者，你需要交易工具的協助，也積極地去尋找交易工具。在你的交易生涯初期，你相信自己的交易平台與圖表工具能有所助益。然而，交易者並不了解仰賴過度靈活、可變的交易工具並不能帶來益處，甚至會引來危險。唯有在你嚐到痛苦、沮喪、付出成本以後，才能了解這點。

這就是無知的代價。

雖然移動平均指標是最佳技術工具之一（我也用啊），但它的主觀性非常明顯，而其趨勢走向分析也相當多變，欠缺獨立性……我們還需要懷疑為什麼交易者往往迷失在主流的趨勢工具之中嗎？

所有的主流趨勢工具──移動平均線、MACD 與 ADX 指標等，都因其變量與主觀性飽受批評。兩個在同一個市場的交易者可以因為運用變量的不同，而得到對趨勢的兩種完全不同解答。傳統的趨勢線也招致相同的批評，當兩個不同的交易者在觀察同一圖表時，可根據他們選擇的擺動點，畫出兩條不同的趨勢線。為什麼你要選用如此主觀詮釋的工具呢？當交易者對趨勢的解釋差異如此大時，你要如何客觀評估趨勢工具的有效性呢？這些工具就如同經濟學家一樣──它們看似可以解釋歷史表現，但對未來的分析往往欠缺客觀性與效率性。

不幸的是，交易者往往在慘賠之後才會驚覺這些工具的脆弱性。他們的無知使他們無法質疑自己策略的缺陷及效益，也無法衡量淨值曲線的動盪範圍、找出破產風險的機率。無知摧毀交易者的一切動機，讓他們無法追隨趨勢交易的黃金準則。

所以，該怎麼做呢？

最好的方法，是選用獨立的、沒有變量因素的客觀工具。然而，如果變量相關工具讓你得以定義進場規格的話，

你確實可以考慮用它。你可以透過淨值曲線穩定度檢驗，觀察它的淨值曲線變化、期望值與破產風險值。此外，你最好開發出一種涵蓋制勝策略屬性的方法論，好比穩定性與可測量性。我會在後面的章節繼續進行相關討論。

總結

雖然趨勢交易不難，但交易者仍會面臨許多難題。對趨勢交易者而言，最大的難題在於他們對破產風險的無知，以及使用不當的主觀變量工具。正因為無知，他們才會釀下開發策略時最應該避免的錯誤——資料探勘與過度的曲線配適。這兩種缺陷讓交易者陷入絕境，甚至破產。因此，儘管我們知道要運用趨勢交易三大黃金原則，儘管我們知道趨勢交易背後有科學數據支持，卻仍然會遭受失敗。

好吧，希望我能透過本書幫助那些有決心、想成功的人，使其避開陷阱，以安全的方式通往永續交易之路。現在，既然我們已經知道趨勢交易具備耐久性與獲利性，但也有其限制，那麼接下來就讓我們來檢視幾種趨勢交易策略吧。

第六章

回測 20 個獲利穩健的交易模型

　　現在讓我們來看看幾種趨勢交易策略。

　　這些策略運用過去的價格來決定未來買進或賣出的決定。它們會在市場向上時買進，市場下向時賣出。它們謹遵趨勢交易的三大黃金原則：

- 追隨趨勢。
- 砍掉虧損部位。
- 讓獲利部位持續滾動。

　　這三大黃金原則已從 1800 年代叱吒至今。耐久性很重要。如你所見，所有的趨勢交易策略都根據自己對這三大原則的解讀而遵循之。當我檢驗每項策略時，我希望你能注意到它們執行上的變化差異。若你這麼做了，你應當能對某些策略印象深刻，並希望將其納入到自己的方法中。或許你會發現，多數的策略都有利可圖，繼而驗證三大黃金原則的彈性與有效性。

　　但即便特定策略在歷史上有所斬獲，但它們並無法保證未來的獲利。話雖如此，肥尾現象的存在卻能為其背書。無論如何，交易者都必須保持清醒與警戒，為無法預期的事件

做好準備。請尊敬市場「最大逆境先生」，確保你持續以破產風險值為零的策略進行交易。

我的 P24 通用市場投資組合

為了檢視各種趨勢交易策略的有效性，我將以自己的通用市場投資組合，也就是在第三章提到過的 P24 去進行檢驗。為了避免資料探勘的問題，我們根據八個資產類別的多樣性和流動性，獨立且客觀的選擇二十四個市場。表 6-1 顯示了這些市場的概況。

請注意：雖然表 6-1 中的許多市場代號看似相近，但它們並非是芝加哥交易所（CME）的正式代號，也不是我交易平台的代號，而是我自建的代號（已內建在我的 EXCEL VBA 交易模型中）。數據方面，我是使用 Norgate Data 回溯調整的連續期貨合約，涵蓋所有交易時段。Norgate Data 的數據涵蓋了四十年的交易活動，在分析績效時很好用。至於其他的小型投資組合都也都來自 P24。

在我開始檢驗這些策略之前，我先讓你看一個沒有任何技術分析的單一策略（naked strategy）。我希望這個策略能反映出趨勢交易其中兩大黃金原則的強大之處。

排除技術分析的裸交易

我們已知道，科學數據告訴我們趨勢交易不會輸。肥尾現象的反覆出現，證明追蹤趨勢確實可以獲得龐大報酬。

表 6-1 我的 P24 通用市場投資組合概況

<table>
<tr><td></td><td colspan="4" align="center">**市場**</td><td></td><td></td></tr>
<tr><td>市場 /
類別與項目</td><td>期貨合約</td><td>交易所</td><td>平均每日
交易量 *</td><td>投資組合
P24
流動性最強
的前三項</td><td>代號</td></tr>
<tr><td>**金融**
貨幣</td><td>Euro Currency
Japanese Yen
British Pound</td><td>CME
CME
CME</td><td>188,888
138,000
89,000</td><td>EC
JY
BP</td><td>EC
JY
BP</td></tr>
<tr><td>利率</td><td>10Yr T.Note
5Yr T.Note
30Yr T.Bond</td><td>CME
CME
CME</td><td>1,249,000
708,000
339,000</td><td>10Yr T.Note
5Yr T.Note
30Yr T.Bond</td><td>TY
FV
ZB</td></tr>
<tr><td>指數</td><td>E-Mini S&P
E-Mini Nasdaq
E-Mini Dow</td><td>CME
CME
CME</td><td>1,490,000
255,000
148,000</td><td>E-Mini S&P
E-Mini Nasdaq
E-Mini Dow</td><td>SP
ND
DJ</td></tr>
<tr><td>**能源**
能源</td><td>Crude Oil (WTI)
Natural Gas (H.Hub)
ULSD (Heating Oil)</td><td>CME
CME
CME</td><td>253,000
115,000
51,000</td><td>Crude Oil
Natural Gas
ULSD</td><td>CL
NG
HO</td></tr>
<tr><td>**金屬**
金屬</td><td>Gold
Copper
Sliver</td><td>CME
CME
CME</td><td>137,000
45,000
44,000</td><td>Gold
Copper
Silver</td><td>GC
HG
SI</td></tr>
<tr><td>**糧食**
穀類</td><td>Corn
Soybean
Wheat (SRW)</td><td>CME
CME
CME</td><td>129,000
104,000
55,000</td><td>Corn
Soybean
Wheat</td><td>CO
SO
ZW</td></tr>
<tr><td>軟性商品</td><td>Sugar
Coffee
Cotton</td><td>ICE
ICE
ICE</td><td>58,000
15,000
14,000</td><td>Sugar
Coffee
Cotton</td><td>SB
KC
CT</td></tr>
<tr><td>肉類</td><td>Live Cattle
Lean Hog
Feeder Cattle</td><td>CME
CME
CME</td><td>23,000
18,000
3,000</td><td>Live Cattle
Lean Hog
Feeder Cattle</td><td>LC
LH
GF</td></tr>
</table>

* Volume Source: Premium Data from Norgate Investor Services
http://www.premiumdata.net/
資料來源：Norgate Investor Service（www.norgatedata.com.）

　　我可以用一個很簡單的策略來證明這一點，我稱之為「隨機趨勢交易者」（Random Trend Trader）。這個策略使用 EXCEL 的隨機數字產生功能（也就是擲銅板），發出買進或賣出的訊號。這個模型將在單日維持部位、不設停損，然後在隔天開盤時出場。其規則如下。

規則

策略：	隨機趨勢交易者
設定：	無
進場：	隨機（擲銅板）進場；在開盤時買進或賣出
停損：	無
出場：	隔日開盤出場
經紀商：	無
P8 投資組合：	日圓、5 年期國庫券、e-mini Nasdaq、天然氣、銅、黃豆、咖啡、瘦肉豬

圖 6-1 顯示這個策略的淨值曲線。在八個通用市場投資組合中，該策略的表現為：

結果

P8 投資組合：	SB、LC、GC、CO、TY、SP、CL、EC
起始點：	1980 年
淨收益：	$264,429
交易量：	64,686
平均淨收益：	$4
每交易平均委託與滑價：	$0

雖然這是一個可獲利的策略，但當你加入每交易平均委託與滑價後，獲利率就歸零了。然而，這正可證明我們的實驗。以隨機進場的策略來說，它的表現還不壞。請看看圖 6-2 的成果。

你會發現，這個策略的結果幾乎呈現常態分布，隨著時

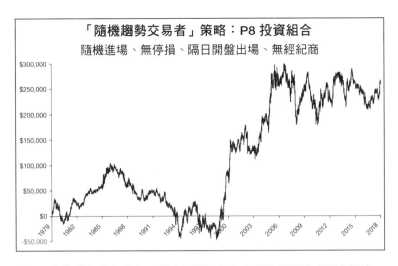

圖 6-1「隨機趨勢交易者」策略以擲銅板的方式發出買進或賣出訊號。

間推移,在平均值的兩側,一半交易為正,一半為負,而「不正常」的地方就是肥尾——這就是我們可利用結合科學與三大黃金原則的「隨機趨勢交易者」策略,以獲取更好成果的地方。讓我們先來看看,若砍掉虧損部位,是否能讓該策略表現更佳?

▌黃金原則 1:砍掉虧損部位

圖 6-2 可見到顯著的虧損狀況。如果我們在策略中增加 1% 的停損點設定,以強化「砍掉虧損部位」這個原則的話,我們應該可以砍掉巨大的負肥尾部位,並強化「隨機趨勢交易者」策略的獲利性。

圖 6-3 顯示在增加 1% 停損點後,該策略的新淨值曲線。它在八個市場的投資組合狀況如下:

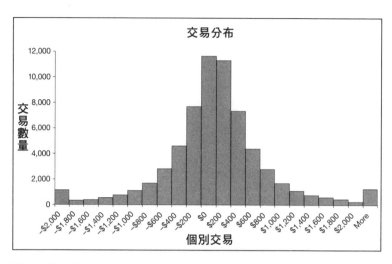

圖 6-2「隨機趨勢交易者」策略的個別交易狀況

結果

P8 投資組合：	SB、LC、GC、CO、TY、SP、CL、EC
起始點：	1980 年
淨收益：	$243,121
交易量：	64,686
平均淨收益：	$3.76
每交易平均委託與滑價：	$0

　　不幸的是，以 1% 的停損點作為砍掉虧損部位的手段，顯然沒有增加獲利表現，反倒讓平均淨收益掉到 $3.76，是這樣嗎？讓我們再觀察圖 6-4，檢視它的個別交易，並進一步思考。

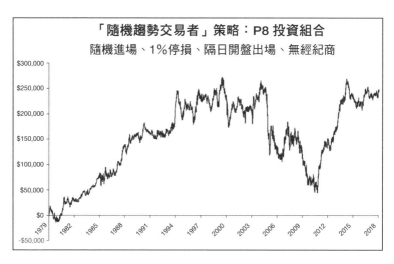

圖 6-3「隨機趨勢交易者」策略在設定 1% 停損後的表現。

　　好吧，讓我解釋一下。雖然平均淨收益下降了，但淨值曲線並沒有顯示負肥尾現象減少了。是的，淨收益下降了，但該策略雖然減少了利潤，卻也減少了許多大筆的虧損。因此，砍掉虧損部位確實能讓交易更為順利。現在再讓我們來看看，「讓獲利部位持續滾動」的原則，是否能讓「隨機趨勢交易者」策略受益？

▍黃金原則 2：讓獲利部位持續滾動

　　我們在原有的策略基礎之上，添加追蹤停損的設計。當該策略加上最初 1% 停損的設定之後，它將不再於隔日開盤時出場，並會保留獲利部位，直到達到前一週多頭低點或空頭高點時，才會出場。

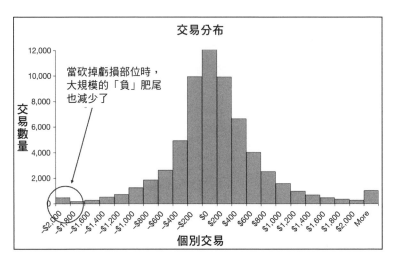

圖 6-4 「隨機趨勢交易者」策略加上 1％停損後，減少大規模的損失部位。

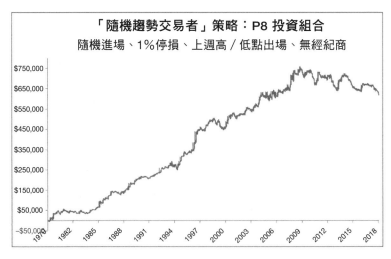

圖 6-5 「隨機趨勢交易者」策略再加入一週追蹤停損後的表現。

圖 6-5 顯示了「隨機趨勢交易者」策略的新淨值曲線，此時追蹤停損被加入最初 1% 停損的設定之上。

哇，當我們開始讓獲利部位滾動時，整體表現提升的相當顯著。或許我們應該把這條原則稱作「極致黃金原則」！此一新版本的策略（理論上）在八個市場投資組合的表現為：

結果

P8 投資組合：	SB、LC、GC、CO、TY、SP、CL、EC
起始點：	1980 年
淨收益：	$618,000
交易量：	10,958
平均淨收益：	$56.40
每交易平均委託與滑價：	$0

我們來看看圖 6-6 的個別交易表現，是否能提供我們更多訊息？

圖 6-6 明確顯示我們的策略因為「極致黃金守則」而大幅受益，巨大的「正」肥尾現象出現了。讓獲利部位持續滾動的原則讓原本的正收益部位明顯增長。

擲銅板進場的「隨機趨勢交易者」回測結果

結果揭曉了。修正後的「裸」策略得以避免負肥尾現象，並且從正肥尾現象獲利。這是我在沒有使用任何技術分析工具的情況下，所發展出的一套可獲利的策略——它用擲銅板的隨機方式決定進場訊號，而且可以獲利。

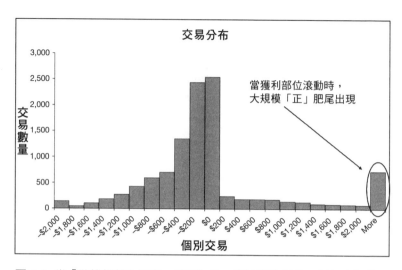

圖 6-6 當「隨機趨勢交易者」策略加入一週追蹤停損後，增加大規模的
獲利部位。

讓我們重溫一下修正後的策略規則：

規則

策略：	隨機趨勢交易者
設定：	無
進場：	隨機（擲銅板）進場：在開盤時買進或賣出
初始停損：	1%
追蹤停損：	上週高點（空頭）或低點（多頭）突破
經紀商：	無

結果

P8 投資組合：	SB、LC、GC、CO、TY、SP、CL、EC

起始點：	1980 年
淨收益：	$618,000
交易量：	10,958
平均淨收益：	$56.40
每交易平均委託與滑價：	$0

　　我們無須高興得太早，因為獲利額並不高。如果把手續費與滑價扣除的話，每筆交易的平均淨收益僅有 6.40 美元。

　　但別忘了，我們的目的並非要證明「隨機趨勢交易者」是可供交易的絕佳策略，而是透過數學證明「跟隨趨勢」確實是一種可獲利的策略。而我們的策略證明，即便是以隨機、無意義的進場技術，只要砍掉虧損部位並讓獲利部位持續滾動，就是一種能賺到錢的交易方法。你無法反駁數學，它就像萬有引力一樣不可侵犯！

　　等等。我好像聽見有人發出微弱的細語，質問我是否也犯下資料探勘的錯誤，畢竟我只選了八個市場。我是否選了「最好」的八個市場表現，只為了證明自己的論點呢？我是否像那些口若懸河的騙子一樣，把交易當作是能不費力就能得到無窮財富的搖錢樹？不，我不這麼認為。讓我再重新代入 P24 通用市場投資組合到「隨機趨勢交易者」策略吧，P24 包含了二十四個市場——八個不同市場類別裡流動性最強的三個市場。圖 6-7 顯示了結果。

　　P24 投資組合的結果如下：

結果

P24 投資組合：	SB, ZW, CO, SO, HO, LC, GF, BP, SV, KC, CT, ZB, GC, HG, JY, LH, SP, TY, CL, FV, NG, ND, EC, YM
起始點：	1980 年
淨收益：	$1,567,646
交易量：	31,953
平均淨收益：	$49
每交易平均委託與滑價：	$0

　　感覺如何呢？就算把手續費與滑價等成本包含進去，這個模型在隨機進場設定與遵守兩大趨勢交易黃金原則的前提下，以多樣化投資組合覆蓋流動性最強的市場，它的表現依舊非常亮眼。我不是說過這和萬有引力一樣不可侵犯嗎？數

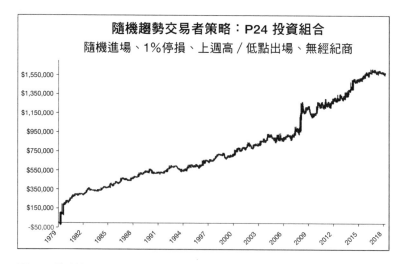

圖 6-7 「隨機趨勢交易者」策略在 P24 通用投資組合下的表現。

學是不會說謊的。肥尾現象確實存在。砍掉虧損部位、讓獲利部位持續滾動，這是歷經兩百年驗證的老策略。這種策略即便是以丟銅板決定進場時機，且在沒有任何技術分析工具的輔助下，同樣表現良好。一切都與數學有關。

現在我們的科學小實驗結束了，讓我們來看看其他幾種趨勢交易策略——所有的策略都遵循三大趨勢交易黃金原則：追隨趨勢、砍掉虧損部位，讓獲利部位持續滾動。

趨勢交易的策略類型

基本上，有兩種趨勢交易方法：

1. 動量趨勢交易。
2. 相對強弱趨勢交易。

動量趨勢交易策略認為，當價格低於或高於特定水準時，新的趨勢就已然成形。

相對強弱趨勢交易策略則認為，當價格低於或高於市場範圍內的其他同類型標的時，新的趨勢就已然成形。

類型 1：動量趨勢策略

動量趨勢交易中又分為兩種類型：

● 相對動量趨勢交易。

● 絕對動量趨勢交易。

▌相對動量策略

　　此策略認為，當價格低於或高於先前價格時，新的趨勢就開始了。這類型的策略對市場是否突破某一價格區間較不關心，它們關心的是價格是否較之前來得強勢或弱勢。

　　其實例包括：

● 變化率策略：
　• 相對價格變動
　　- 移動平均交叉策略
　• 相對時間變動
　　- 期間價格變動策略

▌絕對動量策略

　　此策略認為，當價格突破或攢破絕對水平的區間時，新的趨勢就開始了。

　　其實例包括：

● 突破策略：
　• 價格突破
　• 擺盪突破
　• 通道突破
　• 波動突破

- 回撤策略：

  • 彈性均值回歸策略

類型 2：相對強弱趨勢策略

此種策略認為，當價格與市場範圍內的其他同類型標的相比，顯現更強或更弱的時，新的趨勢就已然成形。

表 6-2 總結了上述每項策略所運用的技術。

在本書中，我只會專注於自己所知道與擅長的項目，也就是動量趨勢交易。我不會討論相對強弱趨勢交易。

再說一次，趨勢交易仰賴以下三大黃金原則：

- 追隨趨勢。
- 砍掉虧損部位。
- 讓獲利部位持續滾動。

成功的趨勢交易策略背後擁有這三大核心價值動力。它們不會試圖去預測市場的變動，而是因應市場變動做出反應——從大規模的變動中獲取收益。現在，讓我們檢視幾種可供選擇的策略，了解它們是如何運用、執行三大黃金原則。

我的 EXCEL VBA 回測系統

請注意：以下介紹的策略都是以我的 P24 通用市場投資

表 6-2 趨勢交易有多種交易方法。

趨勢交易的策略類型

- **動量趨勢交易**
  - **相對動量**

    - 價格變動率系統（Rate of Change Systems）
      - 相對價格變動
        - 霍恩 1% 原則（Hearne 1% Rule, 1850）
        - 賈特列 3 週與 6 週交叉（Gartley 3- and 6-Week Crossover, 1935）
        - 唐契安 5 日與 20 日交叉（Donchian 5- and 20-Day Crossover, 1960）
        - 黃金 50 日與 200 日交叉（Golden 50- and 200-Day Crossover）
      - 相對時間變動
        - 日曆原則（Calendar Rule, 1933）

  - **絕對動量**

    - 突破系統（Breakout Systems）
      - 價格突破
        - 李嘉圖原則（Ricardo Rules, 1800）
      - 擺盪突破
        - 道氏理論（Dow Theory, 1900）
      - 震盪突破
        - 李佛摩反應（Livermore Reaction, 1900）
        - 達維斯箱形理論（Darvas Box, 1950）
        - 阿諾德 PPS（Arnold PPS, 1987）
      - 通道突破
        - 唐契安 4 週策略（Donchian 4-Week Rule, 1960）
        - 德雷福斯 52 週策略（Dreyfus 52-Week Rule, 1960）
        - 海龜策略（1983）
      - 波動突破
        - 布林通道（Bollinger Bands, 1993）
        - ATR 通道（ATR Bands）
    - 回撤系統
      - 艾爾得 TSTS 策略（Elder's Triple Screen Trading System, 1985）
      - 均值回歸策略
- **相對強弱趨勢交易**

組合實測，得到假設性的結果。我運用自己的 EXCEL VBA 系統計算這些交易模型的表現。此外，要知道假設性結果並不代表其未來的表現，由於某些市場條件的影響，好比流動性低或交易執行力不佳，都有可能導致結果被高估。

相對動量策略

相對動量策略關注的是價格是否比先前高或低。這些策略屬於「變動率」類別，包含時間變動與價格變動。讓我們從幾個相對的價格變動率策略開始檢視。

▌相對價格變動率──動量趨勢交易

我先從「霍恩 1% 原則」講起。

│霍恩 1% 原則（1850）│

佛洛樂曾在其 1870 年的著作《華爾街十年》記錄了霍恩的交易策略──他會買進特定股票 500 股，並持續在每上漲 1% 時以相似數量買進，在下跌 1% 時拋售持股。雖然技術上是金字塔式的，但他的核心概念即是趨勢交易的本質：跟隨趨勢、砍掉虧損部位，讓獲利部位持續滾動。根據佛洛樂的觀察，霍恩的方法屬於買進導向的策略。

以下我總結了這個策略的規則。

規則

策略：	霍恩 1% 原則
開發：	1850 年
公布：	1870 年
數據：	每日
方法：	趨勢追蹤
技術：	價格變動率
對稱性：	僅買進
市場：	全部
指標：	無
變量—數量：	1
移動百分比：	（1%）
變量—對稱性：	僅買進
變量—應用：	所有市場具有相同值
設定：	無
原則：	2

買進規則

進場：	前日收盤上揚 1%
停損：	前日收盤下跌超過 1%

　　圖 6-8 展示了霍恩的交易方法。

　　以下讓我們用 P24 通用市場投資組合實測這個早期的趨勢交易模型，看看霍恩的作法是否有其價值。

結果

P24 投資組合：	SB, ZW, CO, SO, HO, LC, GF, BP, SV, KC, CT, ZB, GC, HG, JY, LH, SP, TY, CL, FV, NG, ND, EC, YM
起始點：	1980 年
淨收益：	-$2,056,953
交易量：	59,294
平均淨收益：	-$35
每交易平均委託與滑價：	-$51

　　可惜的是，我們得到虧損的結果。儘管圖 6-8 看起來如此完美，但當我們將霍恩的策略代入二十四個市場中，在扣掉 51 美元的手續費與滑價後，該策略帶來顯著的虧損。

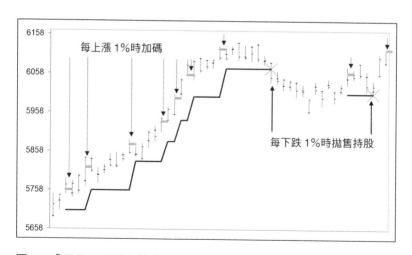

圖 6-8「霍恩 1% 原則」策略在每上漲 1% 時以相似數量買進，在下跌 1% 時拋售持股。

這個測試結果並非是推翻霍恩的理論。我認為過去四十年的市場，其動盪幅度遠比霍恩那個時代的市場來得大，十九世紀中期的市場趨勢正要開始成形，也較為平緩。但值得注意的是，如果不考慮手續費，霍恩1％原則有平均每交易16美元的淨收益。因此，他的想法的確有其價值。

讓我們繼續看下去。

｜賈特列 3 週與 6 週交叉（1935）｜

賈特列以其 1-2-3 回撤圖表模式著稱。這個形態經由佩沙凡托（Larry Pesavento）的推廣，並代入調和比（harmonic ratios）而流行起來。賈特列的「雙重移動平均」策略並不

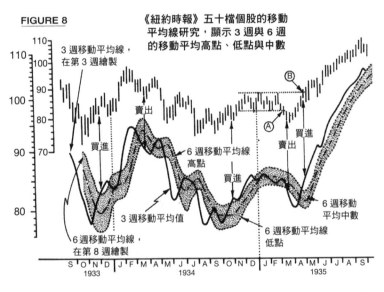

圖 6-9　賈特列在 1935 年的著作《股市利潤》中，繪製其 3 週與 6 週交叉策略。

出名，除非你手邊剛好有他在 1935 年出版的《股市利潤》。
在該書的第 226 頁你可以看到圖 6-9 的說明。

　　以下我總結了這個策略的規則。

規則

策略：	賈特列 3 週與 6 週交叉策略
開發：	未知
公布：	1935 年
數據：	每日
方法：	趨勢追蹤
技術：	永遠留在市場內：停損與反向相對價格變動率
對稱性：	買進與賣出
市場：	全部
指標：	移動平均（×3）
變量—數量：	3
短期移動平均：	高點 / 低點
	3 週移動平均之每週中數
	中數為每週平均高點 / 低點
	長期移動平均 1：6 週移動平均線週高點
	偏移（向前移動）2 週
	每週偏移（2）
變量—對稱性：	買賣規格相同
變量—應用：	所有市場具有相同值

買進規則

設定：	3 週移動平均中數 > 6 週移動平均線高點

進場：	週一開盤買進
停損：	3 週移動平均中數 < 6 週移動平均線低點
	週一開盤賣出

賣出規則

設定：	3 週移動平均中數 < 6 週移動平均線低點
進場：	週一開盤賣出
停損：	3 週移動平均中數 > 6 週移動平均線高點
	週一開盤買進

如同霍恩的模型一樣，我將賈特列策略代入我的 EXCEL VBA 交易模型，如圖 6-10 所示。

由於賈特列策略以「相對動量」為主，它關注的是價格何時高於或低於前高或前低。在賈特列的例子裡，他使用三

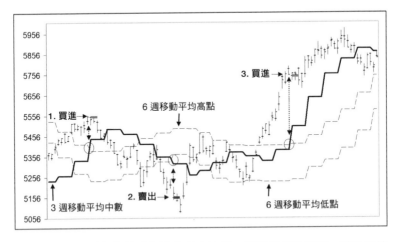

圖 6-10 賈特列在移動平均概念尚未流行、電腦尚未普及前，就已開始計算這個指標。

個價格序列。當 3 週移動平均線的中數在週五收盤時高於 6 週移動平均線的高點（以 2 週偏移為準）時，該模型就會在下週一開盤時做多；當 3 週移動平均線的中數在週五收盤時低於 6 週移動平均線的低點（以 2 週偏移為準）時，則會在下週一開盤時做空。

讓我們將他在 1935 年發表的模型，運用在我的 P24 通用市場投資組合，看看自 1980 年以來的表現如何？

結果

P24 投資組合：	SB, ZW, CO, SO, HO, LC, GF, BP, SV, KC, CT, ZB, GC, HG, JY, LH, SP, TY, CL, FV, NG, ND, EC, YM
起始點：	1980 年
淨收益：	$1,079,398
交易量：	3,387
平均淨收益：	$319
每交易平均委託與滑價：	-$51

如何？這個年約八十歲的老策略用在過去四十年來的樣本外數據上時，表現得相當優秀，買特列真有眼光啊！這可是從他那本 1935 年出版的書裡得到的**趨勢交易**策略。他不但證明**趨勢交易**的黃金原則確實可行，也讓我們確認此策略可運用在過去四十年來的樣本外數據之上。親愛的讀者，請鼓掌向買特列致敬吧！

唐契安 5 日與 20 日交叉（1960）

另一個相對動量移動平均策略來自唐契安。他以其「4
週原則」聲名大噪，而這也是廣受交易者歡迎的「海龜策略」
之基礎。此策略與買特列的策略非常相似，但它運用更短的
週期。此策略發表於 1960 年。

以下我總結了這個策略的規則。

規則

策略：	唐契安 5 日與 20 日交叉
開發：	未知
公布：	1960 年
數據：	每日
方法：	趨勢追蹤
技術：	永遠留在市場內：停損與反向相對價格變動率
對稱性：	買進與賣出
市場：	全部
指標：	移動平均（×2）
變量—數量：	2
	短期趨勢：5 日移動平均
	長期趨勢：20 日移動平均
變量—對稱性：	買賣規格相同
變量—應用：	所有市場具有相同值
規則：	2

買進規則

設定：	5 日移動平均 > 20 日移動平均

進場：	隔日開盤買進
停損：	5 日移動平均 < 20 日移動平均
	隔日開盤賣出

賣出規則

設定：	5 日移動平均 < 20 日移動平均
進場：	隔日開盤賣出
停損：	5 日移動平均 < 20 日移動平均
	隔日開盤買進

　　同樣的，我也將此策略代入到我的 EXCEL VBA 交易模型。圖 6-11 顯示四個在唐契安原則下進行的交易實例。

　　讓我們將他在 1960 年發表的模型，運用在我的 P24 通用市場投資組合，看看自 1980 年以來的表現如何。

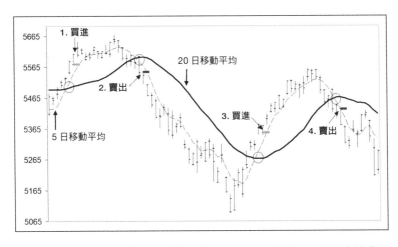

圖 6-11　唐契安的相對動量移動平均策略會在 5 日與 20 日平均線交叉後轉做反向部位。

結果

P24 投資組合：	SB, ZW, CO, SO, HO, LC, GF, BP, SV, KC, CT, ZB, GC, HG, JY, LH, SP, TY, CL, FV, NG, ND, EC, YM
起始點：	1980 年
淨收益：	$520,675
交易量：	13,306
平均淨收益：	$39
每交易平均委託與滑價：	-$51

　　好消息是，這個策略確實具有獲利性；壞消息是它的獲利不大，平均淨收益只有 39 美元。但獲利就是獲利，**趨勢交易的黃金原則確實可行**。我們應該向唐契安致意，他的模型在六十年後仍可讓過去四十年左右的樣本外數據產生利潤。大多數的交易理念都無法客觀、機械化地套用在多樣化市場投資組合內，同時還具有獲利性。

　　總而言之，即便唐契安的模型並非是最理想的，但它仍驗證了趨勢交易的可行性。

｜黃金 50 日與 200 日交叉｜

　　我不太確定這個策略是來自於哪位交易者。然而，因其頻繁地出現在媒體上，也經常被名嘴們引用，因此我認為也有實測它的必要。

　　我相信你經常在特定市場上聽到所謂的「黃金交叉」或「死亡交叉」一詞，通常這被視為是某極具代表性的事件出

現。許多市場參與者認為，當交叉訊號出現時，代表趨勢即將驟變。

當 50 日移動平均線向上與 200 日移動平均線交叉時，代表「黃金交叉」出現，確認牛市來臨；當 50 日移動平均線向下與 200 日移動平均線交叉時，代表「死亡交叉」出現，確認熊市來臨。

我將此一策略的規則總結如下。

規則

策略：	黃金 50 日與 200 日交叉
開發：	未知
公布：	未知
數據：	每日
方法：	趨勢追蹤
技術：	永遠留在市場內：停損與反向相對價格變動率
對稱性：	買進與賣出
市場：	全部
指標：	移動平均（×2）
變量─數量：	2
	中期趨勢：50 日移動平均
	長期趨勢：200 日移動平均
變量─對稱性：	買賣規格相同
變量─應用：	所有市場具有相同值
規則：	2

買進規則

設定：	50 日移動平均 > 200 日移動平均

進場：	隔日開盤買進
停損：	50 日移動平均 < 200 日移動平均
	隔日開盤賣出

賣出規則

設定：	50 日移動平均 < 200 日移動平均
進場：	隔日開盤賣出
停損：	50 日移動平均 > 200 日移動平均
	隔日開盤買進

此策略與唐契安 5 日與 20 日交叉很類似。唯一的差異在於均線長度的基準。我將此策略代入我的 EXCEL VBA 模型，圖 6-12 顯示兩筆交易實例。

讓我們來看看黃金與死亡交叉策略在 P24 通用市場投資組合下的表現如何？

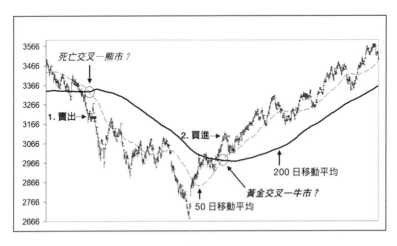

圖 6-12 50 與 200 日黃金交叉策略會在兩條均線交叉時作反向部位。

結果

P24 投資組合：	SB, ZW, CO, SO, HO, LC, GF, BP, SV, KC, CT, ZB, GC, HG, JY, LH, SP, TY, CL, FV, NG, ND, EC, YM
起始點：	1980 年
淨收益：	$1,715,940
交易量：	1,235
平均淨收益：	$1,389
每交易平均委託與滑價：	-$51

哇，表現不錯。以平均淨收益高達 1,389 美元來看，此策略肯定具有持續性，並且是（目前）趨勢交易粉絲的首選。黃金交叉策略確實跟隨趨勢、砍掉虧損部位、讓獲利部位持續滾動。可惜我無法追溯此策略的發明者。

現在讓我們來看另一種形式的趨勢交易策略 —— 相對「時間」變動策略表現得如何？

▎相對時間變動率 —— 動量趨勢交易

此類策略會觀察特定時間內價格的相對變動。

1933 年，克勞斯（Cowles）與瓊斯（Jones）發表了一篇名為〈股票市場行動的後驗概率〉（Some A Posteriori Probabilities in Stock Market Action）的論文，研究在不同時間架構（短至二十分鐘，長至三年）下的股價動量。他們的結論是：股價存在動量，當價格的正向或負向移動有 62.5% 的機會延續到下一個時間週期時，此動能將表現在股價之上

（學術界竟認為股價是隨機的）。

讓我們以兩種主要時間週期檢視相對變化率，並看看「時間」是否足以辨識出趨勢交易的機會。我將以每月、每季作為檢驗價格的單位。

| 月結模型（1933）|

若本月的收盤價高於上個月的收盤價，月結（Monthly Close）模型策略會開始做多。當本月收盤價低於上個月的收盤價時，則反轉為做空。此策略會永遠待在市場，也被稱為停損及反向操作策略（stop and reverse strategy）。

我將此一策略的規則總結如下。

規則

策略：	月結模型
開發：	1933 年
公布：	1933 年
數據：	每日
方法：	趨勢追蹤
技術：	永遠留在市場內：停損與反向相對時間變動率
對稱性：	買進與賣出
市場：	全部
指標：	無
變量—數量：	0
變量—對稱性：	不適用
變量—應用：	不適用
規則：	2

買進規則

設定：	當月收盤價 > 前月收盤價
進場：	隔日買進，每月第一天，開盤市價單（market on open）
停損：	當月收盤價 < 前月收盤價
	隔日賣出，每月第一天，開盤市價單

賣出規則

設定：	當月收盤價 < 前月收盤價
進場：	隔日開盤賣出，每月第一天，開盤市價單
停損：	當月收盤價 > 前月收盤價
	隔日買進，每月第一天，開盤市價單

當該月收盤價繼續朝交易方向移動時，月結模型會讓獲利部位持續滾動，但如果該月收盤價朝交易反方向移動，則會砍掉逆轉部位。

同樣的，我將這個簡單的相對時間模型策略代入我的 EXCEL VBA 模型，圖 6-13 顯示其交易實例。

作為一種相對時間動能策略，此策略會比較當月收盤價與前月收盤價。若執行做空，而月收盤價走揚，該策略會執行停損，並在下個月第一天開盤時反向做多；若執行做多，而月收盤價衰退，該策略會執行停損，並在下個月第一天開盤時反向做空。

讓我們來看看月結模型策略在 P24 通用市場投資組合下的表現如何？

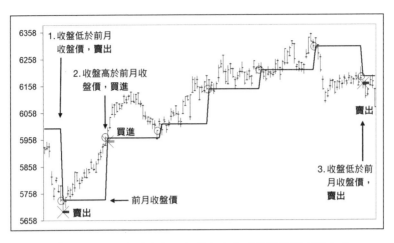

圖 6-13「月結模型」策略會在月收盤方向相反的情況下反轉交易。

結果

P24 投資組合：	SB, ZW, CO, SO, HO, LC, GF, BP, SV, KC, CT, ZB, GC, HG, JY, LH, SP, TY, CL, FV, NG, ND, EC, YM
起始點：	1980 年
淨收益：	$1,003,526
交易量：	4,993
平均淨收益：	$201
每交易平均委託與滑價：	-$51

　　如何？對於一個等待時機、讓獲利部位持續滾動，並在反向虧損出現時砍掉部位的簡單策略來說，它的表現還可以。這再次證明趨勢交易三大黃金原則的力量。克勞斯與瓊斯的研究足以接受後世的讚美。

| 季結模型（1933） |

　　和月結模型一樣，季結（Quarterly close）模型會在本季收盤價比前季收盤價高時，進行做多。反之則做空。

　　除了採用的時間段不同，季結模型策略基本上與月結模型無異。

規則

策略：	季結模型
開發：	1933 年
公布：	1933 年
數據：	每日
方法：	趨勢追蹤
技術：	永遠留在市場內：停損與反向相對時間變動率
對稱性：	買進與賣出
市場：	全部
指標：	無
變量—數量：	0
變量—對稱性：	不適用
變量—應用：	不適用
規則：	2

買進規則

設定：	當季收盤價 > 前季收盤價
進場：	隔日買進，每季第一天，開盤市價單
停損：	當季收盤價 < 前季收盤價
	隔日賣出，每季第一天，開盤市價單

賣出規則

設定：	當季收盤價 < 前季收盤價
進場：	隔日賣出，每季第一天，開盤市價單
停損：	當季收盤價 > 前季收盤價
	隔日買進，每季第一天，開盤市價單

　　當該季收盤價維持在趨勢之上時，季結模型會讓獲利部位持續滾動，反之，該策略則會砍掉逆轉部位，如圖 6-14 所示。

　　讓我們來看看季結模型策略在 P24 通用市場投資組合下的表現如何？

結果

P24 投資組合：	SB, ZW, CO, SO, HO, LC, GF, BP, SV, KC, CT, ZB, GC, HG, JY, LH, SP, TY, CL, FV, NG, ND, EC, YM
起始點：	1980 年
淨收益：	$611,092
交易量：	1,670
平均淨收益：	$366
每交易平均委託與滑價：	-$51

　　表現不錯！但由於季度訊號的頻率較低，其表現不如月結模型，但它仍獲得相當好的平均淨收益。但儘管淨收益較低，它仍驗證了趨勢交易的三大黃金原則。

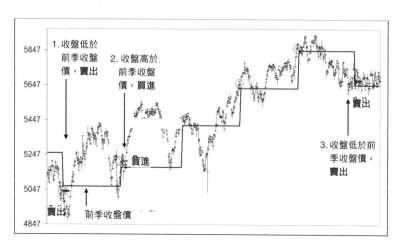

圖 6-14「季結模型」策略會在季收盤方向相反的情況下反轉交易。

　　到目前為止，上述的動量趨勢交易策略，關注的都是當前價格與先前價格的相對位置。至於另一種類型的動量策略，則是尋求價格突破絕對水準的時機。接下來就讓我們來看看絕對動量策略。

絕對動量策略

　　這類型的動量策略認為，一旦突破發生在特定價格水平之上或之下，新的趨勢就開始發展了。這些策略通常被稱作突破或回撤系統。

- 價格突破
- 擺盪突破
- 震盪突破

- 通道突破
- 波動突破

至於回撤系統，包括常見的均值回歸系統。以下讓我們來看看其中幾種絕對動能趨勢交易策略。

▌價格突破

我會從傳奇的起點開始講起，也就是李嘉圖。

│李嘉圖原則（1800）│

葛蘭特曾如此描述李嘉圖：

我觀察到，他透過謹慎地追隨自己的三個黃金法則，累積了巨大的財富，他曾經向友人們傳達三大黃金法則的重要性：

- 當你擁有機會時，不要拒絕。
- 砍掉虧損部位。
- 讓獲利部位持續滾動。

讓我來制定一個策略，概括這三大黃金原則。

》當你擁有機會時，不要拒絕：為了徹底掌握李嘉圖「不要拒絕機會」的原則，我將市場價格變動視為關於趨勢方向的「不可忽視的信號」。簡單來講，若市場突破前次的 K 線高

點，而你手上未持有任何部位，那麼李嘉圖會建議你「做多」。交易者必須聆聽市場釋放的訊息；若市場摜破前次的K線低點，李嘉圖會建議你「做空」。沒錯，交易者就是該聽從市場的訊息。市場方向正是交易者不該忽視的訊號。

》砍掉虧損部位：讓我們化繁為簡。對於初始停損，我會使用進場規格或進場 K 線的反向突破點，並以較遠的一點為準。如果價格突破（上一個交易格局 K 線高點），依據李嘉圖原則會於交易格局或進場 K 線低點之下設立初始停損；如果價格摜破（上一個交易格局 K 線低點），該原則會於交易格局或進場 K 線高點之上設立初始停損。

》讓獲利部位持續滾動：如果市況大好，我會將最接近的波動點當作追蹤停損點。若是在價格上漲時做多，依據李嘉圖原則，我會在距離最近的波動低點之下設立追蹤停損；若是在價格下跌時做空，依據李嘉圖原則，我的追蹤停損點則會設在距離最近的波動高點之上。簡單吧。

現在，讓我總結我對李嘉圖原則的理解。

規則

策略：	李嘉圖原則
開發：	1800 年
公布：	1838 年
數據：	每日

方法：	趨勢追蹤
技術：	價格突破
對稱性：	買進與賣出
市場：	全部
指標：	無
變量—數量：	0
變量—對稱性：	不適用
變量—應用：	不適用
規則：	3

買進規則

設定：	中性日線圖（Neutral daily bar）
進場：	前日 K 線高點突破買進
初始停損：	交易格局或進場 K 線低點摜破賣出
追蹤停損：	最近波動低點摜破賣出

賣出規則

設定：	中性日線圖
進場：	前日 K 線低點摜破賣出
初始停損：	交易格局或進場 K 線高點突破買進
追蹤停損：	最近波動高點突破買進

　　我將這個策略代入我的 EXCEL VBA 模型，圖 6-15 顯示其交易實例。

　　李嘉圖在 1800 年所使用的簡單交易手法徹底展現他個人的交易哲學，也就是擁抱市場走向（不要拒絕任何機會）、砍掉虧損部位，以及讓你的獲利部位持續滾動。讓我們來看看李嘉圖原則在 P24 通用市場投資組合下的表現如何？

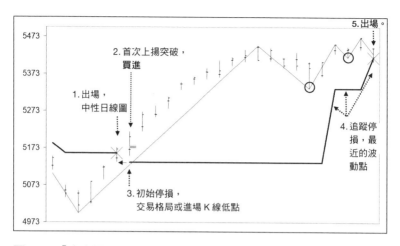

圖 6-15 「李嘉圖原則」將會跟隨日線圖首次突破,並保留部位,直到價格攃破初始或追蹤停損點。

結果

P24 投資組合:	SB, ZW, CO, SO, HO, LC, GF, BP, SV, KC, CT, ZB, GC, HG, JY, LH, SP, TY, CL, FV, NG, ND, EC, YM
起始點:	1980 年
淨收益:	$622,552
交易量:	20,392
平均淨收益:	$31
每交易平均委託與滑價:	-$51

　　好,表現普通,但也沒有虧損就是了。顯然其平均淨收益頗低,然而,以如此簡單的模式來說,此概率已經相當不錯了。它簡單、清楚而明顯地證明了趨勢交易三大黃金原則的穩健性。

擺盪突破

| 道氏理論（1900） |

查爾斯‧道被視為是技術分析之父。針對波峰和波谷的趨勢分析，是其策略的主要概念。其中，牛市由更高的高點定義之，熊市由更低的低點定義之。在主要趨勢發生轉折之前，牛市或熊市的趨勢會持續存在。

道氏理論的波峰、波谷趨勢分析可能是第一個客觀、機械式定義「趨勢」的理論，也可能是在霍恩1%策略後的第二個機械式趨勢交易模型。

道氏理論認為，更高的高點和更高的低點代表趨勢向上，而更低的低點與更低的高點代表趨勢向下。為求簡便，我將他的「波峰和波谷趨勢分析」簡稱為道氏理論。

我將機械式道氏理論（波峰和波谷趨勢分析）的規則總結如下。

規則

策略：	道氏理論
開發：	未知
公布：	1900 年
數據：	每日
方法：	趨勢追蹤
技術：	永遠留在市場內：停損與反向擺盪突破
對稱性：	買進與賣出
市場：	全部

指標：	無
變量—數量：	0
變量—對稱性：	不適用
變量—應用：	不適用
規則：	1

買進規則

設定與進場：	當日道氏趨勢改變—從趨勢下降到趨勢上升
停損：	當日道氏趨勢改變—從趨勢上升到趨勢下降

賣出規則

設定與進場：	當日道氏趨勢改變—從趨勢上升到趨勢下降
停損：	當日道氏趨勢改變—從趨勢下降到趨勢上升

　　我將道氏理論代入我的 EXCEL VBA 模型，圖 6-16 顯示其交易實例。

　　讓我們來看看屬於機械式系統模組的道氏波峰與波谷趨勢分析，在 P24 通用投資市場組合下的表現如何？

結果

P24 投資組合：	SB, ZW, CO, SO, HO, LC, GF, BP, SV, KC, CT, ZB, GC, HG, JY, LH, SP, TY, CL, FV, NG, ND, EC, YM
起始點：	1980 年
淨收益：	$1,090,346
交易量：	17,927
平均淨收益：	$61
每交易平均委託與滑價：	-$51

還算不錯吧。雖然平均淨收益不高，但以僅包含單一規則的簡單機械式策略來說，表現實在不俗。請記住：道氏理論已有一百二十年的歷史，但它仍在近四十年內的樣本外數據上表現良好。它證實趨勢交易三大黃金原則的有效性。以長壽性與穩健性來看，道氏理論絕對值得我們脫帽行禮，並為其施放二十一響禮炮。

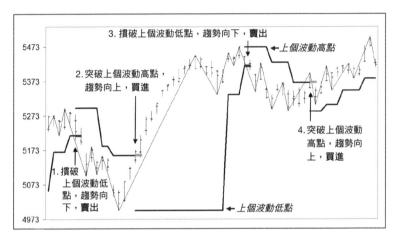

圖6-16「道氏理論」的波峰和波谷趨勢分析策略會持續留在市場內，並在當日道氏趨勢改變時停止並反向操作。

震盪突破

｜李佛摩反應（1900）｜

　　這是我第一個要檢視的震盪突破模型。李佛摩或許是我所知最受歡迎的交易者。埃德溫‧勒菲弗於 1923 年出版的《股票作手回憶錄》一書，對我的影響相當深遠。我記得自

己第一次讀到那本書時，還是一個坐在雪梨美國銀行證券櫃檯的年輕交易者。當我讀到李佛摩在書中犯下的所有錯誤時，真是心有戚戚焉。當時我想的是，「這就是我啊！」「沒錯，這是在說我！」如果你還沒讀過《股票作手回憶錄》，趕快去買一本吧！

李佛摩曾在 1940 年出版的《傑西·李佛摩股市操盤術》中總結自己的交易手法。他如此直接地描述趨勢交易：

很多人或許會對我的交易方式感到驚訝，當我在記錄中看到上升趨勢逐漸成形，而股價在正常反應後進入新高點，我會立刻買進。我在做空時也按照同樣的手法。為什麼呢？因為我正在追蹤當下趨勢。我的交易史暗示我可以繼續交易。

李佛摩將自己的「正常反應」定義為針對新趨勢的兩次拉回（pullbacks）或回撤。他用「樞紐點」（pivot）來形容擺盪點，並根據自己的樞紐點或擺盪點的位置去定義趨勢。他定義上升趨勢的特徵，是較高的樞紐（擺盪）高點和較高的樞紐（擺盪）低點；下降趨勢的特徵則是較低的樞紐（擺盪）高點和較低的樞紐（擺盪）低點。由於這與道氏的波峰波谷趨勢分析相同，以下我將稱之為「道氏理論」。

李佛摩會積極尋找趨勢的轉折點（如同道氏理論的觀點），耐心等待兩種「正常反應」（或稱回撤）在新趨勢出現，然後在突破前一個擺動點之前進入，此現象將再次確認新趨勢形成。他會持續交易，直到道瓊指數的趨勢再次出現轉

折。當上一個樞紐點或擺盪點產生反向突破時，代表道瓊指數的趨勢發生改變。

我們無法確認李佛摩開發此策略的確切年份，但我估計在他二十初頭至二十五歲間，就已開始使用這個交易模式，因此約莫是 1900 年吧。

雖然李佛摩在交易中也會考慮其他要素，但為了便於將他的策略與其他策略進行比較，我將集中討論他策略的價格部分。

我將李佛摩的交易規則總結如下。

規則

策略：	李佛摩反應
開發：	1900 年
公布：	1940 年
數據：	每日
方法：	趨勢追蹤
技術：	震盪突破
對稱性：	買進與賣出
市場：	全部
指標：	無
變量—數量：	0
變量—對稱性：	不適用
變量—應用：	不適用
規則：	4

買進規則

設定：	當日道瓊指數趨勢改變—從趨勢下降到趨勢上升

兩種反應／回撤擺盪以因應新的道氏上揚趨勢

進場：　　　　　　上一個擺盪高點買進

停損：　　　　　　最接近的擺盪低點攻破時賣出

賣出規則

設定：　　　　　　當日道瓊指數趨勢改變─從趨勢上升到趨勢下降

　　　　　　　　　兩種反應／回撤擺盪以因應新的道氏下跌趨勢

進場：　　　　　　上一個擺盪低點賣出

停損：　　　　　　最接近的擺盪高點突破時買進

　　同樣的，我也將此策略代入我的 EXCEL VBA 交易模型。圖 6-17 顯示其交易實例。

　　讓我們來看看李佛摩反應策略，在 P24 通用市場投資組合下的表現如何？

結果

P24 投資組合：　　　　SB, ZW, CO, SO, HO, LC, GF, BP, SV, KC, CT, ZB, GC, HG, JY, LH, SP, TY, CL, FV, NG, ND, EC, YM

起始點：　　　　　　　1980 年

淨收益：　　　　　　　$35,136

交易量：　　　　　　　1,279

平均淨收益：　　　　　$27

每交易平均委託與滑價：　-$51

　　嗯，結果讓人有點失望。畢竟這是出自偉大李佛摩的策略，我原本預期它會表現得更好。但沒關係，至少當我們代

入樣本外數據後，它仍具獲利性，其核心理念確實是穩健的。或許它值得有野心與熱情的交易者們去加以修正，以此作為策略開發的基礎。如果你有此打算，請謹慎行事，避免過度曲線配適。將你的目光放在市場訊號上，而非市場雜訊上。

順道一提，李佛摩反應策略和艾略特波浪理論是截然相反的。艾略特在 1930 年開發自己的策略，將之命名為「艾略特波浪理論」。以最簡單的形式來看，艾略特認為任何趨勢都含有五波運動。然而，李佛摩反應策略則認定必須於第五波發生時進場，但第五波正是艾略特預計市場將出現反轉的時候。我知道這或許有過度簡化艾略特波浪理論之嫌，畢竟該理論包含許多監看波浪關係與迭代分形的原則；但我的觀察仍有其依據。在這兩個策略中，一個是觀察趨勢持續的

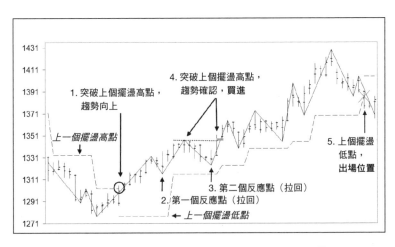

圖 6-17「李佛摩反應」策略只會在新趨勢出現兩次回撤的「正常反應」後觸發交易。

時機，另一個則等待趨勢反轉。兩者就理論上來講可謂相互對立。有趣吧？這正是交易者面對的嚴峻難題，我們必須明辨技術分析策略的有效性與無效性。市場內兩造爭辯不休。確實，技術分析經常會讓人精神錯亂。

| 達維斯箱型理論 |

箱型理論是另一個震盪突破理論。達維斯會在震盪價格帶的周邊畫出一個（心理上的）箱型區塊，涵蓋震盪活動範圍。當市場突破箱型範圍時，他就會進場交易。

儘管達維斯為此出過書，但他從未精確地定義自己策略的原則。他並未精準定義箱型或停損點的規格或參數，他只說自己會在箱型的反向邊框被打破時出場。他從未在任何圖表上實際畫出他的箱型，或稱呼自己是心理圖表學家。簡而言之，達維斯會觀察價格震盪或盤整。若價格突破了，他就做多。此外，達維斯也從未說明自己偏好在哪一種市場狀態下交易。他只提到必須關注股票的歷史高點，並掌握股票在過去兩至三年間（也就是 52 週）的高點與低點。

因此，若我要將他的作法套入我的交易系統進一步檢驗，就必須清楚定義達維斯箱型理論。為了保持我在觀察策略時一致性與簡單性，我只會關注它的價格變化。

我將達維斯箱型理論的交易規則總結如下。

規則

策略：	達維斯箱型理論
開發：	1950 年

公布：	1960 年
數據：	每日
方法：	趨勢追蹤
技術：	震盪突破
對稱性：	買進與賣出
市場：	全部
指標：	真實波動幅度均值（Average True Range, ATR）
變量—數量：	5
	達維斯箱型（4）
	箱型最小長度：（20）每日 K 棒
	箱型最大長度：（100）每日 K 棒
	箱型最大高度：由 ATR（20）的倍數（5）定義
追蹤停損：	週數（2）
變量—對稱性：	買賣規格相同
變量—應用：	所有市場具有相同值
規則：	4

買進規則

設定：	達維斯箱型
趨勢：	上升—前次收盤必須高於前年高點
進場：	突破達維斯箱型高點買進
停損：	摜破 2 週低點賣出

賣出規則

設定：	達維斯箱型
趨勢：	下降—前次收盤必須低於前年低點
進場：	摜破達維斯箱型低點賣出
停損：	突破 2 週高點買進

同樣的，我也將此策略代入我的 EXCEL VBA 交易模型。圖 6-18 顯示其交易實例。

讓我們來看看達維斯箱型策略，在 P24 通用市場投資組合下的表現如何？

結果

P24 投資組合：	SB, ZW, CO, SO, HO, LC, GF, BP, SV, KC, CT, ZB, GC, HG, JY, LH, SP, TY, CL, FV, NG, ND, EC, YM
起始點：	1980 年
淨收益：	$136,731
交易量：	636
平均淨收益：	$215
每交易平均委託與滑價：	-$51

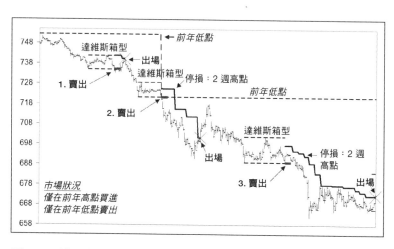

圖 6-18 達維斯運用心理上的「箱型」去定義震盪價格帶。此策略會在價格突破箱型區間時進行交易。

相較於「李佛摩反應」策略，達維斯箱型理論的結果還不錯，但是比起其他策略仍稍嫌遜色。好消息是，這個有七十年歷史的策略仍具獲利性。我唯一擔心的是他的變量數目。我只為箱型的長度定義最小與最大值，以及高度的最大值。我相信若調整這些變量，你會得到完全不同的淨值曲線、期望值、破產風險值和平均淨收益。

那會有多不一樣呢？我不知道。但你必須注意這一點。此外，我不能說上述的結果是樣本外數據的結果，因為變量值是來自於我，而非達維斯。我確實運用了他的「箱子」思維，但變動值是我的。無論如何，達維斯的策略仍有其優勢，箱型理論策略和上述其他策略一樣，都證實了遵循趨勢交易三大黃金原則的好處。

現在，我們終於進行到最後一種震盪類型的突破策略，也就是阿諾德的型態概率策略（PPS）。

| 阿諾德 PPS（1987）|

阿諾德於 1987 年創建 PPS，隨後發表於《PPS 交易系統》（PPS Trading System）中。不幸的是，他在 1977 年招惹了美國商品期貨交易委員會（CFTC），發生一連串的糾紛。然而，儘管他出現失誤，他的 PPS 策略仍然值得我們借鏡。

PPS 策略相當簡單，它著眼於在中、長期趨勢（即 18 日和 40 日移動平均線）的價格震盪突破點方向上進行交易。

價格震盪主要由觀察傳統圖表型態定義的，例如：三角形、矩形、楔形、頭肩、雙頂、雙底等。為求簡單起見，我將專注在三角形、矩形與楔形這三種型態上。

最初，阿諾德會尋找至少 10 天以上、50 天以下的形態。但他在他的著作中指出，10 天以下的型態也值得考慮。看來他似乎對型態的規格相當寬鬆。在此實測中，我將只會關注圖表型態，忽略天數大小或 K 棒數量。

PPS 策略混用了初始停損、損益兩平停損（breakeven）與追蹤停損的組合。該策略使用兩條趨勢線交叉的頂點作為初始停損點。為求簡便，我將使用交易格局或進場 K 棒的反向突破點，具體取決於哪一點較遠。一旦未實現收益為初始停損點的兩倍，或者若在第四天尚有未實現收益，PPS 策略就會將其初始停損設定調整為損益兩平停損。該策略使用兩種追蹤停損——最近的擺盪點突破，或四十五度趨勢線的突破。為求簡便，我只使用最近的擺盪點的突破。

我將 PPS 策略的交易規則總結如下。

規則

策略：	PPS
開發：	1987 年
公布：	1995 年
數據：	每日
方法：	趨勢追蹤
技術：	震盪突破
對稱性：	買進與賣出
市場：	全部
指標：	均線（×2）
變量－數量：	5

中期趨勢：均線（18）

長期趨勢：均線（40）

損益兩平停損：交易風險的未實現收益倍數（2）

損益兩平停損：最少天數後的最小未實現收益（4）

辨識交易格局型態的擺盪點數目（4）

注意：每對擺盪點都由一條趨勢線連結

損益兩平停損：	交易風險的未實現收益倍數（2）
損益兩平停損：	最少天數後的最小未實現收益（4）
	注意：每對擺盪點都由一條趨勢線連結
變量─對稱性：	買賣規格相同
變量─應用：	所有市場具有相同值
規則：	6

買進規則

設定：	圖表型態（三角形、矩形、楔形）
趨勢：	上升─中期 18 日均線上升，而長期 40 日均線持平或上升
進場：	突破型態的趨勢頂端後買進
初始停損：	交易格局或進場 K 棒低點摜破時賣出
損益兩平停損：	在以下狀況發生時調整為損益兩平停損：
	1. 未實現收益（open profit）大於風險的兩倍
	2. 未實現收益超過四天
追蹤停損：	最接近擺盪低點摜破時賣出

賣出規則

設定：	圖表型態（三角形、矩形、楔形）
趨勢：	下跌─中期 18 日均線下跌，而長期 40 日均線持平或下跌
進場：	突破型態的趨勢底部後賣出

初始停損：	交易格局或進場 K 棒高點突破時買進
損益兩平停損：	在以下狀況發生時調整為損益兩平停損：
	1.未實現收益大於風險的兩倍
	2.未實現收益超過四天
追蹤停損：	最接近擺盪高點突破時買進

　　我將此策略代入我的 EXCEL VBA 交易模型。以我個人對其規則的解析，用機械式、系統化的方法找出與潛在趨勢相符的震盪型態突破，圖 6-19 顯示其交易實例。

　　讓我們來看看阿諾德的 PPS 策略，在 P24 通用市場投資組合下的表現如何？

結果

P24 投資組合：	SB, ZW, CO, SO, HO, LC, GF, BP, SV, KC, CT, ZB, GC, HG, JY, LH, SP, TY, CL, FV, NG, ND, EC, YM
起始點：	1980 年
淨收益：	$450,780
交易量：	2,586
平均淨收益：	$174
每交易平均委託與滑價：	-$51

　　表現其實還不錯。我們還應該感謝愛德華與馬基所寫的《股市趨勢技術分析》一書。該書讓更多交易者認識了震盪型態。雖然阿諾德與 CFTC 有些糾紛，但他也用震盪型態走勢建立了一個簡單清晰的交易架構。大量的樣本外數據已證

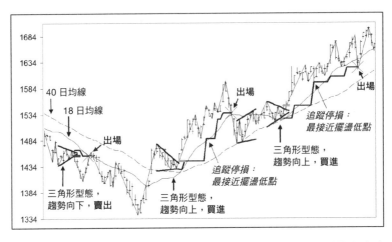

圖 6-19 「阿諾德 PPS」策略會在符合潛在趨勢的傳統震盪型態突破時進行交易。

實 PPS 策略的穩健性，也協助我們再次驗證趨勢交易的優點。

通道突破

　　另一個絕對動量趨勢交易法，就是相當受交易者歡迎的通道突破策略。此類型的策略在市場價格的兩側塑造邊界或通道。它們認為，當價格向上或向下移動時，趨勢將為之形成，我們應以此進行交易。

　　讓我們檢視其中幾種絕對動量趨勢交易，首先是唐契安 4 週策略。

｜唐契安 4 週策略（1960）｜

　　這是我所知最簡單的策略。此策略旨在停損反向，不管

多頭或空頭，都選擇留在市場。唯一的規則是遵循 4 週突破點。如果型態是做空，而市場達到 4 週週線高點，那就出場並反向做多；如果型態是做多，而市場達到 4 週週線低點，那就出場反向做空。簡簡單單。

我將唐契安 4 週策略的交易規則總結如下。

規則

策略：	唐契安 4 週策略
開發：	未知
公布：	1960 年
數據：	每日
方法：	趨勢追蹤
技術：	永遠留在市場內：停損並往反向通道突破
對稱性：	買進與賣出
市場：	全部
指標：	無
變量—數量：	1
	週通道（4）
變量—對稱性：	買賣規格相同
變量—應用：	所有市場具有相同值
規則：	1

買進規則

設定與進場：	突破前 4 週最高點買進
停損：	摜破前 4 週最低點賣出

賣出規則

設定與進場：	摜破前 4 週最低點賣出
停損：	突破前 4 週最低點買進

如圖 6-20 所示，我以該策略進行停損並於 4 週突破點反向執行。讓我們來看看唐契安 4 週策略，在 P24 通用市場投資組合下的表現如何？

結果

P24 投資組合：	SB, ZW, CO, SO, HO, LC, GF, BP, SV, KC, CT, ZB, GC, HG, JY, LH, SP, TY, CL, FV, NG, ND, EC, YM
起始點：	1980 年
淨收益：	$1,601,223
交易量：	6,120
平均淨收益：	$262
每交易平均委託與滑價：	-$51

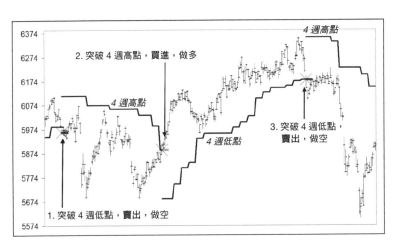

圖 6-20「唐契安 4 週策略」會在 4 週突破時停損並做反向部位。

完美。這絕對值得我們全體起立致敬。我只能給這已有六十年歷史、僅包含單一規則與單一變數，卻能在樣本外數據上表現良好的策略一個字——傑出！它僅運用單一原則就掌握趨勢交易三大黃金原則的精髓。

我個人認為該策略應是所有策略中最完美的選項。原因並非是它的獲利性最高或擁有最佳表現的數據，而是它的耐久性、簡單（單一原則），最後才是它的表現。傑出！

｜德雷福斯 52 週策略（1960）｜

沒有人知道德雷福斯是如何運用他的 52 週策略。為了保守起見，我以相當簡單、近似唐契安 4 週策略的方式執行它。我根據以下規則進行實測模型，你會發現，這些規則近似於 4 週策略，僅有週數不同。

規則

策略：	德雷福斯 52 週策略
開發：	未知
公布：	1960 年
數據：	每日
方法：	趨勢追蹤
技術：	永遠留在市場內：停損並往反向通道突破
對稱性：	買進與賣出
市場：	全部
指標：	無
變量—數量：	1
	每週通道（52）

變量—對稱性：	買賣規格相同
變量—應用：	所有市場具有相同值
規則：	1

買進規則

設定與進場：	突破前 52 週最高點買進
停損：	攢破前 52 週最低點賣出

賣出規則

設定與進場：	攢破前 52 週最低點賣出
停損：	突破前 52 週最低點買進

　　我將此策略代入我的 EXCEL VBA 交易模型，圖 6-21 顯示其交易實例。

　　讓我們來看看德雷福斯 52 週策略，在 P24 通用市場投資組合下的表現如何？

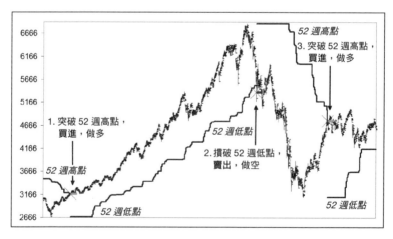

圖 6-21「德雷福斯 52 週策略」會在 52 週突破時停損並做反向部位。

結果

P24 投資組合：	SB, ZW, CO, SO, HO, LC, GF, BP, SV, KC, CT, ZB, GC, HG, JY, LH, SP, TY, CL, FV, NG, ND, EC, YM
起始點：	1980 年
淨收益：	$1,442,906
交易量：	475
平均淨收益：	$3,038
每交易平均委託與滑價：	-$51

感覺如何？它同樣是一個表現精彩、有六十年歷史的策略。此策略透過樣本外數據展現其穩健性，也驗證趨勢交易三大黃金原則的堅不可摧。難怪德雷福斯會被稱為「華爾街之獅」！

| 海龜策略 |

最後要介紹的通道突破策略，就是知名的海龜策略，此策略之所以蔚為流行，得感謝傑克・史瓦格（Jack Schwager）的著作《金融怪傑》。

海龜策略由丹尼斯（Richard Dennis）與艾哈德（Bill Eckhardt）共同開發。他們於 1983 年將它傳授給一批被稱為「海龜」的交易新手。

丹尼斯與艾哈德沿襲唐契安的想法，並將其 4 週策略精進、修正。他們引入為期 2 週的突破停損，並加上過濾機制，要求在交易動作前，必須先收到上一個虧損訊號。若你

希望更詳盡地理解海龜策略,請參考卡威爾的著作《海龜交易特訓班》(*The Complete Turtle Trader*)。這個交易模式有數種變形,而為求簡單起見,我將其規則限制如下。

規則

策略:	海龜策略
開發:	未知
公布:	1983 年
數據:	每日
方法:	趨勢追蹤
技術:	通道突破
對稱性:	買進與賣出
市場:	全部
指標:	無
變量—數量:	2
	每週進場通道(Weekly Entry Channel)(4)
	每週進場通道(2)
變量—對稱性:	買賣規格相同
變量—應用:	所有市場具有相同值
規則:	3

買進規則

設定:	每週通道顯示突破前 4 週最高點
過濾機制:	以前次訊號虧損作為交易訊號
進場:	突破前 4 週最高點買進
停損:	攢破前 2 週最低點賣出

賣出規則

設定:	每週通道顯示突破前 4 週最低點

過濾機制：　　　　以前次訊號虧損作為交易訊號

進場：　　　　　　跌破前 4 週最低點賣出

停損：　　　　　　突破前 2 週最低點買進

　　我將此策略代入我的 EXCEL VBA 交易模型，圖 6-22
顯示其交易實例。

　　讓我們來看看海龜策略在 P24 通用市場投資組合下的表
現如何？

結果

P24 投資組合：　　SB, ZW, CO, SO, HO, LC, GF, BP, SV, KC,
　　　　　　　　　CT, ZB, GC, HG, JY, LH, SP, TY, CL, FV,
　　　　　　　　　NG, ND, EC, YM

起始點：　　　　　1980 年

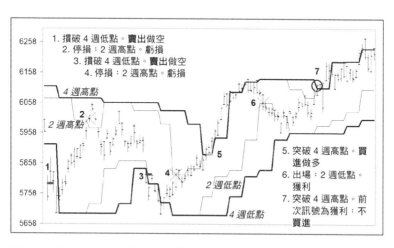

圖 6-22 海龜策略在 4 週突破點進場，並在 2 週反向突破時出場。

淨收益：	$1,418,786
交易量：	5,212
平均淨收益：	$272
每交易平均委託與滑價：	-$51

　　結果同樣表現不俗。我們需要來點掌聲嗎？海龜策略確實表現亮眼，雖然丹尼斯與艾哈德得益於唐契安的觀點，但我們仍要肯定他們將 4 週策略修正得如此簡單、邏輯正確與有效。經過修正之後，4 週策略足以避免過度曲線配適。

　　接下來，另一個動量趨勢交易法為波動突破。我會從布林通道策略開始談起。

波動突破

布林通道（1993）

　　約翰・布林在 1980 年代創立這個指標。布林通道包含三組軌道，分別為中軌、上軌與下軌。軌道擁有兩組變量：天數（時間週期），以及在中軌之外用以抵銷上軌與下軌的標準差數目。中軌代表特定週期內的移動平均，而上軌與下軌則代表價格偏離中軌的邊準差。當價格縮限在特定範圍震盪游走時，上下標準差區間會壓縮以反映低波動性；當價格以定向移動時，上下軌則會擴張以反映高波動性。

　　至於帶寬（band width，通道空間）是由超出中間值的上下軌標準差數目來決定。

　　如果以距離中軌一個標準偏差畫出上軌與下軌，那麼我

們可以期望有 68％ 的機率，價格會在上軌和下軌間波動；僅有 32％ 的鮮少可能，價格會在通道外波動，而此時往往可視為是新趨勢的起點。

假使以距離中軌兩個標準差畫出上軌與下軌，那麼我們可以期望價格有 95％ 的機率會在上軌和下軌間波動；僅有 5％ 的罕見機率，價格會在通道外波動，而此時往往可視為是強勢趨勢的起點。

因此，用以抵銷外部通道的標準差數目是一個最重要的變量。當然，當標準差越多，出現在頻帶附近的外部收盤的可能性就越少，而這也可能是潛在趨勢的強烈指標。然而，缺點在於當外部收盤越少的時候，交易機會也就相形短缺。

無論如何，布林通道的概念在於當收盤發生在上軌或下軌之外時，就意味新的趨勢已然成形。因此，當每日收盤發生在波段之外，而停損位於中間波段以外的反向地帶時，代表進場訊號出現。

今天，有許多策略皆運用了布林通道的概念，無論是順勢或逆勢策略都有。不幸的是，目前並沒有任何公開、出色的布林通道趨勢交易策略可供我進行實測、檢驗，發表「樣本外數據結果」。雖然布林通道的概念自 1980 年代就已普及，但仍舊缺乏清楚定義的變量標準與模型。

話雖如此，有一個立基於布林通道且廣受歡迎的商業用策略——它在 1986 年開發、1993 年首次銷售，且被《期貨真相》（*Futures Truth*）雜誌評為「史上最重要的十大交易系統」之一。我從未購買此策略，因此我不知道它確切的變量值，即便我有買，我也無法在此洩漏、分享。

也因此，以下我暫且使用 1986 年作為策略開發年，1993 年作為策略發布年，然後以 80 日、一個標準差來編寫布林通道趨勢交易策略，測試其結果。我將該策略的交易規則總結如下。

規則

策略：	布林通道策略
開發：	1986 年
公布：	1993 年
數據：	每日
方法：	趨勢追蹤
技術：	波動突破
對稱性：	買進與賣出
市場：	全部
指標：	布林通道
變量—數量：	2
	布林通道（80）
	用標準差乘數（1）建立上下軌
變量—對稱性：	買賣規格相同
變量—應用：	所有市場具有相同值
規則：	2

買進規則

趨勢：	上升—前次收盤位於布林通道上軌上方
進場：	隔日開盤買進
停損：	前次收盤位於布林通道中軌下方
	隔日開盤賣出

賣出規則

趨勢：	下降─前次收盤位於布林通道下軌下方
進場：	隔日開盤賣出
停損：	前次收盤位於布林通道中軌上方
	隔日開盤買進

　　我在圖 6-23 中代入我的布林通道策略，以上述機械式
與系統化的方式辨識交易機會。

　　讓我們來看看布林通道策略在 P24 通用市場投資組合下
的表現如何？

結果

P24 投資組合：	SB, ZW, CO, SO, HO, LC, GF, BP, SV, KC, CT, ZB, GC, HG, JY, LH, SP, TY, CL, FV, NG, ND, EC, YM
起始點：	1980 年
淨收益：	$1,558,476
交易量：	2,954
平均淨收益：	$528
每交易平均委託與滑價：	-$51

　　太棒了，結果很不錯！但可惜是，我不能說這是樣本外
數據的結果，畢竟變量值是我自己設定的。因此，我無法說
這個結果證實了此策略的穩健性。然而，我認為約翰・布林
確實開發出奠基於科學的交易工具，它監控、辨識出趨勢交
易的機會。

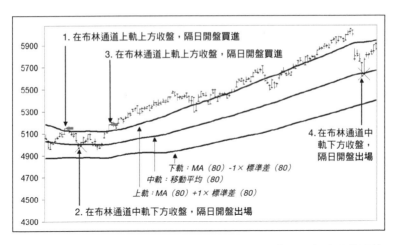

圖 6-23「布林通道策略」會在價格變動擴大至超出一個標準差後開始建倉，這是由價格收在上軌與下軌之外時定義的。

| ATR 通道（2020）|

ATR 通道是另一個波動突破策略。它與布林通道策略相當相似，唯一的差別在於它使用 ATR 通道測量波動性並定義上軌與下軌，而非使用標準差。可惜的是，我無法將此策略的來源，歸因於任何單一的交易者。

我將該策略的規則定義如下。

規則

策略：	ATR 通道策略
開發：	2020 年
公布：	2020 年
數據：	每日

方法：	趨勢追蹤
技術：	波動突破
對稱性：	買進與賣出
市場：	全部
指標：	移動平均
	ATR
變量—數量：	3
	移動平均（80）
	ATR（80）
	用 ATR 乘數（2）建立上下軌
變量—對稱性：	買賣規格相同
變量—應用：	所有市場具有相同值
規則：	2

買進規則

趨勢：	上升—前次收盤位於 ATR 通道上軌上方
進場：	隔日開盤買進
停損：	前次收盤低於移動平均
	隔日開盤賣出

賣出規則

趨勢：	下降—前次收盤位於 ATR 通道下軌下方
進場：	隔日開盤賣出
停損：	前次收盤高於移動平均
	隔日開盤買進

如同布林通道突破策略，我在圖 6-24 中代入我的 ATR 突破策略，以上述機械式與系統化的方式辨識交易機會。

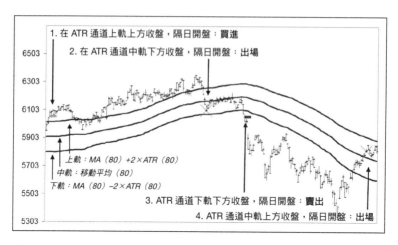

1. 在 ATR 通道上軌上方收盤，隔日開盤：**買進**

2. 在 ATR 通道中軌下方收盤，隔日開盤：**出場**

上軌：MA（80）+2×ATR（80）
中軌：移動平均（80）
下軌：MA（80）-2×ATR（80）

3. ATR 通道下軌下方收盤，隔日開盤：**賣出**

4. ATR 通道中軌上方收盤，隔日開盤：**出場**

圖 **6-24**「ATR 通道策略」會在價格變動擴大至超出兩個真實移動平均範圍後開始建倉。

讓我們來看看 ATR 通道策略在 P24 通用市場投資組合下的表現如何？

結果

P24 投資組合：	SB, ZW, CO, SO, HO, LC, GF, BP, SV, KC, CT, ZB, GC, HG, JY, LH, SP, TY, CL, FV, NG, ND, EC, YM
起始點：	1980 年
淨收益：	$1,193,319
交易量：	3,544
平均淨收益：	$337
每交易平均委託與滑價：	-$51

結果也相當不錯。然而，和布林通道策略一樣，此結果

也無法證實此策略的穩健性，因為我們運用的並非是樣本外數據，所有的變量都是我設定的。然而，我希望將此策略視為布林通道之外另一個波動性的衡量標準。

以上，我已經檢視完所有的絕對動量突破趨勢交易策略。接下來我將檢視其他的絕對動量策略屬於「回撤性」策略。

回撤策略

突破策略會在價格變動後立刻進場，而回撤策略則會耐心地等待停頓點，並在價格回檔時，開始順勢建倉。如同前面提及的其他策略，回撤策略也擁抱三大黃金原則，但主要差異點在於，回撤策略會在進場前，等待更好的價格出現。

▌回撤系統

以下我會檢視兩種回撤策略，並期望讀者們能理解此方法。首先我要介紹亞歷山大・艾爾德博士（Dr Alexander Elder）的三重過濾交易系統（Triple Screen Trading System，以下簡稱 TSTS 策略）。

│ 艾爾德 TSTS 策略（1985） │

艾爾德在 1985 年開發這個策略，隔年將之發表於《期貨》（*Futures*）雜誌上。日後他也在自己的暢銷書《以交易為生》（*Trading for a Living*）中分享此策略。該策略運用多種時間架構找到趨勢交易的時機點，尤其著重於尋找一個較

大時間架構下的回撤。它主要操作的時間架構有三種，對多數個人交易者而言，即每週、每日與日內當沖。它以週作為定義趨勢的架構，以日作為定義回撤規模的架構，以日內作為進場規格的架構。

》趨勢：艾爾德運用每週 MACD（平滑異同移動平均線）曲線判斷趨勢，也就是當週的週線與前週的關係變化。如果曲線上升，那麼趨勢應為牛市，我們該考慮買進；如果曲線向下，那麼趨勢應為熊市，我們該考慮賣出。根據他的觀察，最佳買進訊號為每週 MACD 位於中線以下（負數）並向上傾斜，而最好的賣出訊號為每週 MACD 位於中線以上（正數）並向下傾斜。在我的測試中，我無法驗證此一觀點，因此除了每週 MACD 曲線之外，我並未定義每週趨勢的規則。

》回撤：艾爾德使用自己的力道指標（Force Index）及透視指標（Elder-Ray）定義每週趨勢的反向回撤動作。他也建議交易者可以考慮使用隨機指標或威廉指標（Williams %R）找到合適的回撤規模。以下我會使用他的 Elder-Ray 進行策略檢測。

》交易計畫：艾爾德會在同時滿足趨勢與回撤條件的 K 線轉折點進場。在買進狀況下，初始停損設在交易格局或進場 K 棒最低點；在賣出狀況下，初始停損則設在交易格局或進場 K 棒最高點。一旦出現未實現收益，初始停損將會調整

至損益兩平點。而未實現收益的 50％回撤則可作為追蹤停損點。可惜的是，我認為此策略的追蹤停損點有點問題。儘管初始停損與損益兩平停損的設計似乎正確，而將為實現收益的 50％回撤設為追蹤停損也看似合理與符合邏輯。然而，真正的問題在於操作層面——此策略可能持倉數年，並在單一市場維持數年活動。或許有些人會視此為該策略強健之處，甚至可以因此找到不可思議的交易機會，但這僅是就理論層面而言，從實際層面來看，這恐怕是無稽之談。以我的經驗來說，交易者很難在獲利情況下持倉超過三天，更遑論三週或三年了。也因此，以下我會用最接近的擺盪點作為追蹤停損點。

我個人對艾爾德 TSTS 策略的規則詮釋如下。

規則

策略：	艾爾德 TSTS 策略
開發：	1985 年
公布：	1986 年
數據：	每日
方法：	趨勢追蹤
技術：	回撤
對稱性：	買進與賣出
市場：	全部
指標：	MACD（12, 26, 9）
	Elder-Ray（13）

變量—數量：	5
	MACD（3）
	Elder-Ray（1）
	追蹤停損：百分比（50%）
	保護未實現損益
變量—對稱性：	買賣規格相同
變量—應用：	所有市場具有相同值
規則：	6

買進規則

趨勢：	上升—每週 MACD 曲線上升
	上週曲線高於前週曲線
回撤：	下降—Elder-Ray 熊市動能降至 0 以下，接著反彈至中央線
進場：	前次 K 棒高點突破買進
初始停損：	交易格局或進場 K 棒最低點攢破賣出
損益兩平停損：	首次開盤達到損益兩平賣出
追蹤停損：	最近擺盪低點攢破賣出

賣出規則

趨勢：	下降—每週 MACD 曲線下降
	上週曲線低於前週曲線
回撤：	上升—Elder-Ray 牛市動能升至 0 以上，接著反彈至中央線
進場：	前次 K 棒低點突破賣出
初始停損：	交易格局或進場 K 棒最高點突破買進
損益兩平停損：	首次開盤達到損益兩平買進
追蹤停損：	最近擺盪高點突破買進

我將此策略代入我的 EXCEL VBA 交易模型，並找到合適的趨勢交易時機，如圖 6-25 所示——對熟悉 MACD 的讀者來說，應該會發現圖中的 MACD 並未以你熟悉的方式呈現。正如我先前所述，我用自己的 EXCEL VBA 模型中運行程式。因此，我已將每週 MACD 轉換為每日顯示，圖中是以平行虛線表示。當此線出現在每日 K 棒上方時，代表上週的週均線低於前週的週均線，換言之，整體處於下狀態。也就是說，TSTS 策略告訴我：週趨勢是下降的，而 TSTS 只能在出現由 Elder-Ray 指標定義的回撤後賣出。

讓我們來看看 TSTS 策略在 P24 通用市場投資組合下的表現如何？

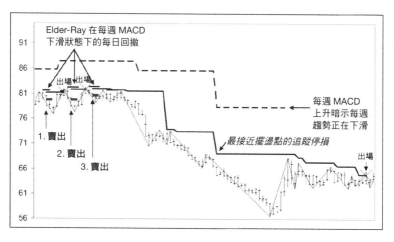

圖 6-25 TSTS 策略會等待在較大時間範圍下的趨勢回撤後，再啟動交易。

結果

P24 投資組合：	SB, ZW, CO, SO, HO, LC, GF, BP, SV, KC, CT, ZB, GC, HG, JY, LH, SP, TY, CL, FV, NG, ND, EC, YM
起始點：	1980 年
淨收益：	$336,473
交易量：	11,633
平均淨收益：	$29
每交易平均委託與滑價：	-$51

　　好消息是，上述結果大部分皆來自樣本外數據，且是正值；但平均淨收益相當低。然而，我認為 TSTS 策略最大的價值，在於提醒我們關注與較大範圍時間架構相符的趨勢。除了務必了解較長時間下的趨勢之外，也務必順勢操作。

｜均值回歸策略（2020）｜

　　此策略與 TSTS 一樣，同樣等待較大時間範圍下的趨勢回撤後，才會進行交易。它善用市場終將回歸均值的特性——市場會規律地朝著一個方向移動，同時暗示未來的走向，直到不可避免的回檔發生。這就像拉扯橡皮筋一樣，橡皮筋終究會彈回最初的位置。而「薄峰」的存在，也證明這個傾向。我不知該如何稱呼此策略，暫且就叫它均值回歸策略吧。

　　我將採用兩條布林通道與一個標準差。我也會使用較長時間架構（30 日）的布林通道去定義趨勢，再以較短時間

架構（15日）的通道去定義回撤。此策略將等待較長（30日）的布林通道之外的日收盤，以確認趨勢；在較短（15日）的布林通道外等待反向的日收盤，以確認回撤訊號出現。一旦確認了回撤，此策略會在日K棒的第一次突破時朝著趨勢方向開始交易。此策略的初始停損會設在進場K棒的相反突破處，以最遠的那根K棒為準；追蹤停損則會設在最近的擺盪點。與ATR通道策略一樣，我無法指認此策略的開發者，為了保守起見，我假設它從現在開始存在。

我將該策略的規則定義如下。

規則

策略：	均值回歸策略
開發：	2020年
公布：	2020年
數據：	每日
方法：	趨勢追蹤
技術：	回撤
對稱性：	買進與賣出
市場：	全部
指標：	布林通道
變量─數量：	3
	布林趨勢通道長度（30）
	布林回撤通道長度（15）
	用以創造上軌與下軌的標準差乘數（1）
變量─對稱性：	買賣規格相同
變量─應用：	所有市場具有相同值

規則：	5

買進規則

趨勢：	上升—前次收盤高於布林通道上升趨勢
回撤：	下降—前次收盤低於布林通道下降回撤
進場：	前次 K 棒高點突破買進
初始停損：	交易格局或進場 K 棒最低點攅破賣出
追蹤停損：	最近擺盪低點攅破賣出

賣出規則

趨勢：	下降—前次收盤低於布林通道下降趨勢
回撤：	上升—前次收盤高於布林通道上升回撤
進場：	前次 K 棒低點突破賣出
初始停損：	交易格局或進場 K 棒最高點突破買進
追蹤停損：	最近擺盪高點突破買進

我在圖 6-26 中代入我的均值回歸策略，以上述機械式與系統化的方式辨識交易機會。

讓我們來看看均值回歸策略在 P24 通用市場投資組合下的表現如何？

結果

P24 投資組合：	SB, ZW, CO, SO, HO, LC, GF, BP, SV, KC, CT, ZB, GC, HG, JY, LH, SP, TY, CL, FV, NG, ND, EC, YM
起始點：	1980 年
淨收益：	$535,005
交易量：	5,163

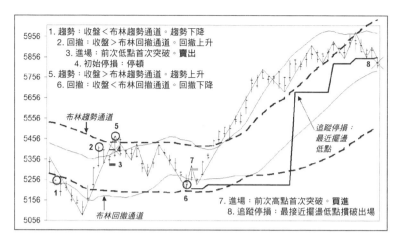

圖 6-26「均值回歸策略」會等待趨勢反向回撤時進行交易。

平均淨收益：	$104
每交易平均委託與滑價：	-$51

　　儘管表現良好，但因為缺乏樣本外數據，故我無法證明這個自創策略的穩健性。但我認為它展示了均值回歸、回撤、順勢交易策略的有效性。此策略擁抱趨勢交易的三大黃金原則，等待並發掘交易機會。

我的「隨機趨勢交易者策略」績效（2020）

　　在我結束檢視所有的策略之前，請讓我回到本章一開始所提及的「隨機趨勢交易者」策略。此策略符合兩大趨勢交易黃金原則，也就是「砍掉虧損部位」以及「讓獲利部位持續滾動」。現在讓我們來看看另一大原則——「順勢交易」

是否能為「隨機趨勢交易者」策略帶來益處。在我們開始之前，我先提醒我會加入每交易平均委託與滑價。另外，我假設這個實驗性策略是從現在開始存在的。

我將再一次撰寫該策略的規則，使其符合新的**趨勢**條件，規則如下。

規則

策略：	隨機趨勢交易者
開發：	2020 年
公布：	2020 年
數據：	每日
方法：	趨勢追蹤
技術：	隨機（擲銅板）進場
對稱性：	買進與賣出
市場：	全部
指標：	移動平均線
變量─數量：	3
	移動平均線（200）
	初始停損（1%）
	每週追蹤停損（1）
變量─對稱性：	買賣規格相同
變量─應用：	所有市場具有相同值
規則：	4

買進規則

設定：	中性每日 K 棒
趨勢：	上升─前次收盤高於 200 日移動平均線

進場：	若擲銅板指示買進，隔日開盤買進
初始停損：	價格下降 1%賣出
追蹤停損：	上週低點摜破賣出

賣出規則

設定：	中性每日 K 棒
趨勢：	下降—前次收盤低於 200 日移動平均線
進場：	若擲銅板指示賣出，隔日開盤賣出
初始停損：	價格上升 1%買進
追蹤停損：	上週高點突破買進

　　讓我們來看看隨機趨勢交易者策略在 P24 通用投資組合下的表現如何？

結果

P24 投資組合：	SB, ZW, CO, SO, HO, LC, GF, BP, SV, KC, CT, ZB, GC, HG, JY, LH, SP, TY, CL, FV, NG, ND, EC, YM
起始點：	1980 年

	無趨勢	**200 日移動平均線**
淨收益：	-$61,957	$568,075
交易量：	31,953	15,871
平均淨收益：	-$2	$36
每交易平均委託與滑價：	-$51	-$51

　　看來結果不差。「順勢交易」真的會帶來成果。我想我們可以有把握地說：從平均損失 2 美元到平均淨收益 36 美

元來看，趨勢交易是可行的。這對擲硬幣的策略來說還算不錯，即便它沒有好到值得實際進場操作。

總結

雖然算不上是非常徹底的檢視，但我相信本章已展示了趨勢交易策略的可能性。表 6-3 總結了上述的所有策略。對於那些已知策略的發表年分，我會如實填寫，其餘策略的發表時間，我則填入本書英文版的出版年分。

我希望本章的內容，能讓你完整理解每種類型的策略是如何定義趨勢、判定進場時機、停損與出場時機，以及它們是如何根據各自對趨勢交易三大黃金原則的詮釋，進行交易的。當你檢視過所有策略後，我希望你對它們各自包含的要素有所共鳴。當你在開發自己的策略時，上述經驗將會有很大的幫助。

現在，你應該已更加了解趨勢交易及其策略。在我進一步提供你得以遵循的方法，說明如何執行合理、永續的交易之前，我想先談談在風險調整背景下衡量策略表現的重要性。

表 6-3 交易者可使用以下的多元策略進行趨勢交易。

模型	類型	發表年	代入系統	淨收益	交易量	平均淨收益	委託與滑價
隨機趨勢交易者	擲銅板	2020	P24	-$61,957	31,953	-$2	-$51
霍恩 1% 原則	相對價格變動	1870	P24	-$2,056,953	59,294	-$35	-$51
賈特列 3 週與 6 週交叉	相對價格變動	1935	P24	$1,079,398	3,387	$319	-$51
唐契安 5 日與 20 日交叉	相對價格變動	1960	P24	$520,675	13,306	$39	-$51
黃金 50 日與 200 日交叉	相對價格變動	2020	P24	$1,715,940	1,235	$1,389	-$51
月結模型	相對價格變動	1933	P24	$1,003,526	4,993	$201	-$51
季結模型	相對價格變動	1933	P24	$611,092	1,670	$366	-$51
李嘉圖原則	價格突破	1838	P24	$622,552	20,392	$31	-$51
道氏理論	擺盪突破	1900	P24	$1,090,346	17,927	$61	-$51
李佛摩反應	震盪突破	1940	P24	$35,136	1,279	$27	-$51
達維斯箱形理論	震盪突破	1960	P24	$136,731	636	$215	-$51
阿諾德 PPS	震盪突破	1995	P24	$450,780	2,586	$174	-$51
唐契安 4 週策略	通道突破	1960	P24	$1,601,223	6,120	$262	-$51
德雷福斯 52 週策略	通道突破	1960	P24	$1,442,906	475	$3,038	-$51
海龜策略	通道突破	1983	P24	$1,418,786	5,212	$272	-$51
布林通道	波動突破	1993	P24	$1,558,476	2,954	$528	-$51
ATR 通道	波動突破	2020	P24	$1,193,319	3,544	$337	-$51
艾爾德 TSTS 策略	回撤	1986	P24	$336,473	11,633	$29	-$51
均值回歸策略	回撤	2020	P24	$535,005	5,163	$104	-$51
隨機趨勢交易者策略 / 200 日移動平均	擲銅板	2020	P24	$583,946	15,871	$37	-$51

第七章

如何評估策略風險與績效表現？

在實現永續交易之前，你必須要能在市場中生存。

唯有先活下來，才有資格談論交易，並持續交易。我能活下來的唯一準則，就是有效地控制自己的風險。我專注於做好風險控管，而我的確做得不錯。即便並非完美，但至少我活下來了。這讓我在市場中保持活躍，等待機會來臨。我有資格進場、調整單量、管理部位的原因只有一個——我活下來了。請相信我，唯有先活著，才能討論利潤。交易的首要目標就是先求存，而我只有在破產風險值為零的前提下，才會交易。

我的第二目標是將利潤最大化。為了達成這個目標，我的策略必須有穩健的正期望值。隨後我會分享我用以辨識、開發與選擇交易策略的有效工具。所謂的好策略，必得有健康的報酬值。我們都希望自己的策略能夠獲利。然而，並不是挑選獲利性最高的策略就行了，事情沒有那麼簡單。作為交易者，我們必須深知特定報酬背後的風險規模。

我將在本章討論以「風險調整後之報酬率」（risk-adjusted returns）衡量策略表現的重要性，而不是盲目地關注策略的最大報酬。

如何衡量策略的績效表現？

　　衡量策略績效表現的最簡單的方式，就是檢視它扣除手續費與滑價後的淨收益，或檢視策略的年均複合成長率（CAGR）。

　　讀者們應該都知道我再三強調年均複合成長率及年化報酬率的重要性。然而，年均複合成長率與淨收益只能提供單一的檢驗角度——它們僅能顯示出成果，而無法描述獲利或報酬產生的路徑，亦無法提示令我們膽顫心驚的風險。

　　沉迷於某一高獲利性的策略是沒有好處的，它只會讓你晚上睡不著覺——每日、每週、每月的表現如同坐雲霄飛車般刺激。儘管人在高點時視野遼闊，但稍縱即逝的高點往往伴隨著令人暈眩的副作用，你恐怕需要準備大量的嘔吐袋。伴隨風險的獲利一點也不吸引人，而資產的大幅擺盪更令人卻步。

　　真正明智的策略衡量標準應該要將風險計算在內。作為交易者，你必須知道良好的績效表現，其背後的風險規模。當然，任誰都想要得到低風險、高報酬的「聖杯策略」，誰不想要以四十五度角上升、R^2 值 100% 的淨值曲線呢？我希望今年聖誕節就能收到兩條這種曲線，多謝。

　　為了避免僅以高淨收益或高年均複合成長率來判斷策略表現，我們必須將「波動性」納入分析。我們必須知道每單位風險所能獲得的報酬規模。我們必須知道報酬是怎麼來的——究竟是來自理想的策略設計，還是來自過度暴露的風險？為了幫助自己釐清問題，我們必須在我們的策略分析工

具包中，加入一個風險調整後的績效指標。

那麼該怎麼做呢？

市場上不乏風險調整後表現的指標工具。有些交易者關注波動性、系統品質與回撤，有些交易者則研究策略的夏普比率與索提諾比率。如果你夠機靈，大概也對 Calmar、Mar、Treynor、Martin、Jensen 和 Modigliani 等指標不陌生。

我不想嚇唬你，我也不想過度深入這個令人迷惑的兔子洞。我希望透過簡單的論述，解釋此一相當重要的「風險調整後表現」之概念。

風險調整後績效指標——誰有效？誰沒效？

如前所述，可用的風險調整後績效指標工具實在不少。主流工具將策略的年報酬除以風險指標，目標在於衡量策略的每單位風險所得回報。

按風險歸一化的報酬可得出每單位風險的回報值請見表7-1。在風險調整的基礎上，每單位風險報酬較高的策略會優於每單位風險報酬較低的策略。

我們可觀察表 7-2 中所總結的兩種交易方法。

策略 A 擁有高達 20％的年度報酬率，但年度風險（波動率）也高達 40％，這代表每單位風險報酬僅有 0.5％；策略 B 擁有 10％的年度報酬率，年度風險（波動率）也僅有 5％，這代表每單位風險報酬有 2％。在風險調整基礎上，策略 B 顯然優於策略 A——策略 A 的風險較高，且每單位風險所獲得報酬之效率較差。

表 7-1 交易者必須知道策略的每單位風險，以此評估報酬生產的效率。

$$\text{風險調整後之} \atop \text{報酬率報酬} = \frac{\text{年度報酬（Anunal Returns）}}{\text{年度風險（Annual Risk）}}$$

表 7-2 策略 B 在風險調整後所得的報酬優於策略 A。

風險調整後績效指標			
	年度報酬	年度風險	每單位風險所得報酬
策略 A	20%	40%	0.50%
策略 B	10%	5%	2.0%

　　夏普比率與索提諾比率是目前主流的風險調整後績效指標工具，而另一個較少人用的工具則是「UPI 潰瘍績效指數」（Ulcer Performance Index）。

　　這類指標其實都非常相似，它們以無風險狀況下所創造的年度超額報酬率（Annual Excess Returns）計算策略成效，並評估年度超額報酬率在基線附近的離散（dispersion）狀況。主要的差別在於風險分母的表現方式。上述工具都使用分母將報酬標準化，而分母則代表風險狀況。透過這種方式，風險調整後績效指標工具將策略表現簡化至每單位風險（波動率）所獲得的報酬數字。在風險調整的基礎之上，每

單位風險報酬較高的策略顯然占了優勢。

因此，真正的差別在於它們如何將風險單位化。

夏普比率（表 7-3）使用標準差計算所有報酬，不管正負報酬皆然。

索提諾比率（表 7-4）使用負標準差，也就是負報酬。

UPI（表 7-5）使用 UI 指標（Ulcer Index），衡量個別策略的平均回撤百分比。

表 7-3 夏普比率是風險調整後報酬的業界標準工具。

$$\text{夏普比率} = \frac{\text{年度超額報酬率}}{\text{標準差年度超額報酬率（Standard Deviation Annual Excess Returns）}}$$

表 7-4 索提諾比率修正了夏普比率，並只專注在負風險之上。

$$\text{索提諾比率} = \frac{\text{年度超額報酬率}}{\text{標準差年度負報酬率（Standard Deviation Annual Negative Returns）}}$$

表 7-5 UPI 指數透過 UI 指標定義負風險（平均回撤）的深度與規模，修正了索提諾比率與其他工具。

$$\text{UPI 指數} = \frac{\text{年度超額報酬率}}{\text{UI 指標}}$$

標準差是衡量風險的最佳工具嗎？

在上述三種工具中，最受歡迎的是夏普比率與索提諾比率，其中又以前者更受金融界重視，這也讓它所使用的分母，也就是「標準差報酬率」成為計算風險的標準度量。

對金融界大多數人來說，標準差是公認的風險（波動性）評估工具，然而，它是否能成為衡量策略風險的最佳工具呢？

讓我們進一步檢視。

標準差──計算與分析

簡單來講，標準差是計算報酬率與平均值之間的離散關係（圖 7-1）。這個計算不難，只要有試算表就夠了。我將計算過程簡列如下：

1. 計算平均值。
2. 從平均值中減去每個數據點。
3. 計算數據點與平均值差距的平方。
4. 計算平方差的平均值。
5. 計算平方差平均值的平方根。

若某策略的報酬遵循常態分布（如你所知，這個假設很值得懷疑），那麼我們可期待 68％的報酬，將落在平均報酬的正負一個標準差範圍內。舉例來說，如果某策略的平均年

度報酬率為 10％，而報酬率的離散平均值為 30％，那麼我們期望該策略的年度報酬率會落在平均報酬的 -20％（10％－30％）到 +40％（10％＋30％）的標準差之間。

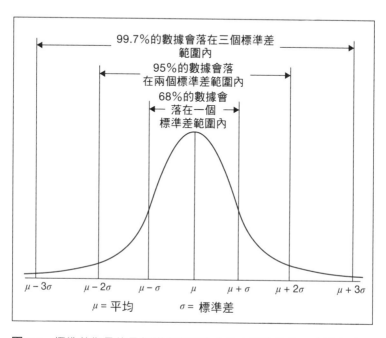

圖 7-1　標準差衡量的是報酬率與平均水準之間的差距，也是金融界衡量風險的主流指標。

標準差——優點

運用標準差計算風險規模有兩大優點。首先，它很容易計算和理解。只要有歷史報酬率數據與電子試算表就行了。其次，它為交易者提供了一個預測模型，你可藉此估計未來

的年度報酬率。不管你是用單一標準差（68％）、兩個標準差（95％）或三個標準差（99.7％），你都能以此估計年度報酬率的落點範圍。

儘管業界將標準差視為是衡量波動性的標準，我們仍舊得問：對交易者來說，標準差是否是最好的風險指標？雖然夏普比率廣受歡迎，但它以標準差計算報酬率所負擔風險的正確性，仍招致嚴厲的批評。

標準差──缺點

儘管標準差已被廣泛使用，但它仍擁有一個致命缺陷，那就是它並未通過現實狀況的驗證──標準差無法反映市場報酬的實際狀況，也無法詮釋交易者面臨的實際情形。若以標準差衡量市場風險，我們將難以理解市場與參與者的行為模式與面對單一及連續性上揚（獲利）與下跌（虧損）的行為和感受。它徹底忽視了現實的風險。

▌忽視市場的現實──價格並非遵循常態分布原則

標準差作為衡量風險的有效性取決於假設性的市場統計價格。

它認定價格或報酬的改變是遵循鐘形曲線，也就是常態分布。因此，若希望透過標準差精準計算風險程度，我們也必須假設市場是遵循常態（隨機）分布。但我們已在第三章中得知，市場價格並不會遵循常態分布（還記得那些高峰度的肥尾現象嗎）。如果這還不夠糟的話，我必須說，策略

的報酬也並不符合常態分布——趨勢交易策略會受到正偏（positively skewed）度的影響，在這種情況下，它們遭受小額虧損的比例會較高，利潤的比例則更低。此外，趨勢交易策略擁有極不尋常的高峰度肥尾，也就是存在異常巨大的利潤。偏斜與肥尾扭轉了所謂的常態「鐘形」曲線。也因此，策略結果的分布缺乏一致性，它們並不會系統性地落在均數兩側，得到半數為正、半數為負的數值——策略結果並不遵循常態（隨機）分布。

在上述的現實情況下，標準差很難成為精確的風險衡量工具。若要使用標準差，市場價格就必須依循常態分布，而這顯然與事實相違背，究竟為什麼有那麼多人仍然堅持要使用標準差去衡量風險呢？這實在令我很困惑。

此外，標準差不但無法如實反映策略結果分布，也無法呈現交易者對風險的承受狀態。

▎忽視交易者的現實——並非所有風險都生來平等

標準差對所有交易結果一視同仁，忽視結果為正（獲利）或負（虧損），更忽視它們的連續發生性（回撤）。這與我們看待結果的方式完全不同。交易者不在乎獲利嗎？如果不在乎的話，誰還會夜不能寐？對很多人來說，虧損正是他們晚上睡不著覺的原因。而獲利的交易往往相當順暢，它們順勢發生，不會帶來任何痛楚。我們不需要擔心獲利的交易，我們在意的是虧損吧？交易者在乎結果，一連串的虧損會帶來資金回撤及內心煎熬——標準差無法反映這種情緒。

讓我長話短說吧：並非所有的風險都生來平等，但對標

準差而言，正負結果毫無相異之處。標準差以同樣的方式對待不同的風險結果，並忽視以下事實：

1. 交易者期望正風險（獲利）並希望迴避負風險（虧損）。
2. 交易者非常害怕一連串的負結果，因為回撤會帶來極大痛苦。

以下讓我們進一步檢視。

▌ 懲罰利潤的標準差

收益的波動性定義了風險，包括正值與負值。標準差可以精準掌握所有的離散項目。然而，交易者通常不擔心正波動，他們擔心的是負波動帶來的虧損。交易者只想避免負風險（或潛在虧損）。正波動，也就是報酬，這是每個交易者都想要的啊！

標準差無法辨識上行波動（好利潤）與下行波動（壞虧損）。標準差只在意波動，而非其方向性。

因此，當我們以標準差衡量風險時，等同於低估了那些會產生上行波動（巨大正向報酬）的策略，即便它們的回撤相當小。

舉例來說，一個有不少離散結果、存在正偏度的趨勢交易策略，涉及許多筆小額虧損和不規則的大筆獲利，而此策略將有更大的標準差計算，因此會得到更小的風險調整後報酬——它明明很成功，卻受到懲罰與低估。相對的，另一個離散程度小、存在負偏度的策略，涉及許多筆小額獲利和不

規則的大筆虧損，它會有較小的標準差計算，而風險調整後報酬會更大。這實在太離譜了！

因此，儘管人們將標準差作為衡量風險調整後報酬的主要工具，但此衡量結果並不是事實。這個方法並未根據交易者在乎的「實際風險」去正確「調整」。

由於多數交易策略的結果分布都具有正偏差與肥尾現象，因此我們無法仰賴主流的夏普比率或索提諾比率去衡量風險調整後報酬——這類衡量工具都不適用。

容我再說一次：標準差徹底忽視交易者的現實面。交易者最關心的是找到利潤、避免虧損。

▍忽視回撤的標準差

標準差忽略的另一個現實，就是策略的連續性表現，以及連續性所導致的回撤。雖然標準差不在意回撤，但交易者在意啊！我們對回撤無比在意。雖然我們知道回撤是無可避免的常態，但我們仍偏好在歷史表現上擁有較可負擔的回撤的策略。這是身為交易者所面對的最大風險，也就是巨大的累積性虧損，也因此，我們非常在意如何能透過風險衡量估算回撤的規模。

可惜的是，標準差的計算並不受盈虧發生順序的影響，它無法辨識連續性的虧損及其導致的回撤；它無法區分策略之間的回撤風險。以表 7-6 的 A、B、C 三種策略為例，它們的淨收益相同，卻有三種不同的回撤狀況。儘管回撤規模不同，但若以標準差的計算方式去衡量，這三種策略都得到相同的風險程度。

圖 7-2 展示了三種策略下三條截然不同的淨值曲線。令人訝異的是，儘管各個策略的淨值曲線與回撤大異其趣，但它們的標準差卻皆為 7.8％。這還不夠瘋狂嗎？儘管在數字上，它們的風險完全相同，但是不管是你、我，或是任何交易者，都不會認為這三種策略的風險是一樣的。

表 7-6 以標準差的計算方式去衡量三種回撤程度不一的策略風險。

標準差無法區分策略之間的風險			
	策略 A	策略 B	策略 C
淨收益	$124,400	$124,400	$124,400
最大回撤	−$32,500	−$56,700	−$432,225
標準差	7.8%	7.8%	7.8%

圖 7-2 儘管三種策略的淨值曲線不同，其標準差計算結果卻完全相同。

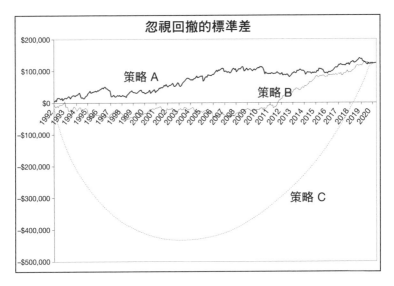

策略 C 經歷一段相當危險、可怕的回撤；策略 B 有二十年的時間是處於持續虧損的狀態；策略 A 的表現良好，僅有微小但容易收復的回撤，淨值曲線則保持穩定成長。

　　上述三種策略雖然有相同的淨收益，卻有不同的最大回撤與風險特性。如果可以選擇，交易者多半會選擇波動性最小的策略 A，而非 B 或 C。然而，根據標準差的計算，這三種策略的風險卻是一樣的。太誇張了！

　　這就是以標準差進行風險評估的最大缺陷。

　　雖然報酬與連續性回撤對交易者來說有巨大的影響，但對標準差來說則無關痛癢。它無法辨識出交易者所面臨的「真實」風險。當波動向下（虧損）帶來個別與連續性回撤時，即是風險所在。然而，業界普遍使用的標準差計算方式，卻完全不合情理的忽略此一重要性。

　　讓我再重申一次：標準差忽視交易者的現實。交易者非常在意虧損，以及虧損所造成的回撤。

▌無法辨識低回撤策略的標準差

　　忽視回撤的另一個缺點是，標準差無法辨識出可避免巨大回撤的好策略，而這正是對交易者非常重要的策略屬性。原因在於，標準差會忽視策略結果與回撤所帶來的正負差異，因此它無法正確衡量出實際風險調整後報酬，也無法幫助交易者找到低回撤策略。

▌讓市場與交易者失望的標準差

　　好吧，你以為已經兩好三壞滿球數的標準差，應該可以

出局了。只不過，它仍然是業界慣用的風險衡量工具。作為交易者，我們實在無須盲目跟風。事實上，還有另一個更好用的風險衡量工具，它能確實反映出交易的現實狀況，也能確實反映出向下波動的相對痛苦、連續性虧損及其導致的回撤。這個工具就是前文提及的 UI 指標。

UI 指標是更理想的風險衡量工具

1987 年彼得・馬丁（Peter Martin）發明 UI 潰瘍指標，將之發表於他與馬坎（Byron McCann）合著的《富達基金投資者指南》（*The Investor's Guide to Fidelity Funds*）一書。正如其名，UI 指標會衡量、辨識交易者在特定策略下可能面臨的平均回撤，以及可能帶來的胃痛感。如你所見，UI 指標反映出交易的現實面，衡量了向下波動的深度與廣度，使其成為評估「真實」風險的絕佳工具，請見圖 7-3。UI 指標可計算任何價值波動的投資項目，不管是個別證券、指數、基金或交易策略皆然。

UPI 潰瘍績效指數與 UI 指標

基於夏普比率、索提諾比率等使用標準差的風險衡量指標在衡量風險時的誤差，以及其計算風險調整後報酬的偏誤，彼得・馬丁開發了自己的風險衡量方式，他稱之為 UPI 潰瘍績效指數。特別的是，夏普比率與索提諾比率是以年度超額報酬除以標準差，而馬丁是用他的 UI 指標將年度超額

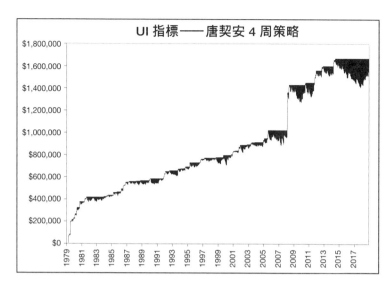

圖 7-3 UI 指標可衡量策略的歷史回撤，黑色區塊顯示了回撤期間的深度與廣度。

報酬標準化。他的 UPI 指數（或有人會以馬丁比率〔Martin Ratio〕稱之）是一個更精準的風險調整後報酬指標，因為它能辨識、專注於真正的單一或連續性（回撤）向下風險，目標是找到、開發或交易最高 UPI 數值的策略，也就是每單位平均回撤風險的最高風險調整後報酬（請見表 7-8）。

讓我們來看看 UI 指標是如何進行計算的。

UI 指標——計算方式

UI 指標衡量的是淨值曲線自高點回撤的深度和廣度。當回撤次數越多、復歸至新淨值曲線高點的時間越久時，

UI 指標就越大，平均回撤值也越高。理想上，我們希望交易策略能有較低的平均回撤值，或 UI 指標較低（UPI 潰瘍績效指數較高），因為這意味著未來的回撤機會較低、帶給交易者的痛苦會較少。

UI 指標是根據表 7-7 的公式計算。

UI 指標代表的是回撤百分比平方均數的平方根。

UI 指標可以針對任何時間長度（每日、每週、每月、每季、每年）進行計算，但在較長的時間軸下，好比每季或每年，則可能無法衡量期間的某些回撤。

UI 指標需要進行以下的計算：

1. 選擇偏好的週期（每日、每週、每月、每季、每年）。
2. 計算此週期淨值高點的回撤。
3. 將週期回撤轉換成百分比，並將其乘以 100。
4. 將週期回撤的百分比平方。
（注意：平方對較大回撤的折損會大於較小的回撤）
5. 加總所有的回撤百分比平方。
6. 計算回撤百分比平方的平均值。
7. 計算回撤百分比平方的平均值的平方根。
8. 得出的平方根即為 UI 指標。

接下來的表 7-9 說明了如何計算標普 500 的 UI 指標，它顯示出 1992 至 2019 年間，標普 500 的年平均回撤百分比為 14.5%。

請注意：在計算交易策略的 UI 指標、衡量歷史回撤時，

表 7-7 UI 指標可計算特定策略的平均回撤百分比。

$$
\text{週期平均回撤（DPP）} = \frac{\text{本週期淨值} - \text{本週期淨值高點}}{\text{本週期淨值高點}} \times 100
$$

$$
\text{UI 指標} = \sqrt{\frac{DPP_1{}^2 + DPP_2{}^2 + ... DPP_N{}^2}{N}}
$$

表 7-8 UPI 潰瘍績效指數可計算每單位平均回撤風險（UI 指標）所帶來的超額報酬。

$$
\text{UPI 潰瘍績效指數} = \frac{\text{年度超額報酬}}{\text{UI 指標}}
$$

必須將每年初始的淨值曲線歸零。換句話說，每年要從你起始帳戶的餘額開始。如果不這麼做，當累積報酬較少時，使用累積淨值曲線將等同折損（penalizes）較前期的回撤；而當累積報酬較多時，則等同偏好較晚期的回撤。因此，最好的方法就是將每年初始的淨值曲線歸零。

▌UI 指標——解讀

UI 指標衡量的是淨值曲線自高點回撤的深度和廣度（表 7-10），它會顯示某策略的歷史平均回撤比例。當策略擁有較高的 UI 值時，代表未來可能有較高的回撤機率；反之則回撤機率較低。故我們必須選擇低 UI 值的策略。

表 7-9 只要透過電子試算表就能馬上計算出 UI 指標。

計算標普 500 的 UI 指標（1992-2019 年）

	年度	收盤	收盤高點	回撤百分比	回撤百分比平方	回撤百分比平方總和	回撤百分比方總和平均值	回撤百分比平均值平方總和	回撤百分比平均值的平方根
								UI 指標	
1	1992	435.70	435.7	0.00%	0.00%				
2	1993	466.40	466.4	0.00%	0.00%				
3	1994	459.30	466.4	-1.52%	0.02%				
4	1995	615.90	615.9	0.00%	0.00%				
5	1996	740.70	740.7	0.00%	0.00%				
6	1997	970.40	970.4	0.00%	0.00%				
7	1998	1229.20	1,229.2	0.00%	0.00%				
8	1999	1469.20	1,469.2	0.00%	0.00%				
9	2000	1320.30	1,469.2	-10.13%	1.03%				
10	2001	1148.10	1,469.2	-21.86%	4.78%				
11	2002	879.80	1,469.2	-40.12%	16.09%				
12	2003	1111.90	1,469.2	-24.32%	5.91%				
13	2004	1211.90	1,469.2	-17.51%	3.07%				
14	2005	1248.30	1,469.2	-15.04%	2.26%				
15	2006	1418.30	1,469.2	-3.46%	0.12%				

計算標普 500 的 UI 指標（1992-2019 年）

	年度	收盤	收盤高點	回撤百分比	回撤百分比平方	回撤百分比平方總和	回撤百分比平方總和平均值	回撤百分比平方總和平均值的平方根（UI 指標）
16	2007	1468.40	1,469.2	-0.05%	0.00%			
17	2008	903.20	1,469.2	-38.52%	14.84%			
18	2009	1115.10	1,469.2	-24.10%	5.81%			
19	2010	1257.60	1,469.2	-14.40%	2.07%			
20	2011	1257.60	1,469.2	-14.40%	2.07%			
21	2012	1426.20	1,469.2	-2.93%	0.09%			
22	2013	1848.40	1,848.4	0.00%	0.00%			
23	2014	2058.90	2,058.9	0.00%	0.00%			
24	2015	2043.90	2,058.9	-0.73%	0.01%			
25	2016	2238.80	2,238.8	0.00%	0.00%			
26	2017	2673.60	2,673.6	0.00%	0.00%			
27	2018	2506.80	2,673.6	-6.24%	0.39%			
28	2019	2986.20	2,986.2	0.00%	0.00%	58.6%	2.09%	14.5%

也因此，理論上一個完美的策略（好比永遠不會賠錢的聖杯策略），其 UI 值應該是完美的 0％。而一個糟糕的策略（好比總是在賠錢的永久虧損〔Perpetual Drawdown, DD〕策略），其 UI 值會顯示為 +100％。

基本上，UI 指標越高，代表該策略的歷史性平均回撤越慘烈。

我們可以用 UI 指標來比較不同股票、指數、基金、市場與交易策略的相對痛苦程度。舉例來說，根據 UI 指標，投資 1992 至 2019 年的標普 500 市場，其相對痛苦較少，而投資上證（SSE）市場就是一個最痛苦的選擇；而 10 年期國庫券則是風險最低的選擇。

表 7-10　使用 UI 指標衡量不同市場回撤百分比的平均值。

UI 指標	
回撤百分比平均值	
年度表現：1992-2019 年	
聖杯策略	0%
10 年期國庫券	6%
標普 500	15%
標普全球 1200	15%
黃金	18%
富時 100	21%
恆生	22%
DAX	23%
銅	27%
原油	29%
日經 225	31%
上證 SSE	36%
永久虧損策略	100%

▍UI 指標 ── 優點

UI 指標具備以下五大優點。

|重視交易者面臨的實際問題|

UI 指標一掃標準差的弊病,它能區分好(上行利潤)
與壞(下行虧損)的風險。由於 UI 指標僅關注下行虧損,
及其序列與回撤損失,因此 UI 指標是能辨識真實歷史風險
的最佳工具,它反映出以特定策略交易後的真實感受。

|衡量 100%的負報酬|

由於 UI 指標是以淨值高點去衡量,而非像標準差是以
平均值去衡量,因此 UI 指標可以涵蓋所選時間區段的所有
負報酬,也呈現了完整的下行風險。

|不僅只能看到最大回撤|

UI 指標衡量了所有回撤的深度與廣度(無論其規模如
何),因此擁有比僅是關注最大回撤能得到更多的資訊,也
更能呈現出特定策略的非線性表現。

|協助辨識擁有最低回撤的策略|

和標準差不同的是,UI 指標可以辨識出善於避免過度
回撤的低下行波動率策略 ── 這點非常的重要,因為如此一
來,等同掌握了虧損與回撤的不對稱狀態。正如同我在前作

《交易聖經》說過的，要彌補50％的虧損，必須得有100％
的報酬，才足以恢復平衡。避免資金大幅縮水就像享受不斷
上升的淨值曲線一樣重要。

| 在所有時間段都能保有一致性 |

UI指標可在所有時間週期裡獲得穩定的衡量表現。如
表7-11中，標普500在1992至2019年的表現。

表 7-11 UI 指標在所有時間段都能保有一致性。

UI 指標
標普 500
1992-2019 年

週	17.3%
月	16.9%
季	16.4%
年	14.5%

▌UI 指標——缺點

針對 UI 指標最主要的批評，同時也是支持標準差工具
者最不認同的，就是 UI 指標只能回顧歷史、欠缺對未來的
預測能力——它只能告訴我們過去發生了什麼事，如此而
已。而標準差的預測統計模型，則能透過特定策略的標準
差，讓他們看見該策略未來的年度報酬落點。

對此，我們不必重述標準差的諸多缺點，只需指出標準
差「預測」論點中最重要的一個缺陷——市場價格與策略結
果，因其偏斜與肥尾現象，根本無法追隨常態分布。即便市

場報酬會遵循常態分布，但當下的常態分布也無法辨識未來的負報酬及其造成的回撤。因此，交易者無法仰賴一個遵循常態分布的數據結構來洞察真實風險，也就是未來可能出現的回撤。

事實上，這兩種衡量風險的方法都無法讓交易者擁有預測未來能力。但至少 UI 指標可以幫助我們辨識出真正重要的下行風險，那就是歷史回撤。

UPI 潰瘍績效指數 —— 衡量風險調整後報酬的絕佳利器

既然標準差是相當拙劣的風險測量工具，那麼它自然也無法確實衡量出風險調整後報酬，諸如夏普比率與索提諾比率，都會受到標準差偏誤的影響。如前所述，為了克服標準差的種種缺陷，馬丁建立了自己的風險調整後報酬計算工具，也就是 UPI 潰瘍績效指數。

UPI 潰瘍績效指數 —— 計算方式

透過將超額報酬除以無風險比率，馬丁的 UI 指標創造了一種更精確且「真實」的風險調整後報酬計算方法。藉由計算特定策略每單位平均回撤風險的回報，讓交易者得以聚焦在更重要的事情上。那麼，該如何應用 UPI 潰瘍績效指數？它為交易者帶來什麼好處呢？

UPI 潰瘍績效指數——應用實例

讓我們回到前面表 7-6 與圖 7-2 所述的那三個策略。儘管 A、B、C 這三個策略各自有不同的淨值曲線與回撤規模,但它們的淨收益與標準差卻是相同的。以下讓我們來看看這三個策略的 UPI 潰瘍績效指數,將之與主流的夏普比率、索提諾比率,進行風險調整後報酬的比較。

讓我們回顧一下:夏普比率是用年度超額報酬除以標準差年度超額報酬,它無法辨識上行風險與下行風險,對所有波動性都一視同仁;索提諾比率也類似於夏普比率,它們使用年度下行波動率的標準差去測量風險值,且並未扣除上行波動。

表 7-12 計算了五種策略的 UPI 潰瘍績效指數——在無風險比率的部分,我使用的是 10 年期國庫券收益率。除了本章前述的 A、B、C 這三個策略以外,我另外在表 7-12 加入了第五章提到的「回撤趨勢交易者策略」(RTT),與第六章提到的「唐契安 4 週策略」。這五種策略各有殊異之處,不管是獲利能力、淨值曲線和歷史風險表現都截然不同。它們的差距之大,實在難以想像。

檢視表 7-12,我們發現有三項指標都顯示 RTT 策略與唐契安 4 週策略,在風險調整的基礎上的表現皆優於策略 A、B、C。其中又以唐契安 4 週策略的表現最佳。

讓我們一一檢視各項指標。

以夏普比率來看,這五個策略之間的差異相當小,數字都介於 0.1 至 0.4 之間。根據夏普比率的定義來說,它們的

表 7-12 UPI 潰瘍績效指數能提供理想的風險調整後報酬。

UPI 潰瘍績效指數

衡量風險調整後報酬的絕佳利器

	策略 A	策略 B	策略 C	RTT 策略	唐契安 4 週策略
淨收益	$124,400	$124,400	$124,400	$222,744	$1,554,739
最大回撤	-$32,500	-$56,700	-$432,225	-$69,905	-$261,907
標準差	7.8%	7.8%	7.8%	43.8%	159.6%
主流風險指標					
夏普比率	0.2	0.2	0.1	0.2	0.4
索提諾比率	0.3	0.4	0.1	0.4	1.2
替代風險指標					
UI 指標（Avg % DD）	19.50%	19.70%	49.3%	22.7%	50.0%
UPI 潰瘍績效指數	0.2	0.2	0.1	0.3	1.4

表現相當不理想，就連唐契安 4 週策略也沒有比回撤程度嚴重的策略 C 好到哪裡去。從交易者的角度來看，我認為這根本是無稽之談。唐契安 4 週策略的夏普比率之所以很低，是因為它擁有極佳向上發展的獲利性，但它卻因此而受到懲罰——這根本是胡說八道。若我們只知道看夏普比率的話，那麼包括唐契安 4 週策略在內的這五個策略，根本就不會被我們採用。

索提諾比率則好一些，因為它只關注向下風險，其數值介於 0.1 至 1.2 之間。它有更大的指標粒度（granularity），使唐契安 4 週策略看起來與其他策略有更大的差別。這讓我們有理由進一步檢視該策略。嗯，索提諾比率過關。

在風險調整後的回撤基礎上，UPI 潰瘍績效指數呈現出這五個策略之間的最大差異——它讓唐契安 4 週策略脫穎而出，令其在每單位平均回撤百分比中，得到 1.4 單位的超額報酬。儘管該策略顯示的歷史平均回撤相當大，但它也為交易者帶來每單位回撤風險下更高比例的報酬。此外，UPI 證明了其他策略在風險調整基礎下的差勁表現。在我看來，UPI 是目前為止最好的風險調整後報酬指標。彼得·馬丁，請受我一拜。

現在，讓我們回顧一下我在第六章討論過的趨勢交易策略。扣除無法獲利的霍恩 1％ 原則，我在表 7-13 中為這些策略進行排序——我先根據這些策略的獲利能力排名，然後再對照使用 UPI 檢驗的風險調整後表現。

如你所見，UPI 潰瘍績效指數提供了一個不同的策略獲利排名。雖然黃金 50 日與 200 日交叉策略的獲利性最高，

表 7-13 UPI 遺場績效指數能有效衡量交易策略的風險調整後報酬。

UPI 改變各策略風險調整後報酬的排名結果

名次	按獲利能力排名	淨收益	名次	按風險調整後報酬排名	UPI
1	黃金 50 日與 200 日交叉	$1,715,940	1	海龜策略	2.2
2	唐契安 4 週策略	$1,601,223	2	布林通道	1.7
3	布林通道	$1,558,476	3	黃金 50 日與 200 日交叉	1.5
4	德雷福斯 52 週策略	$1,442,906	4	唐契安 4 週策略	1.4
5	海龜策略	$1,418,786	5	道氏理論	1.4
6	ATR 通道	$1,193,319	6	德雷福斯 52 週策略	1.3
7	道氏理論	$1,090,346	7	ATR 通道	1.1
8	賈特列 3 週與 6 週交叉	$1,079,398	8	賈特列 3 週與 6 週交叉	1.1
9	月結模型	$1,003,526	9	月結模型	0.8
10	李嘉圖原則	$662,552	10	阿諾德 PPS	0.7
11	季結模型	$61,092	11	均值回歸策略	0.6
12	隨機趨勢交易者策略 / 200 日移動平均	$583,946	12	李嘉圖原則	0.5
13	均值回歸策略	$535,005	13	季結模型	0.4
14	唐契安 5 日與 20 日交叉	$520,675	14	隨機趨勢交易者策略 / 200 日移動平均	0.4
15	阿諾德 PPS	$450,780	15	唐契安 5 日與 20 日交叉	0.4
16	艾爾德 TSTS 策略	$336,473	16	艾爾德 TSTS 策略	0.3
17	達維斯箱形理論	$136,731	17	達維斯箱形理論	0.1
18	李佛摩反應	$35,136	18	李佛摩反應	0.1

但是在風險調整基礎下，它僅排名第三。海龜策略則從原本的第五名躍升至風險調整後的第一名，每單位平均回撤風險可帶來 2.2 單位的超額報酬。若考量產生的平均回撤風險，海龜策略、布林通道、黃金 50 日與 200 日交叉、唐契安 4 週策略與道氏理論，這五個策略在賺取超額報酬方面最有效率。根據 UPI 指數，它們是經風險調整後執行趨勢交易的最佳策略。單就 UPI 指數來看，海龜策略是交易者的首選。

並非所有策略都生來平等

沒錯，若策略的 UPI 值越高，代表它經風險調整後的報酬越好。雖然比較 UPI 數值高低很方便，但並非只要篩選或開發出高 UPI 的策略就好，交易者應將 UPI 視為一個相對的標準，進行全面性的比較。

箇中原因在於，並非所有的策略都生來平等。

有些策略，如同本書所討論的，是趨勢交易策略，而另一些則是反趨勢交易策略。在趨勢交易的世界裡，我們擁有相對與絕對動量趨勢交易法，而在絕對範圍內，又有突破與回撤策略。在前者的架構下，還擁有無數的技術差異，包括價格、波動、震盪、通道、波動性突破策略等。每種策略「類型」都試圖掌握市場結構的特定部分。

趨勢交易期望能掌握長期、可持續性的波動。有些趨勢交易技術會在絕對狀態下的突破點進場，無論是用價格或波動性去衡量；有些技術則會等待回撤出現後再進場。而反趨勢策略則企圖捕捉到趨勢尾端，無論趨勢是暫時或永久性地

消失。趨勢可能在動能缺乏時徹底消失、耗竭，或是市場情緒動盪時終止。

因此，並非所有策略都是相同的，而我們也不該拿它們的 UPI 潰瘍績效指數來做比較。能夠與蘋果相比的，僅有蘋果而已（圖 7-4）。

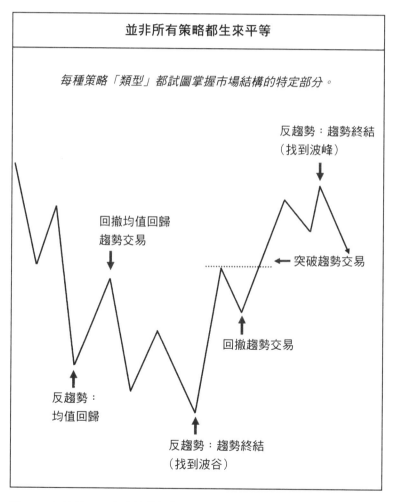

圖 7-4 在比較 UPI 潰瘍績效指數時，最好是拿類型相似的策略做比較。

以我個人來說，我通常是選用 UPI 值在 2.8 到小於 1 之間的策略。「小於 1」聽起來似乎無關緊要，但這類策略可以幫我找到特定的市場結構。若以蘋果與蘋果之間的戰爭來說的話，這些就會是最好的策略。

普遍來講，UPI 值超過 2 的策略已相當不錯。小於 0.5 則已過低。關鍵在於你必須比較同類型的策略。神奇的是，若你將幾個毫不相關但能互補的策略統整在一起時，奇蹟很可能會出現——或許你會得到風險調整後 UPI 值高於 3、淨值曲線平滑，且擁有較低歷史回撤百分比的策略結果。

總結

儘管 UPI 潰瘍績效指數是理想的風險調整後報酬計算工具，但它絕非是識別或挑選最佳策略的靈丹妙藥。正如我將在下一章討論的，沒有任何單一的萬能指標能幫助我們找出絕佳策略。在我看來，策略的評估與選擇，需要結合數種穩健性與表現性的分析，稍後我會說明這一點——我傾向於更著重穩健性，而穩健性的重要程度又取決於經驗，這也可說是交易的藝術，而非交易的科學。只不過，以單一的風險調整後報酬計算工具而言，馬丁的 UPI 著實改進了主流的夏普比率與索提諾比率。

現在，你應當了解以「現實」的回撤風險框架，進行策略表現評比的重要性。接下來我將討論該如何發展出一套合理的交易方案。但在此之前，我希望你能先擁有一套可用來評估、開發和選擇策略的完整工具。

第八章

盤點交易者必備的 7 大工具

現在，你應該已經了解趨勢交易的吸引力，以及為什麼趨勢會存在。你也了解趨勢交易的方法。以及為什麼有那麼多人失敗了。當然，你也應該知道，以在交易者「實際」回撤風險的背景下計算特定策略表現的重要性。我希望自己確實鼓舞了你，思考以追蹤趨勢作為首選的交易方式。

根據我對各類交易策略的解析，或許你已經有了自己的偏好，像是看重特定趨勢、進出場與停損的技術等。而你的下一步，就是將這些偏好發展成一套切實可行的策略。若你還未有任何偏好也沒關係，我會提供幾點建議。但首先我希望能提供一套工具給你，幫助你評估、開發和選擇理想的交易解決方案。一套適切、明智且耐用的交易工具包括：

- 通用市場投資組合工具
- 數據工具
- 軟體工具
- 致勝策略的 Cheaklist
- 策略檢驗工具
- 策略基準工具
- 策略開發工具

Tips 1：通用市場投資組合工具

在制定策略時，每個交易者都會面臨的兩大挑戰為：過度曲線配適與資料探勘（我已叮嚀無數次）。曲線配適幾乎無可避免，而資料探勘則可設法排除。我們可透過客觀挑選通用市場的多樣化組合，降低交易標的之間的關聯性，以此避免資料探勘。如你在第六章所學的，我使用了一個涵蓋二十四個不同市場的通用投資組合，而這些市場又分布在八個資產類別中，包括：

- 貨幣
- 利率
- 指數
- 能源
- 金屬
- 穀類
- 軟性商品
- 肉類

在這八個細分市場裡，我根據其平均日交易量，選擇三種流動性最高的期貨合約，請見表 8-1。

以多元化與交易量作為選擇標準，讓我能客觀、獨立地在多樣化市場內選擇交易組合項目——建構一個能避免任何資料探勘，或如摘櫻桃般片面、武斷的交易組合。我也鼓勵你這麼做。在實際交易的時候，採用漸進式投資組合，根據

多樣化和流動性逐步增加特定市場項目，好比較小規模的 P2、P4、P8 和 P16 組合等──你選擇的交易組合必須符合你的風險資本規模與風險偏好（risk appetite）。

就算你交易的是股票，你也應該遵循相同程序，建立一個基於多樣化和流動性高的股票投資組合。按照不同細分市場的平均日交易量，選擇前三活躍的股票標的，好比：

- 非必需性消費品
- 必需性消費品
- 能源
- 金融
- 醫療保健
- 工業
- 資訊科技
- 原物料
- 金屬／礦業
- 通訊服務
- 公用事業
- 不動產

在你進行交易時，必須從你研究的投資組合範圍內，以多樣化與流動性為準，選擇一組市場，以符合自身的風險成本規模與風險偏好。

表 8-1 依據多樣化與流動性等獨立客觀的標準建構交易組合，就能避免資料探勘缺陷。

建構你的交易組合
保持多樣化與流動性以避免資料探勘
範例：在八個細分市場中選擇最具流動性的期貨合約，以多樣化、流動性為基準

市場／類別與項目	期貨合約	交易所	平均每日交易量*	投資組合 P2 流動性最高	投資組合 P4 流動性最高	投資組合 P8 流動性最高	投資組合 P16 流動性最高的前兩項	投資組合 P24 流動性最高的前三項
金融 貨幣	Euro Currency	CME	188,888			EC		EC
	Japanese Yen	CME	138,000				JY	JY
	British Pound	CME	89,000					BP
利率	10Yr T.Note	CME	1,249,000			10Yr T.Note	10Yr T.Note	10 Yr T.Note
	5Yr T.Note	CME	708,000				5Yr T.Note	5Yr T.Note
	30Yr T.Bond	CME	339,000					30Yr T.Bond
指數	E-Mini S&P	CME	1,490,000	E-Mini S&P	E-Mini S&P	E-Mini S&P	E-Mini S&P	E-Mini S&P
	E-Mini Nasdaq	CME	255,000				E-Mini Nasdaq	E-Mini Nasdaq
	E-Mini Dow	CME	148,000					E-Mini Dow
能源 能源	Crude Oil (WTI)	CME	253,000	Crude Oil	Crude Oil	Crude Oil	Crude Oil	Crude Oil
	Natural Gas (H.Hub)	CME	115,000				Natural Gas	Natural Gas
	ULSD (Heating Oil)	CME	51,000					ULSD
金屬 金屬	Gold	CME	137,000		Gold	Gold	Gold	Gold
	Copper	CME	45,000				Copper	Copper
	Silver	CME	44,000					Silver
糧食 穀類	Corn	CME	129,000		Corn	Corn	Corn	Corn
	Soybean	CME	104,000				Soybean	Soybean
	Wheat (SRW)	CME	55,000					Wheat
軟性商品	Sugar	ICE	58,000			Sugar	Sugar	Sugar
	Coffee	ICE	15,000				Coffee	Coffee
	Cotton	ICE	14,000					Cotton
肉類	Live Cattle	CME	23,000			Live Cattle	Live Cattle	Live Cattle
	Lean Hog	CME	18,000				Lean Hog	Lean Hog
	Feeder Cattle	CME	3,000					Feeder Cattle

* Volume Source: Premium Data from Norgate Investor Services
http://www.premiumdata.net/

資料來源：Norgate Investor Service（www.norgatedata.com.）

Tips 2：數據工具

在佐證策略的階段，你必須仰賴可靠的數據。雖然我自己是在多樣化與流動性高的市場內，以多種時間框架去建構策略，建立多樣化與互補性的交易組合，但我的起步基礎仍是每日數據——從每日數據出發，我逐步延伸出更長的時間

框架，好比以每週、每月、每季和年度。

　　數據來源的選擇性很多。過去十五年來我都使用 Norgate Data 的服務，該公司提供的（美國、澳洲）期貨與股票數據，至今從未失誤過，且他們大部分的期貨數據，皆是從合約伊始日開始。我自己是使用以下規格與期程進行數據統整：

　　資料：期貨數據

　　時間：1980 年起始

　　來源：http://www.norgatedata.com

　　規格：後向調整（Back-adjusted）連續性期貨合約數據

　　期程：統整所有期程數據

Tips 3：軟體工具

　　我在第三章傳遞的其中一個重點，就是要培養你自己的驗證技能，而學會程式語言（coding）將是獨立驗證與確認你交易理念的唯一途徑。沒有任何捷徑。沒錯，你可以仰賴其他人，但你永遠會受到他人知識、技術、熟練程度和可用性的限制。

　　我其實不想寫太多關於軟體的事，畢竟我對當前的第三方交易／圖表軟體並不熟悉。過去二十年我都是使用 Excel 的 VBA 系統，本書的所有圖表與表現數據都來自我的 VBA 交易模型。我絕對推薦 Excel，這點毫無疑問，但對其他商業服務，我不適合說得太多。

　　如同我在第三章提過，我的學生們使用以下的軟體：

- AmiBroker
- Channalyze
- MultiCharts
- Trade Navigator
- Tradeguider
- TradeStation
- Trading Blox

其中，最受我學生們歡迎的軟體為：

- TradeStation
- MultiCharts
- AmiBroker
- Trading Blox

至於那些直接以我的策略編寫程式語言的學生們則使用以下軟體：

- Visual Basic
- Python
- Java
- Ruby

我所列的名單顯然不夠詳盡，你用 Google 搜尋恐怕還更實用。我唯一的建議是要提升自己的程式技術，以便讓你

獨立收集佐證資料、驗證自己的交易想法。

Tips 4：致勝策略的 Cheaklist

接下來，你需要了解致勝策略的關鍵要素。我先前也曾提醒過這點。如果你希望評估現有的策略或欲開發自己的策略，你必須知道要從何著手（請見表 8-2）。

致勝策略的兩大關鍵要素為：

● 可測量性
● 穩健性

表 8-2 致勝策略往往擁有相同要素，可供所有交易者檢視自己的方法。

致勝策略的關鍵要素				
要素	方法	優點	結果	破產風險
可測量性	明確的資金控管原則	建立淨值曲線	以事實為基礎	0%
穩健性				
證據	樣本外數據表現	穩健性	穩定的淨值曲線	0%
指示				
多功能性	在多樣化市場組合中獲利	避免資料探勘	穩定的淨值曲線	0%
良好的設計原則	簡單 規則少 指標少 變量少 ・相同的買進／賣出價值 ・不同市場的相同價值	避免曲線配適	穩定的淨值曲線	0%

| 可測量性 |

在衡量你的交易方法（無論它是新是舊）時，必須要有清楚且客觀的規則。不能有任何主觀意見——在什麼時候交易、在哪裡進場、停損點設在哪裡，以及如何出場等，都必須要有黑白分明的規則。若你希望以傳統的頭肩型態去交易，那麼你就必須清楚說明頭肩型態是如何定義的。假如你只會說：

我要等頭部和肩部的型態出現且在頸線突破處進場……

這種說法是遠遠不夠的。

當我在編寫阿諾德 PPS 策略來交易三角形、矩形與楔形這三種形態時，我定義它們至少有四個擺盪點，每對擺盪點都由一條趨勢線連結，突破型態的趨勢頂端後買進。你必須了解，編寫程式語言需要明確的指令，光靠模糊的觀察是行不通的。此外，若沒有特定的交易規則，你就無法計算策略的期望值及破產風險值。

| 穩健性 |

可交易的穩健性應該是所有策略的聖杯目標。

「可交易」意味著符合現實狀況和實用性——交易者是否有可能遵循特定策略，在無可避免的回撤中持續進行交易？回撤正是關鍵所在。若只是想透過樣本外數據選擇最具獲利性的策略，這樣做並不切實際，因為若回測策略的歷史

績效，嚴重的虧損終究無法避免。對機構型交易者或大型對沖基金來說，巨大的回撤並不算什麼，但對散戶來說就是另一回事了。因此，「可交易」意味著符合現實狀況與實用性。

穩健性代表某一策略現在和過去一樣有效，也代表一條向上傾斜的樣本外數據淨值曲線。

前文曾提到，有兩種方法可以衡量出策略的穩健性：

1. 證據。
2. 指示。

》證據：策略的穩健性證據會表現在由樣本外數據所得到穩定向上的淨值曲線上。而且很顯然，自該策略開發或發布以來的時間軸越長越好。

》指示：假如你缺乏樣本外數據的證據，你還是可以透過兩個指標，在策略中尋找穩健性的跡象：

1. 多功能性。
2. 良好的設計原則。

》多功能性：如果某一策略能在多樣化的市場組合中獲利，那麼它的多功能性即證明了策略的穩健程度。多功能性代表此策略並未藉由資料探勘，去擬合少數特定挑選的市場。

》良好的設計原則：另一項關於策略的穩健性指示，來自它

是否擁有良好的設計原則。我先前說過，好的設計原則一定相當簡單。簡單代表迴避了過度曲線配適所產生的謬誤，而這個謬誤普遍存在於所有的策略中——若缺乏捕捉市場走勢的想法，策略就不可能會被創造出來。有經驗的交易者會將曲線配適極小化，而新手交易者往往會對策略進行過度的曲線配適，也就是追尋完美的、無痛的、一條徹底呈現四十五度角的歷史淨值曲線。

良好的策略設計原則會擁抱簡單性。簡單性會將過度曲線配適的風險極小化。簡單的概念意味使用極少的規則、極少的指標與變量——不管是買進、賣出、停損，或是在所有市場裡，變量值都是相同的。複雜絕對不會帶來穩健性。請回想第二章湯姆·狄馬克說過的話。

| 策略基準 |

現在，你已知道好的策略會是什麼樣子。下一個交易者需要的關鍵工具就是檢驗策略基準（Strategy Benchmark）。

透過策略基準，你得以避免掉進「相關性陷阱」。

你必須掌握所有相關性陷阱，只關注和交易那些你自己開發的策略。你希望能在市場占有一席之地。你希望得到重視。你希望自己的努力能得到認可與獎賞。在你心裡，最好的方法就是用自己的策略交易。然而，大部分交易者的努力都無法轉換為在真實市場上用真金白銀換來的成功。這就是為什麼要根據既定且穩健的方法去測試你的策略——這是一種在過去有效且未來很可能會繼續有效的方法。策略基準是

你的策略在實際進場前必須通過檢驗的最低障礙。

假如你的策略無法通過策略基準的檢驗，那麼請放棄交易。那不是你的策略，請不要相信它——不要相信你的自尊與重要性。你的自尊與重要性應該是取決於你的帳戶餘額。交易的目的應該是避免破產風險、活下來，然後才是賺錢和擴充帳戶。不要迎合你在策略開發過程中逐漸膨脹的自戀與自我，這絕對不會帶來好處。

真正的訣竅，在於選擇合適的策略基準，並確保此一基準符合致勝策略的關鍵要素，而其中最具意義的必然是穩健性。

你必須遵循一個客觀、結構化的檢驗過程，幫助自己選擇適切的策略及策略基準。現在就讓我來示範該怎麼做。

Tips 5：策略檢驗工具

要知道，沒有任何單一指標可以用來衡量所謂的最佳的策略。

我自己是以數學來計算破產風險值，但在評估策略時，則是使用一系列量化與質化指標。這其實沒有一套絕對的標準，每位交易者使用的方法截然不同。

當我檢驗策略時，我會運用穩健性與表現分析，釐清我對特定策略的觀察。在兩者之中，我會更關注穩健性指標，如同我一再強調的，一個穩健的策略比績效卓越的策略能讓我在市場上存活得更久。

| 策略穩健性分析 |

首先，我會透過如表 8-3 所列的分析要點去檢驗策略的穩健性。

直白的說，我只想看到可以驗證策略穩健性的實質證據，也就是正向的樣本外數據表現。而如果某一策略所擁有的樣本外數據越多、時間越長，我對該策略就越有信心。

若缺乏穩健性的證據，那麼我會轉為尋找穩健性可能存在的跡象。但即便該策略擁有大量穩健性證據，我仍會研究相關指示，以便對它有更確實的理解。

穩健性可能存在的其中一項正向指示就是策略的「多功能性」，具多功能性的策略往往已避開資料探勘的風險。而我想知道的是：此策略是否能在多樣化的市場投資組合裡有

表 8-3 理想的策略檢驗工具擁有穩健性的證據或指示。

策略的穩健性分析		
證據	樣本外數據表現	
指示		
	多功能性	在多樣化市場組合中獲利
		避免料資探勘
	良好的設計原則	簡單
		規則少
		指標少
		變量少
		・相同的買進／賣出格局
		・不同市場的相同數值
		避免過度曲線配適

利可圖——它的樣本外數據表現是否為正獲利？甚至是否能在非原先設定的市場中獲利？

另一項穩健性可能存在的正向指示，在於策略是否符合良好的設計原則以避免過度曲線配適——該策略是簡單或是複雜？規則多還是少？指標數量為何？變量多還是少？這些變量對於買賣設定與所有市場是否具有相同的價值？在所有變量與調整值之下，會得到多少不同的淨值曲線？在所有的淨值曲線之中，是否有任何曲線的破產風險值高於 0%？該策略的淨值曲線是否可在多項組合變量值之下，仍保持穩定狀態？

一旦我完成了穩健性分析，我會再接續檢視策略的績效表現指標。

｜策略表現分析｜

績效指標的選擇性實在太多了，這絕對是一個你不會想掉進去兔子洞。過去幾年，我學會仰賴幾個關鍵指標，如表 8-4 所示。

當我在做策略表現分析時，我會深入理解以下五大重點區塊：

- 存活率
- 報酬／風險比率
- 風險
- 資金控管效率
- 交易難度

表 8-4 我評估策略表現時會看的關鍵績效指標。

策略的表現分析
存活率 　破產風險值
報酬／風險比率 　淨收益（無資金管理部位調整） 　最大回撤 　報酬／風險比（淨收益／最大回撤） 　UPI 潰瘍績效指數（請參照第七章）
風險 　每交易平均風險（停損）
資金控管效率 　淨收益（資金管理部位調整） 　年均複合成長率
交易難度 　最大回撤（天數） 　最大連續虧損 　淨值曲線 R^2 平滑度

讓我們來一一檢視吧。

》存活率：我的第一個交易目標是要能活下來。沒有比活下來還重要的事。因此，我迫切想知道某策略的期望值與我偏好的資金控管方法相結合時，它的破產風險值是多少？除非數值為零，否則我沒興趣再繼續。

≫ 報酬／風險比率：我關注的第二件事，是策略在風險下的收益狀況 —— 在歷史上最糟糕的情況下，該策略的收益為何？這可是古老經濟學的基石。假如該策略在過去的風險狀況下，無法產生足夠誘人的報酬，那就不用再考慮它了。

雖然報酬／風險比率很好用，但它僅會關注史上最糟回撤的某個時間點，相對的，UPI 潰瘍績效指數雖然在計算上較為複雜，但當我在計算回撤時，它卻能提供更準確的風險調整後報酬，也更能讓我理解各個策略在每單位平均回撤風險之下所帶來的超額報酬。這個數值越高越好。

≫ 風險：接下來，我非常想知道每筆交易的策略平均風險或平均停損值為何。因為我想避免大規模停損的風險。當然，我更偏愛風險較低（停損較小）的策略。箇中原因有二：第一，我自然傾向拿較少的錢去冒險，而不是拿較多的錢；第二，風險會降低策略的獲利效率。

我相信你一定聽過以下說法：

如何進入市場根本不重要，真正重要的是你什麼時候離開市場。不要擔心進場時刻，重點是出場啊！

對我來說，上述這段話是一個危險訊號。

我認為發表此高見的仁兄恐怕根本沒有在做交易，因為進場與停損（以及它帶來的風險）同等重要。你不可能獨厚

其一。你的進場點與停損點代表這筆交易所承擔的風險總和；這也是決定部位規模與潛在收益的關鍵點。

請記住：資金控管是你活下去（降低破產風險）與能賺錢的訣竅所在。當你的帳戶餘額成長時，資金控管能讓你放大部位規模。持倉規模越大，意味著更多的利潤。相對於較低的平均風險，較高的平均風險，其部位規模也會較小。我會偏好每單位交易平均風險較低的策略，這將使我能夠交易更大規模的部位，最終享有更大潛在獲利的可能。

》資金控管效率：若我們能在市場中活下來，接下來的目標就是要獲利。既然我們知道帶來巨額報酬的關鍵就是資金控管，那麼作為交易者，我們自然希望知道在資金控管狀態下，特定策略的賺錢效率有多高。

這一點非常重要，因為當我們檢視某策略單一合約（或單一部位規模）的結果時，其背後可能隱藏了巨大的停損點（big stops）。許多策略之所以看起來表現不錯，是因為策略開發者設有較大的停損點，避免該策略在賺錢後，或在可獲利的收盤價出現時立刻出場，而這可能將出場時間拉長到數日、數週，甚至數月以上！

當我們檢視策略在資金控管下所表現的效率後，「隱而不見」的高規格停損點將徹底現形，我們也才能徹底掌握該策略的實力（或欠缺的實力）。請記住：若每交易負擔相同規模的風險時，那麼停損較大的策略持倉規模會小於那些停損較小的策略。

我用來衡量策略效率的關鍵指標是年均複合成長率或年化報酬率，如此一來，就能掌握大規模的停損或無交易事實的狀況。請記住：零破產風險為王，年均複合成長率為后。

》交易難度：最後，我想快速了解特定策略的交易難度有多大？歷史上最糟糕的回撤持續了多久？過去曾有多少次連續性虧損發生？淨值曲線的平滑程度如何——它看起來很平靜，還是很揪心？透過 R^2 平滑度測量，我可以粗估使用特定策略交易的困難度。若數值為 100％，其淨值曲線將會呈一直線，若數值是較低的 50％，其淨值曲線就會較顛簸。我會希望以 R^2 值約 90％左右的策略進行交易。

｜綜合執行——是科學，還是藝術？｜

　　你必須權衡策略穩健性與策略表現這兩種分析法（圖8-1），我自己更重視前者——若策略越穩健，那麼它的績效指標就越可信；若策略越穩健，我就越有信心在回撤期間進行交易。

　　在做策略的穩健性分析時，我重視證據勝過指示；在做策略的表現分析時，我認為存活率（破產風險）、報酬／風險比率與資金控管效率，為前三重要的項目。

　　假如我所檢視的策略沒有太多樣本外數據表現，但卻擁有多功能性與良好的設計原則等穩健性指示，那麼我會略為忽視其中幾項不完美的績效指標；假如我觀察到某一策略有過度曲線配適的毛病，且過於複雜，那麼我絕對不會考慮，不管它的績效看起來有多亮眼、有再多令人信服的指標都無

法打動我。

　　無論你使用何種方式**檢驗策略**，都需要在穩健性與績效指標之間取得平衡——這有一部分是科學，另一部分則是藝術。如我先前所說，沒有任何單一指標可以用來衡量所謂的最佳的策略。當然，樣本外數據能為策略的穩健性背書。當然，能在多樣化市場組合中獲利，代表策略的多功能性與它避免了資料探勘。當然，規則的簡單性或僅採用少量的指標、變量，也代表策略有良好的設計原則及沒有過度曲線配適的缺陷。然而，我們無法依靠任何單一指標、技術或方法，檢測出曲線配適。要如何判斷曲線配適的影響，這點則非常主觀——究竟眼前的曲線配適已過度，還是仍屬合理範圍？這就必須仰賴交易者自己的經驗，也就是從科學進入到「藝術」領域了。

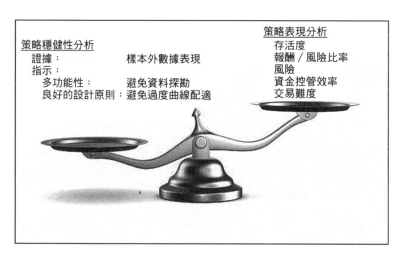

圖 8-1 相較於績效表現，我通常會更看重策略的穩健性。

當交易者熟悉自己的獨門技術後，最後一步就是決定策略的替代淨值曲線之範圍大小。交易者必須了解每一條曲線的上下邊界，掌握它們的期望值與破產風險值，更別說關注它們的變化程度了——究竟這筆交易會顛簸難行，還是行雲流水呢？

｜淨值曲線穩定度分析｜

這是最後一塊拼圖了。對那些缺乏樣本外數據以證明其穩定性的策略來說，我們必須弄清楚該策略的淨值曲線面對變量調整後的敏感性，要做到這一點，就必須進行完整的淨值曲線穩定度分析。

以下我會使用第六章提到的布林通道波動突破策略，進行這項檢驗的示範。

請記住：雖然布林通道的概念自 1990 年左右就已發展為相當流行與成功的策略，但我使用的變量都是虛構的。因此儘管《期貨真相》雜誌將該策略評選為「史上十大交易系統」之一，但我仍無法仰賴它的績效表現數據，因為它缺乏樣本外數據。

既然沒有證據，我們就必須仰賴穩健性的指示。不過情況看起來還不差。布林通道策略擁有幾乎所有的穩健性指示，不但能在多重市場組合下發揮效益，且具備簡單性，顯示其遵循良好的設計原則。然而，該策略的兩個變數，則顯示其淨值曲線可能有過於脆弱或不穩定的隱憂，我們有必要對此進行淨值曲線穩定度分析。

讓我們先回顧該策略的規則：

規則

策略：	布林通道
開發：	1986 年
公布：	1993 年
數據：	每日
方法：	趨勢追蹤
技術：	波動突破
對稱性：	買進與賣出
市場：	全部
指標：	布林通道
變量—數量：	2
	布林通道（80）
	用標準差乘數（1）建立上下軌
變量—對稱性：	買賣規格相同
變量—應用：	所有市場具有相同值
規則：	2

買進規則

趨勢：	上升—前次收盤位於布林通道上軌上方
進場：	隔日開盤買進
停損：	前次收盤位於布林通道中軌下方
	隔日開盤賣出

賣出規則

趨勢：	下降—前次收盤位於布林通道下軌下方
進場：	隔日開盤賣出
停損：	前次收盤位於布林通道中軌上方
	隔日開盤買進

此策略包含一個指標、兩個變量。第一個變量是80日，第二個變量是標準差乘數（1），用以建立上軌與下軌。我將每個變量的調整次數限定為四次。在兩個變量與四個調整值的架構下，我知道它淨值曲線的變化將會有二十四種。若把原始變量也加入計算的話，它總共會有二十五種可能的淨值曲線。

我將每個變量進行10％的調整，在原始值的上下方，分別進行兩次調整。布林通道時間架構的調整值為8日，也就是80日的10％。標準差乘數的調整因子為0.1，也就是1的10％。故我使用的通道長度為64天、72天、80天（原始值）、88天和96天。而用以創建上軌和下軌的標準差乘數，我將使用0.8、0.9、1.0（原始值）、1.1和1.2。

透過這個方式，我將額外得到的二十四條淨值曲線，疊加在圖8-2中。而這個結果，顯然比我在第五章中所測試的回撤趨勢交易者策略（RTT）要好得多。

雖然肉眼看不出來，但我在圖8-2呈現了二十五條淨值曲線。我發現布林通道策略對於標準差乘數的變化並沒有太明顯的反應，導致有數條淨值曲線的結果很相似；你看到大多數的曲線變化都是被時間長度影響的。

在我僅有的四個調整值操作下，我們可以清楚看見替代淨值曲線的上下邊界。我們要問的是：是否有任何下軌附近的淨值曲線，其破產風險高於0％？我把相關數值彙整在表8-5中。

如你所見，我很高興沒有任何替代淨值曲線的破產風險高於0％。因此，這對布林通道策略來說是相當好的結果。

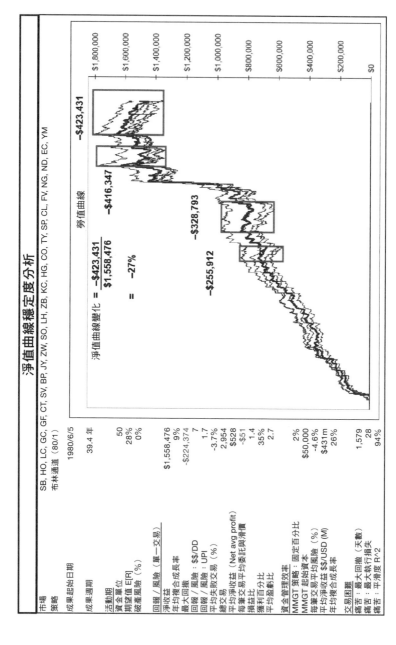

淨值曲線穩定度分析

市場	SB, HO, LC, GC, GF, CT, SV, BP, JY, ZW, SO, LH, ZB, KC, HG, CO, TY, SP, CL, FV, NG, ND, EC, YM
策略	布林通道 (80/1)
成果起始日期	1980/6/5
活動週期	39.4 年
活動期	50
資金單位	28%
期望值 E[R]	0%
破產風險 (%)	
回報／風險（單一交易）	
淨收益	$1,558,476
年均複合成長率	9%
最大回撤	-$224,374
回報／風險：$$/DD	7
回報／風險：UPI	1.7
平均失敗交易 (%)	-3.7%
總交易	2,954
平均淨收益 (Net avg profit)	$528
每筆交易平均委託與滑價	-$51
損益比	1.4
獲利百分比	35%
平均盈虧比	2.7
資金管理效率	
MMGT 策略：固定百分比	2%
MMGT 起始資本	$50,000
每筆交易平均風險 (%)	-4.6%
平均淨收益 $$/USD (M)	$431m
年均複合成長率	26%
交易困難	
禱告：最大回撤（天數）	1,579
備苦：最大執行損失	28
禱苦：平滑度 R^2	94%

圖 8-2 淨值曲線穩定度分析必須對比該策略的其他淨值曲線可能。

表 8-5 在布林通道策略的替代淨值曲線中，沒有任何曲線的破產風險值超過 0%。

淨值曲線穩定度分析

指標	布林通道		E[R]		單位 $$		破產風險值
	天數	標準差乘數					
變量	80	1	28%	+	50	=	0%
變量值變化							
	64	0.8	21%	+	50	=	0%
	64	0.9	21%	+	50	=	0%
	64	1	21%	+	50	=	0%
	64	1.1	21%	+	50	=	0%
	64	1.2	21%	+	50	=	0%
	72	0.8	27%	+	50	=	0%
	72	0.9	27%	+	50	=	0%
	72	1	27%	+	50	=	0%
	72	1.1	27%	+	50	=	0%
	72	1.2	27%	+	50	=	0%
	80	0.8	28%	+	50	=	0%
	80	0.9	28%	+	50	=	0%
	80	1	28%	+	50	=	0%
	80	1.1	28%	+	50	=	0%
	80	1.2	28%	+	50	=	0%
	88	0.8	27%	+	50	=	0%
	88	0.9	27%	+	50	=	0%
	88	1	27%	+	50	=	0%
	88	1.1	27%	+	50	=	0%
	88	1.2	27%	+	50	=	0%
	96	0.8	29%	+	50	=	0%
	96	0.9	29%	+	50	=	0%
	96	1	29%	+	50	=	0%
	96	1.1	29%	+	50	=	0%
	96	1.2	29%	+	50	=	0%

讓我繼續在表 8-6 完成淨值曲線穩定度分析。

為了方便比較，我把 RTT 策略也納入比較中。以我的觀點來看，布林通道策略的替代淨值曲線相當中性，它所得期望值的變化也相對較小。既然沒有任何變量導致它的破產風險值大於 0％，我們似乎可相信此策略的淨值曲線夠平穩，也符合實際交易的原則。

好了，你已經得到答案了。儘管布林通道策略缺乏樣本外數據表現與穩健性證據，但它仍舊是值得考慮的好策略。它不但具有良好穩健性的指示（多功能性、簡單性），也擁有穩定的淨值曲線與零破產風險值。它看起來相當穩健。我之所以說「看起來」，是因為我們不該對未來抱持過度強烈的信心。但對於布林通道早在 1990 年代就成為極受歡迎的

表 8-6 淨值曲線穩定度分析會反映出策略的脆弱程度。

布林通道策略的淨值曲線穩定度評估			
策略		RTT	布林通道
設定		MA (34) MA (250) RSI (4,80%)	Bollinger Bands (80,1)
致勝策略因素			
可測量性	期望值	9%	28%
	資金單位	20	50
	破產風險值	0%	0%
穩健性			
證據	樣本外數據表現	No	No
指示			
多功能性	在多樣化投資組合中獲利	Yes	Yes
良好的設計原則	淨值曲線穩定性評估		
	指標變數	4	2
	變量調整次數	4	4
	可能的淨值曲線數	256	25
	淨值曲線變化	Large	Medium
	期望值變化	Large	Small
	是否有任一組變量值的破產風險值 > 0%？	Yes	None
	淨值曲線是否足夠穩定進行交易？	**NO**	**YES**

策略選項，我們也不必感到訝異。

　　淨值曲線穩定度分析是我檢驗策略的最後一步。現在讓我們使用這個新的策略分析工具來分析另一項工具，也就是策略基準。

Tips 6：策略基準工具

　　讓我們回顧我在第六章分析的各個策略中，是否有適合的策略基準呢？請記住：之所以要制定策略基準，是為了幫助你避免掉入相關性陷阱——此策略將可成為你的基準、武器與迷失時的準繩。若你希望開發自己的策略，此一準繩亦是你必須超越的底線。

　　我在第六章回測了十九個趨勢交易策略，另外再加上我擲銅板式的「隨機趨勢交易者策略」。在這些策略之中，只有霍恩 1% 原則無法獲利，因此我將該策略移除，然後按照淨收益值高低將其他策略進行排序（請見表 8-7）。

　　以多數人的觀點而言，黃金 50 日與 200 日交叉似乎是一個表現突出的策略，它確實值得一試。但你現在應該已經知道，在評估策略時，只看單一、單向的指標遠遠不夠，我們還必須進行穩健性與績效表現的分析。讓我們試試看吧。

｜搜集數據｜

　　我在表 8-8 中總結了十八個適合作為策略基準的策略。針對其穩健性分析，我也總結了每個策略關於穩健性的證據與指示。

表 8-7 以淨收益值為十八個趨勢交易策略排序。

模型	類別	發表年	代入系統	淨收益	交易量	平均淨收益	委託與滑價
黃金 50 日與 200 日交叉	相對價格變動	2020	P24	$1,715,940	1,235	$1,389	-$51
唐契安 4 週策略	通道突破	1960	P24	$1,601,223	6,120	$262	-$51
布林通道	波動突破	1993	P24	$1,558,476	2,954	$528	-$51
德雷福斯 52 週策略	通道突破	1960	P24	$1,442,906	475	$3,038	-$51
海龜策略	通道突破	1983	P24	$1,418,786	5,212	$272	-$51
ATR 通道	波動突破	2020	P24	$1,193,319	3,544	$337	-$51
道氏理論	擺盪突破	1900	P24	$1,090,346	17,927	$61	-$51
賈特列 3 週與 6 週交叉	相對價格變動	1935	P24	$1,079,398	3,387	$319	-$51
月結模型	相對價格變動	1933	P24	$1,003,526	4,993	$201	-$51
李嘉圖原則	價格突破	1838	P24	$622,552	20,392	$31	-$51
季結模型	相對價格變動	1933	P24	$611,092	1,670	$366	-$51
隨機趨勢交易者策略 / 200 日移動平均	撞銅板	2020	P24	$583,946	15,871	$37	-$51
均值回歸策略	回撤	2020	P24	$535,005	5,163	$104	-$51
唐契安 5 日與 20 日交叉	相對價格變動	1960	P24	$520,675	13,306	$39	-$51
阿諾德 PPS	震盪突破	1995	P24	$450,780	2,586	$174	-$51
艾爾德 TSTS 策略	回撤	1986	P24	$336,473	11,633	$29	-$51
達維斯箱形理論	震盪突破	1960	P24	$136,731	636	$215	-$51
李佛摩反應	震盪突破	1940	P24	$35,136	1,279	$27	-$51

表 8-8 掌握特定策略穩健性的證據與指示，所有已公布的資料都可成為樣本外數據的表現參照。

模型		穩健性分析											
		證據					資料探勘?	指示					
								規則		過度曲線配適?			
										指標		變量	
	發表年	樣本外年數	淨收益	交易量	平均淨收益	委託與滑價	Port.	No.	Sym.	No.	No.	Sym.	Mkts
黃金 50 日與 200 日交叉	2020	0	$1,715,940	1,235	$1,389	$51	P24	2	Yes	1	2	Yes	Yes
唐契安 4 週策略	1960	60	$1,601,223	6,120	$262	$51	P24	1	Yes	0	1	Yes	Yes
布林通道	1993	27	$1,558,476	2,954	$528	$51	P24	2	Yes	1	2	Yes	Yes
德雷福斯 52 週策略	1960	60	$1,442,906	475	$3,038	$51	P24	1	Yes	0	1	Yes	Yes
海龜策略	1983	37	$1,418,786	5,212	$272	$51	P24	3	Yes	0	2	Yes	Yes
ATR 通道	2020	0	$1,193,319	3,544	$337	$51	P24	2	Yes	1	2	Yes	NA
道氏理論	1900	120	$1,090,346	17,927	$61	$51	P24	1	Yes	0	0	NA	NA
賈特列 3 週與 6 週交叉	1935	85	$1,079,398	3,387	$319	$51	P24	2	Yes	1	3	Yes	NA
月結模型	1933	87	$1,003,526	4,993	$201	$51	P24	2	Yes	0	0	NA	NA
李嘉圖原則	1838	182	$622,552	20,392	$31	$51	P24	3	Yes	0	0	NA	NA
季結模型	1933	87	$611,092	1,670	$366	$51	P24	2	Yes	0	0	NA	NA
隨機趨勢交易者策略 / 200 日移動平均	2020	0	$583,946	15,871	$37	$51	P24	4	Yes	1	3	Yes	Yes
均值回歸策略	2020	0	$535,005	5,163	$104	$51	P24	5	Yes	1	3	Yes	Yes
唐契安 5 日與 20 日交叉	1960	60	$520,675	13,306	$39	$51	P24	2	Yes	1	2	Yes	Yes
阿諾德 PPS	1995	25	$450,780	2,586	$174	$51	P24	6	Yes	1	5	Yes	Yes
艾爾德 TSTS 策略	1986	34	$336,473	11,633	$29	$51	P24	6	Yes	2	5	Yes	Yes
達維斯箱形理論	1960	60	$136,731	636	$215	$51	P24	4	Yes	1	5	Yes	Yes
李佛摩反應	1940	80	$35,136	1,279	$27	$51	P24	4	Yes	0	0	NA	NA

表 8-8 包含了所有我會使用的穩健性相關資訊，所有已公布的資料都可成為樣本外數據的表現參照，而這些數據讓我能確實掌握特定策略的穩健性。除了四個策略以外，多數策略都有充分證據證實它們的穩健度。為了加強證據性，我更總結了穩健性的重要指標。如你所見，由於樣本外數據充足，多數策略都擁有極高的穩健性——它們都具有多功能性，在多元的二十四種市場投資組合中表現優異。這代表上述策略都避免了資料探勘。另外我們還想知道：上述策略是否符合良好的設計原則？它們簡單嗎？還是很複雜？它們有過度曲線配適嗎？還是沒有？嗯，以下三種策略的規則似乎相當複雜：

- 均值回歸策略
- 阿諾德 PPS
- 艾爾德 TSTS 策略

這三個策略的規則明顯多過其他策略，而這代表過度曲線配適的可能性。然而，雖然它們的規則過多，但卻都有相同的買進、賣出格局、在不同市場中擁有相同數值，因此也暗示了曲線配適並不存在。只不過，對於以下三個策略的變量數，我則不敢肯定：

- 阿諾德 PPS
- 艾爾德 TSTS 策略
- 達維斯箱形理論

這三個策略都有五個變量，幾乎是其他策略的兩倍。然而，它們也都擁有相同的買進與賣出格局，在不同市場也都擁有相同數值——這再一次否定了過度曲線配適的可能。但對這種樣本外數據的表現我們也無須訝異。

在表 8-9 中，我總結了我主要的績效表現指標——我羅列了自己在分析策略時所仰賴的主要表現指標，以淨收益結果將五個最優異的策略基準排序如下：

1. 黃金 50 日與 200 日交叉
2. 唐契安 4 週策略
3. 布林通道策略
4. 德雷福斯 52 週策略
5. 海龜策略

讓我們一一檢視上述策略，並思考何者為最優秀的策略基準選項。

｜穩健性與績效表現的初步分析｜

任何好策略的首要屬性就是穩健性，其中我最看重的是其樣本外證據。在這個基準之下，我會先排除：

1. 黃金 50 日與 200 日交叉
2. ATR 通道
3. 隨機趨勢交易者策略／200 日移動平均
4. 均值回歸策略

表 8-9 良好表現的主要指標包含交易活動期、報酬／風險比例、效率與交易困難。

模型	穩健性		存活度			報酬／風險比率				資金控管效率			交易難度		
	發表年	樣本外年數	E[R]	Units $$	ROR	Net $$	D/D	R/R	UPI	Risk	MMgt	CARG	DD Days	Losses	R^2
黃金 50 日與 200 日交叉	2020	0	39%	50	0%	$1,715,940	$196,367	9	1.5	4.4%	$17m	16%	1,197	22	97%
唐契安 4 週策略	1960	60	14%	50	0%	$1,601,223	$261,817	6	1.4	5.6%	$69m	20%	1,608	18	93%
布林通道	1993	27	28%	50	0%	$1,558,476	$224,374	7	1.7	4.6%	$431m	26%	1,579	28	94%
德雷福斯 52 週策略	1960	60	47%	50	0%	$1,442,906	$113,469	13	1.3	16.7%	$2m	10%	1,600	9	98%
海龜策略	1983	37	21%	50	0%	$1,418,786	$95,107	15	2.2	4.7%	$257m	24%	1,637	20	96%
ATR 通道	2020	0	18%	50	0%	$1,193,319	$298,392	4	1.1	4.2%	$130m	22%	3,036	22	92%
道氏理論	1900	120	5%	50	0%	$1,090,346	$250,428	4	1.4	3.3%	$167m	23%	2,238	24	95%
賈特列 3 週與 6 週交叉	1935	85	12%	50	0%	$1,079,398	$295,771	4	1.1	6.2%	$30m	18%	2,972	18	83%
月結模型	1933	87	10%	50	0%	$1,003,526	$382,027	3	0.8	5.0%	$582m	27%	3,556	22	83%
李嘉圖原則	1838	182	3%	50	100%	$622,552	$449,550	1	0.5	1.9%	$116m	21%	2,237	27	77%
季結模型	1933	87	9%	50	0%	$611,092	$261,974	2	0.4	7.5%	$5m	0%	4,472	17	74%
隨機趨勢交易者策略／200 日移動平均	2020	0	7%	50	0%	$583,946	$197,797	3	0.4	1.0%	$0m	0%	3,257	53	87%
均值回歸策略	2020	0	13%	50	0%	$535,005	$121,869	4	0.6	1.8%	$219m	24%	3,441	27	92%
唐契安 5 日與 20 日交叉	1960	60	3%	50	100%	$520,675	$311,061	2	0.4	3.0%	$0m	0%	6,689	25	36%
阿諾德 PPS	1995	25	31%	50	0%	$450,780	$62,059	7	0.7	2.2%	$35m	18%	2,494	23	95%
艾爾德 TSTS 策略	1986	34	4%	50	100%	$336,350	$330,350	1	0.3	1.8%	$5m	12%	5,039	32	51%
達維斯箱形理論	1960	60	15%	50	0%	$136,731	$75,614	2	0.1	5.5%	$0m	0%	3,089	17	82%
李佛摩反應	1940	80	3%	50	100%	$35,136	$101,554	0	0.1	2.8%	$0m	0%	3,827	17	30%

黃金 50 日與 200 日交叉策略真是暴起暴落，從英雄變狗熊，我無法確認該策略是在哪一年、是由誰開發的。我當然相信有很多人靠著這個策略賺了很多錢，他們會質疑我為什麼要排除它。過去三十年來，我把 200 日移動平均線視為主要的趨勢交易工具，我認為它很好用；但我從未將 50 日均線視為是判斷交易與否的工具，加上無法確認它發布的時間，因此我不認為可將它視為是策略基準的選項之一。我對ATR 通道與均值回歸策略也有疑慮，因為這兩者的年均複合成長率最高，分別為 22％與 24％。

這就是為什麼我們必須在交易前客觀分析、檢視手中策略問題的關鍵所在——儘管某些策略的績效表現看起來很優異，又具有多功能性、符合良好的設計原則，但若缺乏穩健性證據，就很難讓人考慮它們，更何況是在有上述那麼多策略可選擇的情況下。或許有人會在二十年後的一本書中，重新分析被我排除的那幾個策略，誰知道呢。但若我現在不這麼做的話，就是罔顧證據——讓我們專注在證據上，對所有策略一視同仁。

儘管排除「隨機趨勢交易者策略」令人很失望，但它已達成階段性任務——它讓你看見趨勢交易三大黃金原則的力量。

在排除四個策略之後，我們的選項剩下十四個。

我第一個會看的績效表現指標就是破產風險（ROR）。我把自己偏好、固定比例的資金管理策略套用在每個策略中——我以固定的 2％風險創造 50 單位的資金，並以 5 萬美元的帳戶作為計算起始；再將破產定義為 100％的虧損。

在我的前作《交易聖經》曾提到，我會透過軟體模擬計算每個策略的破產風險。

而經由模擬破產風計算後，我排除了四個破產風險值高於 0% 的策略：

1. 李嘉圖原則
2. 唐契安 5 日與 20 日交叉
3. 艾爾德 TSTS 策略
4. 李佛摩反應

如此一來，我們的選項剩下十個。

我必須說，捨棄大名鼎鼎的李佛摩反應策略當然很令人失望，但這不代表我不信任李佛摩本人與他的策略，且該策略也只是他眾多交易方法的其中一個而已；同樣的道理也適用於唐契安與艾爾德博士，之所以排除這些策略僅是因為它們模擬出來的破產風險值高於 0%、未通過我的穩健性分析而已，況且即便我的破產風險模擬未排除它們，我所使用的其他指標，恐怕也會剔除之。

舉例來說，上述策略的報酬／風險比率與風險調整後報酬（UPI 潰瘍績效指數）都不太理想：

	報酬／風險比率	UPI
● 李嘉圖原則	1	0.5
● 唐契安 5 日與 20 日交叉	2	0.4
● 艾爾德 TSTS 策略	1	0.3
● 李佛摩反應	0	0.1

除了李嘉圖原則之外，它們的收益效率表現也不盡理
想：

	資金控管效率 （MMgt）	年均複合成長率 （CARG）
● 李嘉圖原則	$116m	21%
● 唐契安 5 日與 20 日交叉	$0m	0%
● 艾爾德 TSTS 策略	$5m	12%
● 李佛摩反應	$0m	0%

這些策略的回撤期也相當漫長，這將會十分考驗交易者
的耐心：

	回撤長度（天數）
● 李嘉圖原則	2,237
● 唐契安 5 日與 20 日交叉	6,689
● 艾爾德 TSTS 策略	5,039
● 李佛摩反應	3,827

最後，它們的淨值曲線都相當不平順，R^2 值較差，這
會讓交易難以進行：

	R^2 值
● 李嘉圖原則	77%
● 唐契安 5 日與 20 日交叉	36%
● 艾爾德 TSTS 策略	51%
● 李佛摩反應	30%

因此，雖然放棄上述策略相當可惜，它們的樣本外數據
表現證實了穩健性，但也證實它們的績效表現不盡理想，因
此我有理由排除它們。

| 前十強的策略基準 |

好，現在我們有了前十強的策略，表 8-10 總結了它們的穩健性分析，表 8-11 則總結了它們的表現性分析。

這十個策略都有其優秀之處。它們有充足的樣本外數據表現，其中最晚近的阿諾德 PPS 策略也有二十五年的歷史。它們都具備通用的多功能性。它們在我的二十四種市場投資組合中都能獲利，顯示其避免了資料探勘。接下來唯一要考慮的是：這十個策略是否符合良好的設計原則？

阿諾德 PPS、達維斯箱形理論、賈特列 3 週與 6 週交叉因其變量數目（分別為 5、6、3）而遭到排除。賈特列的策略或許尚有爭議之處，因為它在 1935 年發表時所使用 3 週、6 週的變量確實通過了時間的考驗，它擁有樣本外數據的良好表現；阿諾德 PPS 也可納入考慮，雖然它有五個變量，但它在 1995 年發表時已賦予變量明確的定義，其中三個變量與阿諾德深思熟慮的交易計畫有關，邏輯也相當合理。因此，我暫時先保留阿諾德 PPS 與賈特列 3 週與 6 週交叉策略。

至於達維斯箱形理論則未明確地記錄其規則或變量值，因此我是以自己對達維斯策略的詮釋，擬定出規則與變量值。基於此一較脆弱的本質（缺乏良好的設計原則），我也將它排除掉。但我很樂於將該策略保留在前十強中，雖然它與奪冠無緣。

現在我們要做的，就是從這前十大策略中選出一個作為你的策略基準。正如我多次提醒的，作為交易者，我們的首

表 8-10 經篩選後的前十大策略都擁有良好的穩健性證據與指示

模型	類別	發表年	樣本外年數	淨收益	交易量	平均淨收益	委託與滑價	資料探勘? Port.	規則 No.	規則 Sym.	指標 No.	指標 Sym.	變量 No.	變量 Sym.	Mkts
唐契安 4 週策略	通道突破	1960	60	$1,601,223	6,120	$262	-$51	P24	1	Yes	0	Yes	1	Yes	Yes
布林通道	波動突破	1993	27	$1,558,476	2,954	$528	-$51	P24	2	Yes	1	Yes	2	Yes	Yes
德雷福斯 52 週策略	通道突破	1960	60	$1,442,906	475	$3,038	-$51	P24	1	Yes	0	Yes	1	Yes	Yes
海龜策略	通道突破	1983	37	$1,418,786	5,212	$272	-$51	P24	3	Yes	0	Yes	2	NA	NA
道氏理論	擺盪突破	1900	120	$1,090,346	17,927	$61	-$51	P24	1	Yes	0	Yes	0	NA	NA
賈特列 3 週與 6 週交叉	相對價格變動	1935	85	$1,079,398	3,387	$319	-$51	P24	2	Yes	1	Yes	3	Yes	Yes
月結模型	相對價格變動	1933	87	$1,003,526	4,993	$201	-$51	P24	2	Yes	0	Yes	0	NA	NA
季結模型	相對價格變動	1933	87	$611,092	1,670	$366	-$51	P24	2	Yes	0	Yes	0	NA	NA
阿諾德 PPS	震盪突破	1995	25	$450,780	2,586	$174	-$51	P24	6	Yes	1	Yes	5	Yes	Yes
達維斯箱形理論	震盪突破	1960	60	$136,731	636	$215	-$51	P24	4	Yes	1	Yes	5	Yes	Yes

（穩健性分析：證據｜指示；指示含規則、過度曲線配適?〔指標、變量〕）

表 8-11 前十大策略多半有良好的績效表現指標，但並非全部皆然。

模型	類別	穩健性		存活度			績效表現分析									
							報酬／風險比率				資金控管效率			交易難度		
		發表年	樣本外年數	E[R]	Units	ROR $$	Net $$	D/D	R/R	UPI	Risk	MMgt	CARG	DD Days	Losses	R^2
唐契安 4 週策略	通道突破	1960	60	14%	50	0%	$1,601,223	*$261,817	6	1.4	*5.6%	$69m	20%	1,608	18	93%
布林通道	波動突破	1993	27	28%	50	0%	$1,558,476	*$224,374	7	1.7	*4.6%	$431m	26%	1,579	28	94%
德雷福斯 52 週策略	通道突破	1960	60	47%	50	0%	$1,442,906	*$113,469	13	1.3	*16.7%	$2m	10%	1,600	9	98%
海龜策略	通道突破	1983	37	21%	50	0%	$1,418,786	*$95,107	15	2.2	*4.7%	$257m	24%	1,637	20	96%
道氏理論	擺盪突破	1900	120	5%	50	0%	$1,090,346	*$250,428	4	1.4	*3.3%	$167m	23%	2,238	24	95%
賈特列 3 週與 6 週交叉	相對價格變動	1935	85	12%	50	0%	$1,079,398	*$295,771	4	1.1	*6.2%	$30m	18%	2,972	18	83%
月結模型	相對價格變動	1933	87	10%	50	0%	$1,003,526	*$382,027	3	0.8	*5.0%	$582m	27%	3,556	22	83%
季結模型	相對價格變動	1933	87	9%	50	0%	$611,092	*$261,974	2	0.4	*7.5%	$5m	12%	4,472	17	74%
阿諾德 PPS	震盪突破	1995	25	31%	50	0%	$450,780	*$62,059	7	0.7	*2.2%	$35m	18%	2,494	23	95%
達維斯箱形理論	震盪突破	1960	60	15%	50	0%	$136,731	*$75,614	2	0.1	*5.5%	$0m	0%	3,089	17	82%

要目標是要能在市場上活下來，因此我們必須以零破產風險去交易；第二個目標就是要賺到錢，而真正能獲得巨大收益的祕密，就是做好資金控管，因此我們必須檢視每個策略的獲利效率——這是為什麼我把「年均複合成長率」當作是前三大績效表現指標的原因。假設其他穩健性指標都沒有問題，CAGR 就是策略優異與否的最終仲裁者。所以，現在就讓我們以年均複合成長率為這些策略排序。

| 以年均複合成長率為策略排序 |

在表 8-12 與表 8-13 中，我將這十大策略依據年均複合成長率排序，以辨識其獲利效率。現在，新的前五名是：

1. 月結模型
2. 布林通道策略
3. 海龜策略
4. 道氏理論
5. 唐契安 4 週策略

看出哪裡不同了嗎？原本的前五名是：

1. 黃金 50 日與 200 日交叉
2. 唐契安 4 週策略
3. 布林通道策略
4. 德雷福斯 52 週策略
5. 海龜策略

表 8-12 經年均複合成長率重新排序後的十大策略——穩健性分析

模型	類別	穩健性分析													
		證據						資料探勘?	指示						
									規則		過度曲線配適? 指標	變量			
		發表年	樣本外年數	淨收益	交易量	平均淨收益	委託與滑價	Port.	No.	Sym.	No.	No.	Sym.	Mkts
月結模型	相對價格變動	1933	87	$1,003,526	4,993	$201	- $51	P24	2	Yes	0	0	NA	NA
布林通道	波動突破	1993	27	$1,558,476	2,954	$528	- $51	P24	2	Yes	1	2	Yes	Yes
海龜策略	通道突破	1983	37	$1,418,786	5,212	$272	- $51	P24	3	Yes	0	2	Yes	Yes
道氏理論	擺盪突破	1900	120	$1,090,346	17,927	$61	- $51	P24	1	Yes	0	0	NA	NA
唐契安 4 週策略	通道突破	1960	60	$1,601,223	6,120	$262	- $51	P24	1	Yes	0	1	Yes	Yes
阿諾德 PPS	震盪突破	1995	25	$450,780	2,586	$174	- $51	P24	6	Yes	1	5	Yes	Yes
賈特列 3 週與 6 週交叉	相對價格變動	1935	85	$1,079,398	3,387	$319	- $51	P24	2	Yes	1	3	Yes	Yes
季結模型	相對價格變動	1933	87	$611,092	1,670	$366	- $51	P24	2	Yes	0	0	NA	NA
德雷福斯 52 週策略	通道突破	1960	60	$1,442,906	475	$3,038	- $51	P24	1	Yes	0	1	Yes	Yes
達維斯箱形理論	震盪突破	1960	60	$136,731	636	$215	- $51	P24	4	Yes	1	5	Yes	Yes

表 8-13 經年均複合成長率重新排序後的十大策略——績效表現分析

模型	類別	穩健性		存活度			報酬 / 風險比率				資金控管效率			交易難度		
		發表年	樣本外年數	E[R]	Units $$	ROR	Net $$	D/D	R/R	UPI	Risk	MMgt	CARG	DD Days	Losses	R^2
月結模型	相對價格變動	1933	87	10%	50	0%	$1,003,526	-$382,027	3	0.8	-5.0%	$582m	27%	3,556	22	83%
布林通道	波動突破	1993	27	28%	50	0%	$1,558,476	-$224,374	7	1.7	-4.6%	$431m	26%	1,579	28	94%
海龜策略	通道突破	1983	37	21%	50	0%	$1,418,786	-$95,107	15	2.2	-4.7%	$257m	24%	1,637	20	96%
道氏理論	擺盪突破	1900	120	5%	50	0%	$1,090,346	-$250,428	4	1.4	-3.3%	$167m	23%	2,238	24	95%
唐契安 4 週策略	通道突破	1960	60	14%	50	0%	$1,601,223	-$261,817	6	1.4	-5.6%	$69m	20%	1,608	18	93%
阿諾德 PPS	震盪突破	1995	25	31%	50	0%	$450,780	-$62,059	7	0.7	-2.2%	$35m	18%	2,494	23	95%
賈特列 3 週與 6 週交叉	相對價格變動	1935	85	12%	50	0%	$1,079,398	-$295,771	4	1.1	-6.2%	$30m	18%	2,972	18	83%
季結模型	相對價格變動	1933	87	9%	50	0%	$611,092	-$261,974	2	0.4	-7.5%	$5m	12%	4,472	17	74%
德雷福斯 52 週策略	通道突破	1960	60	47%	50	0%	$1,442,906	-$113,469	13	1.3	-16.7%	$2m	10%	1,600	9	98%
達維斯箱形理論	震盪突破	1960	60	15%	50	0%	$136,731	-$75,614	2	0.1	-5.5%	$0m	0%	3,089	17	82%

唐契安 4 週策略、布林通道與海龜策略都表現得不錯，仍維持在前五強。特別是唐契安，跟他有關的兩個策略都名列前茅（別忘了海龜策略正是奠基於唐契安的 4 週策略）。

至於跌出前五強的德雷福斯 52 週策略是值得同情的，儘管它擁有傲人的單一部位淨收益 $1,442,906，但它的年均複合成長率卻僅有 10％，因此下滑至名單中的第九名。令人惋惜的還有它平滑的淨值曲線，它的 R^2 值高達 98％（這個數值若是 100％，淨值曲線將會形成完美的四十五度角）；此外，它的回撤天數也僅有最短的 1,600 天。

讓德雷福斯 52 週策略跌出前五強的原因在於：它的停損過大。

停損點反向操作策略，意味著交易者必須一直待在市場內。52 週的突破會帶來巨大的風險——每筆交易的平均風險為嚇人的 -16.7％。當一個策略的停損過大時，會阻礙部位成長。

請記住：我們在交易時，能夠承擔風險的資本額是固定的（由你的資金控管策略定義）。如果停損很小，代表我們可以在較大部位設置相對較大的停損。德雷福斯 52 週策略的停損過大，也因此，它的獲利效率過低——停損過大會殺死利潤。當我們檢視策略時，必定得注意它在符合資金控管原則下的獲利效率。查看單一合約或部位的淨值曲線時，往往會忽略停損過大或獲利效率拙劣的狀況。請記住：年均複合成長率很重要！

在這個階段的策略評估中，根據我的穩健性與績效表現分析，月結模型應該可順利成為你的策略基準——它不但穩

健，且年均複合成長率高達 27％，是所有策略中最高的，可謂雙贏。

是這樣嗎？

請記住：沒有任何單一的超級指標能選出最優質的策略，即便是年均複合成長率也無法辦到。雖然月結模型的年報酬率相當驚人，但在其他指標的反映之下，它的表現依舊差強人意——它的報酬／風險比率相當低，僅有 3：1，且 UPI 值也非常低。以每單位平均回撤風險而言，僅有 0.8 個單位的無風險超額收益。月結模型在所有策略中，擁有第二長的 3,556 個回撤天數，其淨值曲線相當動盪，而 83％的 R^2 值也相當低。

不過別擔心，我們還有另外九個策略可供下一階段的篩選，在邏輯上，接下來我們可以考慮名單上的布林通道策略——它擁有 26％的高年均複合成長率，以及較高的 7：1 報酬／風險比率，而 1.7 的 UPI 值也相當健康。布林通道策略的回撤天數相當合理，僅有 1,579 天，94％的 R^2 值也為它帶來一條較為平順的淨值曲線。所以它應當是更好的選擇。

是這樣嗎？

好吧，儘管布林通道策略在我的排序裡相當不錯，但我們別忘了，在這一系列的分析中，該策略有 80％的主要變量都來自於模擬計算。

我在第六章說過，1990 年代出現一個立基於布林通道且廣受歡迎的商用策略，布林通道也因此被《期貨真相》評選為「史上最重要的十大交易系統」之一，因此我為它編列

了尚屬合理的發布年分。雖然布林通道受到普遍的好評，但我們仍無法確實掌握此系統的變量值。就算它的歷史表現與淨值曲線穩定度皆為正向，「缺乏樣本外數據」仍是一個隱憂。因此，在還有其他優秀策略可供選擇的狀況下，我會優先選擇能替代布林通道的策略。

結論是，以我個人而言，我選擇略過布林通道策略，將目光轉向海龜策略。海龜策略 24％的年均複合成長率相當健康，風險調整後報酬也很出色，15：1 的報酬／風險比率及 2.2 的 UPI 值也都令人印象深刻。此外，1,637 個回撤天數很合理，R^2 值淨值曲線也相當平順。對我來說，海龜策略似乎擁有最強穩健性、表現性指標的組合，這讓它得到絕佳的風險調整後表現──它很有機會能成為我們的策略基準。

》第二次淨值曲線穩定度分析─海龜策略：在我推薦你把海龜策略作為策略基準之前，我想先看看它的淨值曲線對變量值改變的敏感度。這個步驟並不是絕對必要，畢竟它已擁有三十七年的樣本外數據，這讓任何分析都顯得多餘（實際表現才是穩健性的鐵證）。我之所以要這麼做，是想帶領讀者們做進一步的練習。

讓我們重新回顧第六章的海龜策略規則。

規則

策略:	海龜策略
開發:	未知
公布:	1983 年
數據:	每日
方法:	趨勢追蹤
技術:	通道突破
對稱性:	買進與賣出
市場:	全部
指標:	無
變量—數量:	2
	每週進場通道（4）
	每週進場通道（2）
變量—對稱性:	買賣規格相同
變量—應用:	所有市場具有相同值
規則:	3

買進規則

設定:	每週通道顯示突破前 4 週最高點
過濾機制:	以前次訊號虧損作為交易訊號
進場:	突破前 4 週最高點買進
停損:	攢破前 2 週最低點賣出

賣出規則

設定:	每週通道顯示突破前 4 週最低點
過濾機制:	以前次訊號虧損作為交易訊號
進場:	攢破前 4 週最低點賣出
停損:	突破前 2 週最低點買進

海龜策略包含兩個變量。第一個是突破通道的長度（4週），第二個是反向突破通道的長度（2週）。

如同前述的布林通道策略，我將每個變量的調整次數限制為四次，如此一來，兩個變量、四個調整次數，若再加上原始變量，該策略就會擁有二十五條淨值曲線變化。只不過，我不能像對布林通道策略那樣，對每個變量使用 10% 的調整，因為週數不容易整除。這裡我是以單週作為調整因子，對原始變量值的上、下進行各兩次的調整。我以 2 週、3 週、4 週（原始值）、5 週、6 週，作為每週進場突破通道長度；至於反向的每週停損突破通道，我則使用 0 週、1 週、2 週（原始值）、3 週與 4 週。很顯然，0 週停損是不可能的，這代表該策略在進場後得立即停損出場，因此我將這個變量移除。如此一來，該策略的淨值曲線數從二十五條減至二十條。

此外，海龜策略限制了反向「停損」通道的長度。舉例來說，2 週突破進場訊號不可能有 3 週反向突破停損，因為在 3 週通道停損的部位之前，可能會出現另一個 2 週突破進場訊號。所以我又排除了三條淨值曲線（2 週進場 3 週停損、2 週進場 4 週停損、3 週進場 4 週停損）。這讓它的淨值曲線數從二十條減至十七條，但仍足以用來衡量它的穩定性。

我把這十六條淨值曲線疊加在圖 8-3 中。

在我限制四次變數調整的範圍內，我們可清楚看出該策略淨值曲線上限與下限的變化幅度。而我們要問的是：是否有任何淨值曲線的下限，會產生超過於 0% 的破產風險值？

我將結論歸納在表 8-14 中。

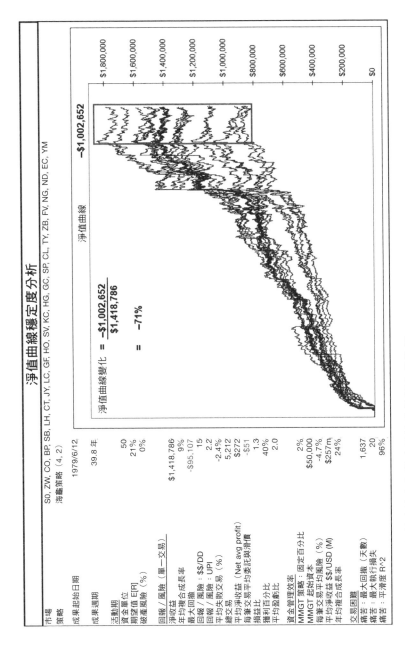

圖 8-3　經變量調整後的海龜策略淨值曲線穩定度分析。

表 8-14 在海龜策略的替代淨值曲線中，沒有一條曲線的破產風險值超過 0%。

淨值曲線穩定度分析

指標	突破通道		E[R]		單位 $$		破產風險值
	天數	標準差乘數					
變量	4	2	21%	+	50	=	0%
變量值變化							
	2	1	8%	+	50	=	0%
	2	2	15%	+	50	=	0%
	3	1	14%	+	50	=	0%
	3	2	19%	+	50	=	0%
	3	3	23%	+	50	=	0%
	4	1	16%	+	50	=	0%
	4	2	21%	+	50	=	0%
	4	3	25%	+	50	=	0%
	4	4	24%	+	50	=	0%
	5	1	15%	+	50	=	0%
	5	2	21%	+	50	=	0%
	5	3	23%	+	50	=	0%
	5	4	24%	+	50	=	0%
	6	1	15%	+	50	=	0%
	6	2	23%	+	50	=	0%
	6	3	23%	+	50	=	0%
	6	4	24%	+	50	=	0%

如你所見，沒有任何淨值曲線的破產風險值高於 0%。因此海龜策略顯然相當可行。

讓我繼續在表 8-15 完成淨值曲線穩定度分析。

在我以單週作為調整因子的架構下，海龜策略的淨值曲線與期望值變化相當大。為了實際測試，我的調整因子本身就很大，在 4 週突破狀態下，單週意味著有 25% 的調整值，遠遠高於先前我分析布林通道時使用的 10% 調整值。但無論如何，對每週突破策略來說，最小的分母即是以週為單位，因此我在調整變量值時別無選擇。儘管上限與下限的變化幅度相當明顯，卻未出現任何超過 0% 的破產風險值，這證明該策略的淨值曲線夠穩定，足以用它來進行交易。

表 8-15　海龜策略的淨值曲線穩定度測試已證明它足以投入交易。

海龜策略的淨值曲線穩定度評估			
策略		RTT	海龜策略
設定		MA (34)	Channel (4)
		MA (250)	Channel (2)
		RSI (4,80%)	
致勝策略因素			
可測量性	期望值	9%	21%
	資金單位	20	50
	破產風險值	0%	0%
穩健性			
證據	樣本外數據表現	No	Yes
指示			
多功能性	在多樣化投資組合中獲利	Yes	Yes
良好的設計	淨值曲線穩定性評估		
原則	指標變量數	4	2
	變量調整次數	4	4
	可能的淨值曲線數	256	17
	淨值曲線變化	Large	Large
	期望值變化	Large	Large
	是否有任一組變量值的破產風險值 > 0%？	Yes	None
	淨值曲線是否足夠穩定進行交易？	**NO**	**YES**

此外，正如我先前所說，海龜策略是由丹尼斯與艾哈德共同開發，他們在 1983 年將它傳授給一批被稱為「海龜」的交易新手，至今已有超過三十七年的樣本外數據表現，提供了不容置疑的穩健性證據，足以令其作為合適的策略基準。然而，假使你決定用這個策略進行交易，並調整它的變量，那麼至少你現在已經知道它淨值曲線的變化規模。

以我的觀點而言，我認為海龜策略可成為（下一個）值得你作為策略基準的選擇。

》回到 1980 年代的海龜策略：根據以上測試，我會推薦你將海龜策略作為策略基準、納入你的交易工具之一。它在穩健性、表現性與淨值曲線穩定度分析上，都得到很棒的表現，你可將它當作判斷交易狀況時的基準——如果你的交易方式無法超越它，那麼你就該認真考慮用它來做交易。

別誤會，我並不是說海龜策略是一個完美的策略。絕對不是。儘管它的評比相當優秀，也名符其實，但它仍不完美。對我來說，它最大的問題在於它的停損規模為 -4.7％，雖說比德雷福斯 52 週策略的 -16.7％ 要小得多，但仍相對較大。而以策略基準所需的條件來說，海龜策略依然是完美的——它是前述策略名單中的首選，而且比眾多自行設計卻績效差勁的策略更有吸引力。

我希望如此諷刺的結果，不會被更有交易經驗的讀者們忽視掉。如果你搔破了頭在尋找答案、尋找可行的策略、瘋狂翻書、參加無數研討會、修改無數程式碼仍找不到解決方

案的話，讓我告訴你，答案或許就在海龜身上。

現在，我已經選出一個策略基準，接下來交易者欠缺的，只差一張策略開發的藍圖。

Tips 7：策略開發工具

這是交易者必備的最後一個工具。所有艱難的工作都已完成了，現在你已擁有足以開發策略的一切：

- 交易組合建構工具
- 數據工具
- 軟體工具
- 致勝策略的 Cheaklist
- 策略檢驗工具
- 策略基準工具

你已經知道用多樣化、流動性（每日平均交易量）去客觀挑選交易組合的重要性；你知道自己需要可靠的數據來源（假如你還沒有自己的軟體，趕快投資一個吧）；你也知道自己偏好的策略屬性，也知道要如何檢驗策略，而且要以海龜策略作為基準進行比較。

你只差策略開發的藍圖了。這包含簡單的六個步驟：

1. 找到方法
2. 將方法程式化

3. 檢驗方法

4. 比較方法

5. 調整方法

   • 排除過度曲線配適

   • 再次檢驗

   • 再次比較

6. 完成淨值曲線穩定度分析

刪掉，再重來一次。就是如此而以。

拿出塵封已久的交易教科書吧。你最好參考在 2000 年前出版的著作，因為它們才能給你至少二十年的樣本外數據。在閱讀過程中，如果有任何交易想法吸引你的目光，那麼你就可以試著將想法轉換為程式碼，然後以不同市場的通用投資組合對其進行數據回測，如此便能產生一條歷史淨值曲線及前述我所用的績效表現指標。或者你也可以使用電子試算表，手動進行該策略與海龜策略的檢驗比較。若該策略值得關注的話，你必須考量在避免過度曲線配適的前提下，去進一步修正它。請盡可能減少策略規則，將指標與變量最小化。然後再次檢驗修正後的策略，再次將之與海龜策略進行比較。

最困難的部分是要洞悉自己的「調整」，是否已掉進曲線配適的陷阱。若曲線配適已無可避免，那就放棄吧。請你回到原點重新開始。

若你相信自己並未犯下曲線配適的錯誤，而策略表現看似優於海龜，那麼最後一步就是進行淨值曲線穩定度分

析——你必須確認在你所允許的變量數與調整值架構下，該策略可替代的淨值曲線範圍有多大？是否有任何淨值曲線的破產風險值高於 0％？曲線的上限與下限之間存在多少變化？它們的變量是否值得你進行交易呢？你必須確認策略的淨值曲線夠穩定，足以在不同市場的變量組合上進行交易。

如果上述問題的答案都是肯定的，那麼恭喜你，在實測完成後，你就可以準備進場了。準備開香檳吧！

若答案是否定的，別擔心，你還有很多現有的策略可供選擇。繼續測試吧。

▍該做數據分割嗎？

先前我曾提過，衡量策略穩健性的另一個方法，是將數據拆成一半（Data Splitting），看看策略在樣本內數據的表現後，再觀察樣本外數據的表現。正如我所說的，我傾向使用全部的數據進行策略淨值曲線穩定度分析——我希望能看到策略淨值曲線及其可替代曲線的深度和廣度，以觀察它上限與下限之間的變化。

我不想拆分數據的另一個原因是，當我專注於舊數據與既有策略概念的時候，我所擁有的自 1980 年代以來的歷史數據，早已遠超過「樣本外」數據的基本要求了！

總結

好的，差不多了。現在你已經擁有正確的工具，得以進入策略開發的世界。這是一個你永遠會用得到的交易工具大

禮包——你得以選擇、建構交易組合及取得數據。你知道以軟體蒐集數據的重要性。你知道致勝策略的關鍵要素為何。你知道要如何執行策略分析。你知道如何選擇策略基準，避免讓自己掉進關聯性陷阱。嘿，你現在已經有策略基準了噢！

既然你已經有了完備的後盾，是時候可以讓你試著開發一個明智的交易策略了，而這個策略（希望）能通過你的策略基準檢驗，讓你堅定地朝著永續交易的方向前進。

第九章

推導出聖杯策略的 6 個步驟：
以我的 MWDT 策略為例

「市場越變，越是相似。」

現在讓我們往後退一步，以便繼續前進。

順道一提，我希望將本章獻給技術分析的先驅們，他們無私地分享自己對市場的觀察，而我們因此得以站在巨人的肩膀上。即便他們已離我們而去，但我想證明他們的精神仍與我們同在，能引領我們走出交易迷霧，度過全球市場的動盪。我希望本章能公允的評價他們的貢獻——我自己在那個一片混沌、鮮少有用、缺乏證據支持、令人無限迷惘的技術分析領域，找到了一種相當有用的方法。

除了向前輩們致敬之外，本章還會告訴你要如何制定出一個明智、可持續的交易策略。為了達到這個目的，我將會遵循自己的策略發展藍圖。

我會按照第八章中曾與你分享的步驟開始進行：

1. 找到方法
2. 將方法程式化
3. 檢驗方法

4. 比較方法

5. 調整方法

　　• 排除過度曲線配適

　　• 再次檢驗

　　• 再次比較

6. 完成淨值曲線穩定度分析

Step 1：找到方法

　　花點時間從後照鏡中尋找靈感，是讓我們繼續前行的關鍵。現在你應該知道一些經典的交易概念是最棒的禮物，它們的樣本外數據正向表現，能提供策略的穩健性證據——新的概念無法辦到，唯有舊的可以。

▌回顧 2000 年以前出版的交易書籍

　　我們眼前已有無數的經典交易概念，只要做點功課就能得到。有一個簡單的方法就是回顧所有在 2000 年以前出版的交易書籍。如果有任何概念吸引你的目光，請將它程式化、進行分析。這麼做代表你將會擁有至少二十年以上的樣本外數據表現，絕對足以測試該策略的穩健性。

▌回顧十大趨勢交易策略

　　以我個人而言，我會先回顧第八章表 8-12 與表 8-13 總結的十大趨勢交易策略。

那兩張表最初是從十八個策略選項開始（若把我的「隨機趨勢交易者策略」也加進來的話，就有十九個選擇了）。在我進行穩健性與表現性分析後，名單縮減至前十強。如你所知，我的原始名單並未納入已知的所有策略，因此當你在搜尋策略概念時，請不要將自己的研究視野限縮在我的前十強名單內。

因此問題就變成：我們該分析哪一個已知策略方法？嗯，既然關鍵字是「已知」策略，這讓我想到一個夠老的策略，那就是道氏理論──它已有一百二十年的歷史，而這就夠了。

▌道氏理論

│背景│

查理斯·道（1851-1902）被視為是技術分析與趨勢分析之父，這對我及本書來說意義非凡。除了他提出的理論之外，道氏也已成為市場結構的一份子。他在 1882 年與愛德華·瓊斯（Edward Jones）共同創立道瓊斯公司，亦成為《華爾街日報》的合夥人與編輯。他在 1884 年建立了道瓊鐵路指數（即現在的交通運輸指數），1896 年又建立了道瓊工業指數。自 1990 年開始，道氏在《華爾街日報》發表一系列追蹤市場趨勢的文章。有趣的是，他從未完整論述過自己的市場理論，也從未使用過「道氏理論」一詞。反倒是他的好友尼爾森（Samuel Nelson）將道氏的理論發揚光大，並命名之。支持道氏理論的著作包括：

- 1902 年，尼爾森的《股票投機原理》(*The ABC of Stock Speculation*)
- 1922 年，漢密爾頓的《股市晴雨表》(*The Stock Market Barometer*)。
- 1932 年，雷亞的《道氏理論》(*The Dow Theory*)。
- 1960 年，薛佛的《我如何幫助一萬名投資者在股市獲利》(*How I Helped More Than 10,000 Investors to Profit in Stocks*)。
- 1961 年，羅素的《道氏理論今解》(*The Dow Theory Today*)。

| 綜觀 |

雖然有過度簡化的風險，但我在表 9-1 中總結了道氏理論的七大要點。請花點時間閱讀吧。

看懂了嗎？還是感覺有點模糊呢？沒關係，我還要再簡化它。

| 波峰與波谷的趨勢分析 |

我簡化道氏理論的目的，在於提煉出精華，使其能夠以清晰客觀的規則來編寫交易模型。我希望能聚焦在表 9-1 的第二點：

2. 市場趨勢由波峰與波谷所定義。
   - 上升趨勢是由較高的波峰與波谷定義。價格上漲

表 9-1 道氏理論包含七大關鍵要素。

道氏理論綜觀

1. 市場包含了所有資訊。
   - 價格反映了所有相關的基本面、政治與心理資訊。
   - 相信你看到的，而非你想到的。

2. 市場趨勢由波峰與波谷所定義。
   - 上升趨勢是由較高的波峰與波谷定義。價格上漲時，趨勢向上。
   - 下降趨勢是由較低的波峰與波谷定義。價格下跌時，趨勢向下。

3. 市場中必然有三種趨勢同時存在。
   - 主要趨勢／主流趨勢：
     要順勢交易，而非逆勢。持續一至三年。
   - 次級走勢／中間趨勢：
     針對主要趨勢的回撤。持續三週至三個月。
   - 日常波動／小趨勢：
     針對次級走勢的回撤。與主要趨勢一致。持續三週以下。

4. 市場主要趨勢包含了三個階段：
   - 累積：精明的參與者進場，感受到趨勢變化。
   - 公開：多數的投資者進場，看到新趨勢。
   - 分配：大眾開始進場，趨勢被新聞媒體廣泛宣傳。

5. 市場趨勢必須相互驗證。
   - 個別指數間必須相互驗證，以確認主要趨勢的變化。

6. 市場趨勢量能再度確認趨勢。
   - 主要趨勢成交量＞次要趨勢成交量。價格比數量更重要。

7. 主要趨勢在反轉確認之前會持續存在。

時，趨勢向上。

● 下降趨勢是由較低的波峰與波谷定義。價格下跌時，趨勢向下。

這是道氏理論的波峰波谷趨勢分析，也是他之所以被稱為「趨勢分析之父」的理論精髓所在。這種簡單而有效的分析足以確認趨勢，如圖 9-1 所示。

雖然道氏使用「波峰」、「波谷」這兩個詞，但我更喜歡將其替換為「高點」、「低點」。當市場處於上升趨勢時，它應該會創造更高的「高點」和更高的「低點」。同樣的，若市場處於下降趨勢時，它應該會創造更低的「高點」和更低的「低點」。

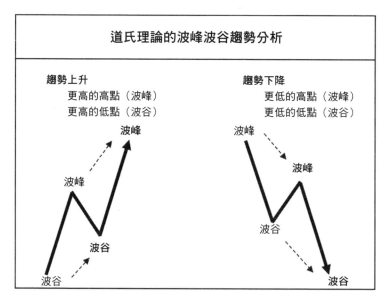

圖 9-1 波峰波谷趨勢分析是道氏理論的關鍵基礎。

｜簡化理論｜

我知道道氏理論不僅止於波峰與波谷的**趨勢分析**。然而，基於我的目的，當我使用「道氏理論」一詞時，我只會採用波峰波谷的概念，而非全部的內容。此外，我會將折線圖（swing charts）疊加到每日線圖上來幫助自己辨別**趨勢**。折線圖能平滑價格、幫助辨識市場的高點和低點，也就是辨識道氏理論定義的**趨勢**及其波峰波谷變化。

｜一張圖理解道氏理論｜

一旦你定義了如何識別出「高點」和「低點」，道氏理論就很簡單了。正如我說的，我在日線圖上疊加了折線圖。根據道氏理論，在我們分析市場**趨勢**時，只有三個關鍵原則要記住：

1. 道氏理論永遠都在市場中，趨勢不是上升就是下降。
2. 當市場創造出更高的高點時，趨勢是向上的。
3. 當市場創造出更低的低點時，趨勢是下降的。

嘿，很簡單吧？這就跟數 1、2、3 一樣簡單，如圖 9-2 所示。

如果你能看懂圖 9-2，那麼你就算是道氏理論（即波峰波谷**趨勢分析**）專家了。如你所見，當折線圖疊合到每日線圖時，可以幫助定義「高點」與「低點」，將價格平滑化。

道氏理論始終會待在市場中，針對**趨勢**進行分析。不管

趨勢是上升或下降，模型是做多或做空皆然。

　　圖 9-2 一開始是上升趨勢。市場正在創造更高（擺盪）的高點與更低（擺盪）的低點。當趨勢向上時，你需要等待擺盪低點的突破。當突破發生時，代表道氏的趨勢出現轉折，道氏理論會從做多轉為做空；當趨勢向下時，市場應該會創造更低的低點與更低的高點。當此現象發生時，你必須觀察擺盪高點的突破。當突破發生時，道氏的趨勢將出現反轉，而道氏理論會從做空轉為做多。圖 9-2 結束在上升趨勢，而交易者必須等待擺盪低點突破，以辨識出道氏趨勢從向上轉為向下的時機。

　　就是這樣。這就是道氏理論。

　　在理解道氏理論是怎麼一回事之後，我們就可對它進行編碼了。

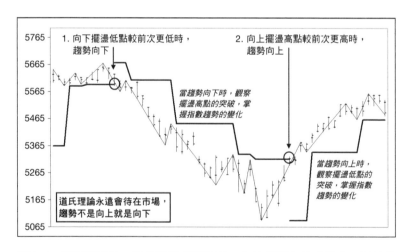

圖 9-2 道氏理論是一種停損和反轉策略，它始終存在於市場中，無論是多頭還是空頭。

Step 2：將方法程式化

　　幸運的是，我已經在第六章將道氏理論編碼了。由於我將根據日線圖開發道氏理論策略，因此我把這個模型稱為「每日道氏交易者」或 DDT。此模型將根據道氏每日的趨勢變化建立部位。

規則

策略：	DDT
核心方法：	道氏理論
核心公布：	1900 年
市場：	全部
指標：	無
變量─數量：	0
規則：	1

買進規則

設定與進場：	當日道氏趨勢改變─從趨勢下降到趨勢上升
停損：	當日道氏趨勢改變─從趨勢上升到趨勢下降

賣出規則

設定與進場：	當日道氏趨勢改變─從趨勢上升到趨勢下降
停損：	當日道氏趨勢改變─從趨勢下降到趨勢上升

　　讓我們重新複習第六章的道氏理論交易實例，如圖 9-3 所示。它會在每日道氏趨勢改變時建倉，然後在最接近的反向突破擺盪點設下初始停損與追蹤停損。而此一突破將成為指數趨勢的改變起點；一旦觸動停損，它會立刻建立新的部

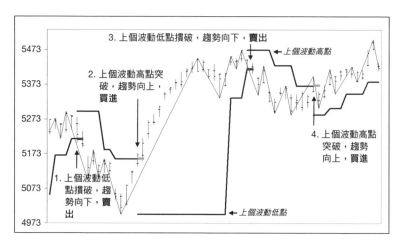

圖 9-3 DDT 策略會隨著每日道氏趨勢的變化而改變部位。

位。這種策略也被稱為停損點轉向（SAR，或稱拋物線指標）模型。

Step 3：策略檢驗方法

讓我們來看看 DDT 策略在圖 9-4 中的表現。由於我們已在第六章看過相關的數字，因此這個結果並不會讓人感到意外。

Step 4：策略比較方法

表 9-2 比較了 DDT 策略與海龜策略的表現。

在這個階段，我對 DDT 策略的穩健性相當滿意。所有數據都是樣本外的表現，證實這個策略（與道氏理論）相當

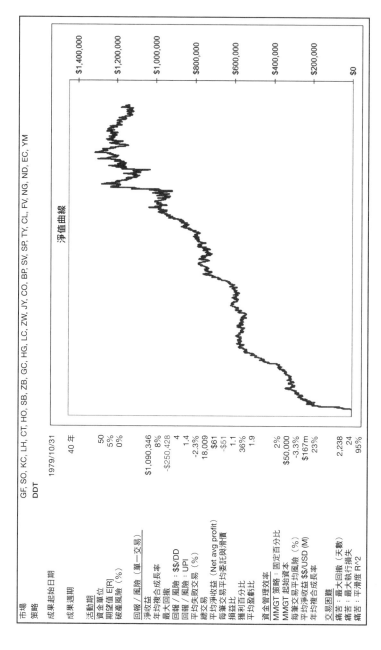

市場	GF, SO, KC, LH, CT, HO, SB, ZB, GC, HG, LC, ZW, JY, CO, BP, SV, SP, TY, CL, FV, NG, ND, EC, YM
策略	DDT

成果起始日期	1979/10/31
活動週期	40 年
資金單位	50
期望值 E[R]	5%
破產風險 (%)	0%
回報/風險（單一交易）	
淨收益	$1,090,346
年均複合成長率	8%
最大回撤	-$250,428
回報/風險：$$/DD	4
回報/風險：UPI	1.4
回報/風險散夫	-2.3%
總交易	18,009
平均淨收益（Net avg profit）	$61
平均單筆交易平均委託與滑價	-$51
損益比	1.1
獲利百分比	36%
平均盈虧比	1.9
資金管理效率	
MMGT 策略：固定百分比	2%
MMGT 起始資本	$50,000
每筆交易平均風險 (%)	-3.3%
平均淨收益 $$/USD (M)	$167m
年均複合成長率	23%
交易困難	
痛苦：最大回撤（天數）	2,238
痛苦：最大執行損失	24
痛苦：平滑度 R^2	95%

淨值曲線

$1,400,000
$1,200,000
$1,000,000
$800,000
$600,000
$400,000
$200,000
$0

圖 9-4 DDT 策略的正向樣本外數據表現，確認了道氏理論簡單單有效的波峰波谷趨勢分析之穩健性。

表 9-2 DDT 策略的龐大回撤使其不適合個人交易者使用。

模型	類別	穩健性		績效表現分析													
				存活度			報酬／風險比率				資金控管效率			交易難度			
		發表年	樣本外年數	E[R]	Units	ROR $$	Net $$	D/D	R/R	UPI	Risk	MMgt	CARG	DD Days	Losses	R^2	
海龜策略	通道突破	1983	37	21%	50	0%	$1,418,786	- $95,107	15	2.2	- 4.7%	$257m	24%	1,637	20	96%	
DDT策略	擺盪突破	1900	120	5%	50	0%	$1,090,346	- $250,428	4	1.4	- 3.3%	$167m	23%	2,238	24	95%	

穩健，並能在多樣化的二十四個市場內獲利，顯示其多功能性且排除了資料探勘。它的簡單性亦顯示良好的設計原則，確保過度曲線配適並不存在。因此，以穩健性來看，此策略相當好。

身為交易者，我擔心的是它的回撤程度。

請記住：「可交易」的穩健性是所有策略的聖杯目標，但不幸的是，DDT 策略的龐大回撤使其不具備可交易性。很少會有個人交易者能忍受這種龐大的回撤狀況。因此就目前而言，它的回撤程度代表不可能將之投入交易。

Step 5：策略調整方法

現在挑戰來了。我們必須開發出改進 DDT 策略的方法，同時避免過度曲線配適。由於 DDT 策略是以道氏理論作為核心概念，該理論的長壽、耐久、簡單、有效與效率性使其相當難修正。因此，讓我們先維持 DDT 策略不變，並以更高的每週時間架構，建立一個新的道氏理論模型，看看在較長時間架構下，是否能得到較小的回撤程度？

▌為「每週道氏交易者策略」編碼

我把這個新模型稱為「每週道氏交易者策略」（WDT），它的規則與 DDT 策略相同，除了其每週時間架構以外。

規則

策略：	WDT
核心方法：	道氏理論
核心公布：	1900 年
市場：	全部
指標：	無
變量—數量：	0
規則：	1

買進規則

設定與進場：	每週道氏趨勢改變 —— 從趨勢下降到趨勢上升
停損：	每週道氏趨勢改變 —— 從趨勢上升到趨勢下降

賣出規則

設定與進場：	每週道氏趨勢改變 —— 從趨勢上升到趨勢下降
停損：	每週道氏趨勢改變 —— 從趨勢下降到趨勢上升

　　我在 Excel VBA 交易模型中為 WDT 策略編碼，以機械式、有系統地在每週道氏趨勢變化時進行辨識與交易，結果如圖 9-5 所示。

▌檢驗「每週道氏交易者策略」

　　WDT 策略的表現總結於圖 9-6。我們將它的時間架構從每日改為每週，也因此提升了獲利性，使淨收益翻倍成長。目前看起來非常不錯。

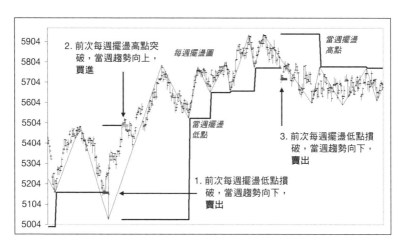

圖 9-5 WDT 策略會隨著每週道氏趨勢的變化而改變部位。

█ 比較「每週道氏交易者策略」

表 9-3 比較了 WDT 策略與 DDT 策略的表現。

整體來說，WDT 策略的表現優於 DDT 策略。不管是期望值、淨收益、回撤、報酬風險比率、風險調整後報酬（UPI 值大幅上升）、效率性（大幅進步），以及最糟歷史回撤狀況。然而，即便 WDT 策略的回撤值低於 DDT 策略，但對我來說仍舊是太大了，我實在不會考慮用它。

█ 調整「每週道氏交易者策略」

該為 WDT 策略進行優化了。既然將時間架構從「日」改為「週」得到相當好的回饋，我希望再進一步創造另一個道氏理論模型。我將時間架構改為「每月」，並稱之為「每月道氏交易者策略」（MDT）。

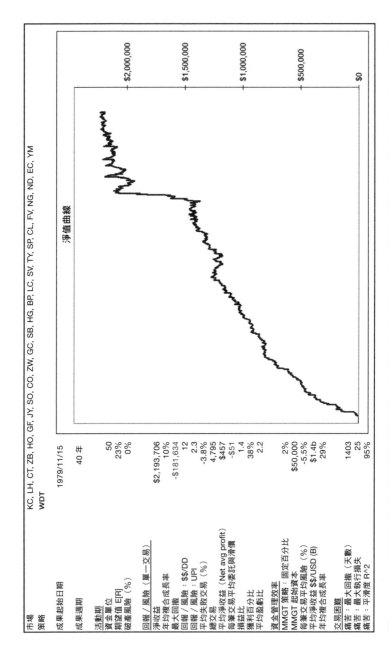

市場　KC, LH, CT, ZB, HO, GF, JY, SO, CO, ZW, GC, SB, HG, BP, LC, SV, TY, SP, CL, FV, NG, ND, EC, YM
策略　WDT

成果起始日期　1979/11/15

活動期　40 年

資金單位	50
期望值 E[R](%)	23%
破產風險（%）	0%
回報／風險（單一交易）	
淨收益	$2,193,706
年均複合成長率	10%
最大回撤	-$181,634
回報／風險：$$/DD	12
回報／風險：UPI	2.3
平均失敗交易（%）	-3.8%
總交易	4,795
平均淨收益（Net avg profit）	$457
每筆交易平均委託與滑價	-$51
損益比	1.4
獲利百分比	38%
平均盈虧比	2.2
資金管理效率	
MMGT 策略：固定百分比	2%
MMGT 起始資本	$50,000
每筆交易平均風險（%）	-5.5%
平均淨收益$$/USD (B)	$1.4b
年均複合成長率	29%
交易困難	
痛苦：最大回撤（天數）	1403
痛苦：最大執行損失	25
痛苦：平滑度 R^2	95%

淨值曲線

圖 9-6　WDT 策略在較長時間架構下的正樣本外樣數據表現，再次突顯出道氏理論簡單有效的波峰波谷沿趨勢分析之穩健性。

表 9-3 雖然 WDT 策略優化了 DDT 策略的最糟回撤狀況，但仍劣於海龜策略。

模型	類別	穩健性		存活度			績效表現分析									
		發表年	樣本外年數	E[R]	Units	ROR $$	報酬/風險比率				資金控管效率			交易難度		
							Net $$	D/D	R/R	UPI	Risk	MMgt	CARG	DD Days	Losses	R^2
海龜策略	通道突破	1983	37	21%	50	0%	$1,418,786	-$95,107	15	2.2	-4.7%	$257m	24%	1,637	20	96%
DDT策略	擺盪突破	1900	120	5%	50	0%	$1,090,346	-$250,428	4	1.4	-3.3%	$167m	23%	2,238	24	95%
WDT策略	擺盪突破	1900	120	23%	50	0%	$2,193,706	-$181,634	12	2.3	-5.5%	$1.4b	29%	1,403	25	95%

█ 為「每月道氏交易者策略」編碼

除了每月的時間架構以外，MDT 策略的規則與 DDT、WDT 策略皆相同。

規則

策略：	MDT
核心方法：	道氏理論
核心公布：	1900 年
市場：	全部
指標：	無
變量—數量：	0
規則：	1

買進規則

設定與進場：	每月道氏趨勢改變—從趨勢下降到趨勢上升
停損：	每月道氏趨勢改變—從趨勢上升到趨勢下降

賣出規則

設定與進場：	每月道氏趨勢改變—從趨勢上升到趨勢下降
停損：	每月道氏趨勢改變—從趨勢下降到趨勢上升

我在 Excel VBA 交易模型中為 MDT 策略編碼，以機械式、有系統地在每月道氏趨勢變化時進行辨識與交易，結果如圖 9-7 所示。

█ 檢驗「每月道氏交易者策略」

MDT 策略的表現總結於圖 9-8。在將時間架構從每週

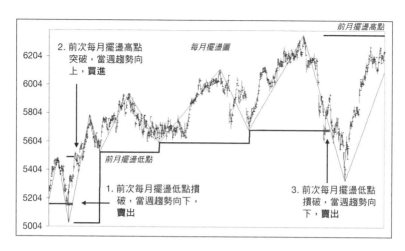

圖 9-7 MDT 策略會隨著每月道氏趨勢的變化而改變部位。

改為每月之後，無疑讓我們對道氏理論的穩健性有了新的認識。但儘管優化了某些指標，另一些指標則維持不變。

▌比較「每月道氏交易者策略」

在我的調整之下，我手邊已有三個版本的道氏理論策略可與海龜策略比較，請見表 9-4。

目前看來，將時間架構拉長確實可以改善道氏理論「最大歷史回撤」的弱點。我們也看到期望值、回撤時間、連續虧損天數與淨值曲線平滑度的正向優化。但令人失望的是，它的效率性下降了。

MDT 策略 -10.1％的平均風險（停損）等同於限縮了它擴展部位和放大獲利的能力 —— 它的年均複合成長率僅有 13％，對比 DDT、WDT 與海龜策略來說，它的獲利效率相

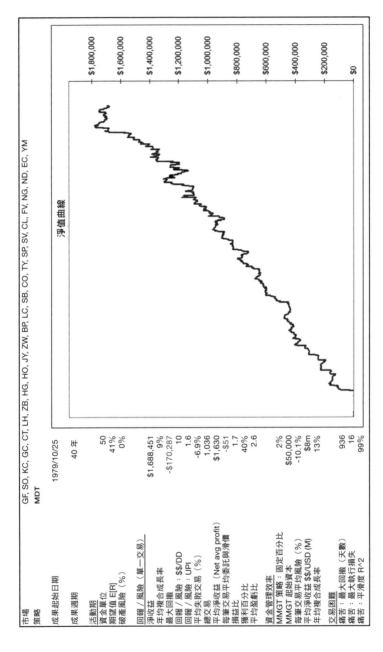

市場	GF, SO, KC, GC, CT, LH, ZB, HG, HO, JY, ZW, BP, LC, SB, CO, TY, SP, SV, CL, FV, NG, ND, EC, YM
策略	MDT
成果起始日期	1979/10/25

活動期	
成果週期	40 年
資金單位	50
期望值 E[R]	41%
破產風險 (%)	0%
回報／風險（單一交易）	
淨收益	$1,688,451
年均複合成長率	9%
最大回撤	-$170,287
回報／風險：$$/DD	10
回報／風險：UPI	1.6
平均失敗交易 (%)	-6.9%
總交易	1,036
平均淨收益 (Net avg profit)	$1,630
每筆交易平均委託與滑價	-$51
損益比	1.7
獲利百分比	40%
平均輸比	2.6
資金管理效率	
MMGT 策略：固定百分比	2%
MMGT 起始資本	$50,000
每筆交易平均風險 (%)	-10.1%
平均淨收益 $$/USD (M)	$8m
年均複合成長率	13%
交易困難	
痛苦：最大回撤（天數）	936
痛苦：最大執行損失	16
痛苦：平滑度 R^2	99%

浮值曲線

$1,800,000
$1,600,000
$1,400,000
$1,200,000
$1,000,000
$800,000
$600,000
$400,000
$200,000
$0

圖 9-8 MDT 策略在更長時間架構下的正樣本外數據表現，再次驗證道氏理論的波峰波谷趨勢分析之穩健性。

表 9-4 雖然 MDT 策略的最糟回撤優於 DDT 與 WDT 策略，但仍然不及海龜策略。

模型	類別	穩健性		存活度			績效表現分析									
							報酬／風險比率				資金控管效率			交易難度		
		發表年	樣本外年數	E[R]	Units	ROR $$	Net $$	D/D	R/R	UPI	Risk	MMgt	CARG	DD Days	Losses	R^2
海龜策略	通道突破	1983	37	21%	50	0%	$1,418,786	-$95,107	15	2.2	-4.7%	$257m	24%	1,637	20	96%
DDT策略	擺盪突破	1900	120	5%	50	0%	$1,090,346	-$250,428	4	1.4	-3.3%	$167m	23%	2,238	24	95%
WDT策略	擺盪突破	1900	120	23%	50	0%	$2,193,706	-$181,634	12	2.3	-5.5%	$1.4b	29%	1,403	25	95%
MDT策略	擺盪突破	1900	120	41%	50	0%	$1,688,451	-$170,287	10	1.6	-10.1%	$8m	13%	936	16	99%

對低很多。

由於獲利效率低下，MDT 策略可謂說明巨大停損危險的完美案例。

觀察圖 9-8 的淨值曲線即可得知——它的 R^2 值為 99％，基本上根本就是直線，誰不想要這種策略呢？唯一的問題就是它巨大的停損。我知道我們可以透過效率指標清楚看見這個問題，但並不是每一位策略開發者都能清楚分析在資金控管狀況下，其策略的平均風險或績效表現。

因此，儘管 MDT 策略乍看之下擁有驚人的淨值曲線，但持續的高回撤與大量停損，都暗示你應當就此止步。

▌以「虧損篩選」機制修正策略

好的，現在我們又得重複之前的步驟，嘗試用更長的時間架構去測試道氏理論。然而，再繼續測試下去就顯得毫無意義，因為我們已經知道在較長時間架構下，該策略的平均風險會再次提升，製造出較大的停損，並限縮道氏理論獲利的效率。

那麼，該怎麼做呢？我要如何才能在不掉進過度曲線配適陷阱的情況下，去修正道氏理論的龐大回撤呢？基於本章的原則與我個人的理念是在於重新檢驗舊有概念，因此我將繼續檢視現有的觀點，從中找到合宜的方法——我需要的是已通過時間考驗的方法與觀點。考量到這一點，我要再把丹尼斯與艾哈德關於「海龜交易策略」的著作拿出來，看看他們的「虧損訊號篩選」（loss filter, LF）方法是否可以協助降低道氏理論的巨大回撤？別忘了：除非上一個交易訊號是虧

損的，否則海龜策略不接受 4 週的突破。

▎使用虧損篩選為「每日道氏交易者策略」編碼

我將回到 DDT 每日道氏交易者策略並為它新增一組規則編碼，確保它只有在道氏趨勢的前一次變化是虧損的情況下，才會採用每日道氏訊號。以虧損訊號篩選後的 DDT 策略如下。

規則

策略：	DDT
核心方法：	道氏理論
核心公布：	1900 年
市場：	全部
指標：	無
變量—數量：	0
規則：	2

買進規則

篩選：	唯有當道氏每日趨勢的前次變化為虧損時才進行交易
設定與進場：	每日道氏趨勢改變—從趨勢下降到趨勢上升
停損：	每日道氏趨勢改變—從趨勢上升到趨勢下降

賣出規則

篩選：	唯有當道氏每日趨勢的前次變化為虧損時才進行交易
設定與進場：	每日道氏趨勢改變—從趨勢上升到趨勢下降
停損：	每日道氏趨勢改變—從趨勢下降到趨勢上升

我在 Excel VBA 交易模型中為調整後的 DDT 策略編碼，以機械式、有系統地在每日道氏趨勢變化時進行辨識與交易，結果如圖 9-9 所示。

檢驗使用虧損篩選的「每日道氏交易者策略」

圖 9-10 總結了使用虧損篩選的 DDT 策略表現，我必須說加上虧損篩選機制後的成果斐然。

比較使用虧損篩選後的「每日道氏交易者策略」

表 9-5 將迄今為止的策略開發模型與海龜策略進行比較。我們應該大大感謝丹尼斯與艾哈德研發出這個簡單的虧損篩選方式，這是他們在 1983 年教給「海龜們」的技巧。

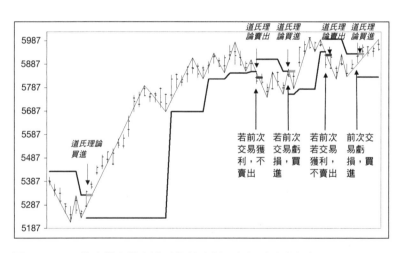

圖 9-9 DDT 策略僅在前次道氏趨勢改變且虧損時才進行交易。

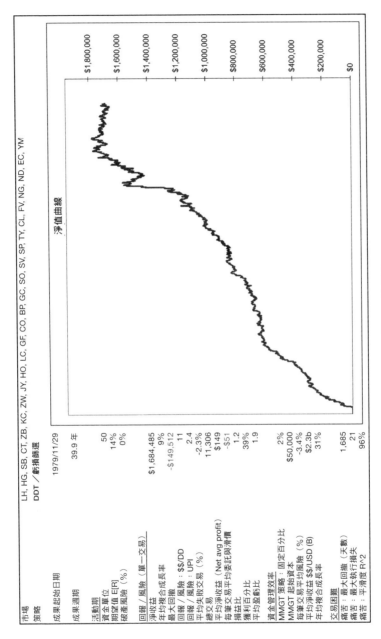

| 市場 | LH, HG, SB, CT, ZB, KC, ZW, JY, HO, LC, GF, CO, BP, GC, SO, SV, SP, TY, CL, FV, NG, ND, EC, YM |
| 策略 | DDT／虧損篩選 |

成果起始日期	1979/11/29
成果週期	39.9 年
活動期	50
資金單位 E[R]	14%
期望值風險（%）	0%
回報／風險 E[R]	
淨收益	$1,684,485
年均複合成長率	9%
最大回撤	-$149,512
回報／風險：$$/DD	11
回報／風險：UPI	2.4
平均失敗交易（%）	-2.3%
總交易	11,306
平均淨交易（Net avg profit）	$149
每筆交易平均委託與滑價	-$51
損益比	1.2
獲利百分比	39%
平均盈虧比	1.9
資金管理效率	2%
MMGT 策略：固定百分比	$50,000
MMGT 起始資本	-3.4%
每筆交易平均風險（%）	$2.3b
平均淨收益 $$/USD（B）	31%
年均複合成長率	
交易困難	1,685
痛苦：最大回撤（天數）	21
痛苦：最大執行損失	96%
痛苦：平滑度 R^2	

圖 9-10 等待虧損訊號對修正後的 DDT 策略表現有積極正面的影響。

表9-5 虧損篩選機制為 DDT 策略帶來正面影響。

模型	類別	穩健性		存活度			績效表現分析									
							報酬／風險比率				資金控管效率			交易難度		
		發表年	樣本外年數	E[R]	Units	ROR$$	Net$$	D/D	R/R	UPI	Risk	MMgt CARG		DD Days	Losses	R^2
海龜策略	通道突破	1983	37	21%	50	0%	$1,418,786	-$95,107	15	2.2	-4.7%	$257m	24%	1,637	20	96%
DDT策略	擺盪突破	1900	120	5%	50	0%	$1,090,346	-$250,428	4	1.4	-3.3%	$167m	23%	2,238	24	95%
WDT策略	擺盪突破	1900	120	23%	50	0%	$2,193,706	-$181,634	12	2.3	-5.5%	$1.4b	29%	1,403	25	95%
MDT策略	擺盪突破	1900	120	41%	50	0%	$1,688,451	-$170,287	10	1.6	-10.1%	$8m	13%	936	16	99%
DDT策略／虧損篩選	擺盪突破	1900	120	14%	50	0%	$1,684,485	-$149,512	11	2.4	-3.4%	$2.3b	31%	1,685	21	96%

很顯然，虧損篩選對 DDT 策略的表現指標帶來重大影響：

	DDT 策略	DDT 策略 / 虧損篩選	虧損篩選造成 的影響
● 期望值	5%	14%	+180%
● 淨收益	$1.090m	$1.684m	+55%
● 回撤	-$0.250m	-$0.150m	-40%
● 報酬／風險比率	4	11	+175%
● UPI	1.4	2.4	+71%
● 資金管理後淨收益	$167m	$2.3b	+1,277%
● 年均複合成長率	23%	31%	+35%
● 連續虧損	24	21	-12.5%
● 平滑度（R^2）	95%	96%	+1%

這是對策略表現的非凡影響，尤其這個改變是來自於一個「舊」的交易概念。

但可惜的是，DDT 經調整後的回撤還是過於龐大，雖說它的回撤已經下降 40％，不過對個人交易者來說還是太大了。讓我們繼續精進它吧。

▌以虧損篩選機制修正「每週道氏交易者策略」

既然虧損篩選能為 DDT 策略帶來正面影響，我想看看這個機制對 WDT 策略與 MDT 策略，是否也能帶來相似的成果。我想知道加入虧損篩選的規則後是否能讓策略的回撤降至可控的範圍內？

▍使用虧損篩選為「每週道氏交易者策略」編碼

我將新規則的編碼加入原先的 WDT 策略中，如下所示。

規則

策略：	WDT
核心方法：	道氏理論
核心公布：	1900 年
市場：	全部
指標：	無
變量—數量：	0
規則：	2

買進規則

篩選：	唯有當道氏每週趨勢的前次變化為虧損時才進行交易
設定與進場：	每週道氏趨勢改變—從趨勢下降到趨勢上升
停損：	每週道氏趨勢改變—從趨勢上升到趨勢下降

賣出規則

篩選：	唯有當道氏每週趨勢的前次變化為虧損時才進行交易
設定與進場：	每週道氏趨勢改變—從趨勢上升到趨勢下降
停損：	每週道氏趨勢改變—從趨勢下降到趨勢上升

我在 Excel VBA 交易模型中為調整後的 WDT 策略編碼，以機械式、有系統地在每週道氏趨勢變化時進行辨識與交易，結果如圖 9-11 所示。

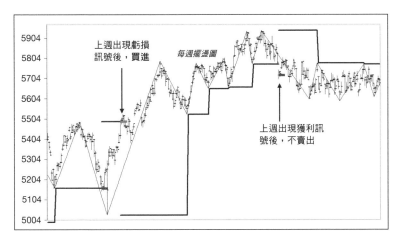

圖 9-11 WDT 策略僅在上週道氏趨勢改變且虧損時才進行交易。

檢驗使用虧損篩選的「每週道氏交易者策略」

圖 9-12 總結了使用虧損篩選的 WDT 策略表現,可以看到其回撤規模明顯下降了不少,淨值曲線更加平滑,也縮短了在最糟回撤狀況時的天數,這讓此策略更易於交易。

比較使用虧損篩選後的「每週道氏交易者策略」

很不幸的,表 9-6 顯示出 WDT 策略的交易能力之所以改善,是以其獲利率作為代價的。若我們比較該策略優化前與優化後的獲利性,結果並不甚理想:

	WDT 策略	WDT 策略 / 虧損篩選	虧損篩選造成 的影響
● 淨收益	$2.2m	$1.6m	-27%
● 資金管理後淨收益	$1.4b	$474m	-66%

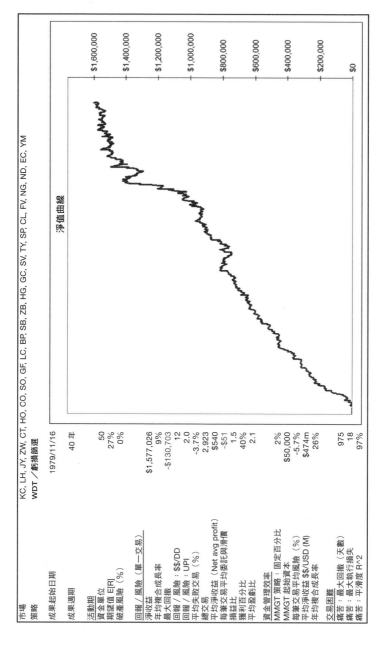

市場	KC, LH, JY, ZW, CT, HO, CO, SO, GF, LC, BP, SB, ZB, HG, GC, SV, TY, SP, CL, FV, NG, ND, EC, YM
策略	WDT／虧損篩選
成果起始日期	1979/11/16
成果週期	40 年
活動期	50
資金單位	27%
期望值 E[R]	0%
破產風險（%）	
回報／風險（單一交易）	
淨收益	$1,577,026
年均複合成長率	9%
最大回撤	-$130,703
回報／風險：$$/DD	12
回報／風險：UPI	2.0
平均失敗交易（%）	-3.7%
總交易	2,923
平均淨收益（Net avg profit）	$540
每筆交易平均委託誤滑價	-$51
損益比	1.5
獲利百分比	40%
平均盈虧比	2.1
資金管理效率	
MMGT 策略：固定百分比	2%
MMGT 起始資本	$50,000
每筆交易平均風險（%）	-5.7%
平均淨收益 $$/USD (M)	$474m
年均複合成長率	26%
交易困難	
痛苦：最大回撤（天數）	975
痛苦：最大執行損失	18
痛苦：平滑度 R^2	97%

淨值曲線

圖 9-12 等待虧損訊號對修正後的 WDT 策略表現有極正面的影響。

表 9-6　儘管權損篩選機制降低了 WDT 策略的最糟回撤，但仍舊無法與較佳的海龜策略相比。

模型	類別	穩健性		存活度			績效表現分析									
							報酬/風險比率				資金控管效率			交易難度		
		發表年	樣本外年數	E[R]	Units	ROR $$	Net $$	D/D	R/R	UPI	Risk	MMgt $$	CARG	DD Days	Losses	R^2
海龜策略	通道突破	1983	37	21%	50	0%	$1,418,786	-$95,107	15	2.2	-4.7%	$257m	24%	1,637	20	96%
DDT 策略	擺盪突破	1900	120	5%	50	0%	$1,090,346	-$250,428	4	1.4	-3.3%	$167m	23%	2,238	24	95%
WDT 策略	擺盪突破	1900	120	23%	50	0%	$2,193,706	-$181,634	12	2.3	-5.5%	$1.4b	29%	1,403	25	95%
MDT 策略	擺盪突破	1900	120	41%	50	0%	$1,688,451	-$170,287	10	1.6	-10.1%	$8m	13%	936	16	99%
DDT 策略/虧損篩選	擺盪突破	1900	120	14%	50	0%	$1,684,485	-$149,512	11	2.4	-3.4%	$2.3b	31%	1,685	21	96%
WDT 策略/虧損篩選	擺盪突破	1900	120	27%	50	0%	$1,577,026	-$130,703	12	2.0	-5.7%	$474m	26%	975	18	97%

至於其他指標則有強化的表現：

	WDT 策略	WDT 策略 / 虧損篩選	虧損篩選造成 的影響
● 期望值	23%	27%	+15%
● 回撤	-$0.182m	-$0.131m	-28%
● UPI	2.3	2.0	-15%
● 連續虧損	25	18	-28%
● 平滑度（R^2）	95%	97%	+2%

上述最令人高興的指標，是回撤降低了 -28％，但同樣的，這個數字對個人交易者來說還是居高不下。讓我們繼續將虧損篩選套用至 MDT 每月道氏交易者策略，看看表現如何。

▋使用虧損篩選為「每月道氏交易者策略」編碼

我將新規則的編碼加入原先的 MDT 策略中，如下所示。

規則

策略：	MDT
核心方法：	道氏理論
核心公布：	1900 年
市場：	全部
指標：	無
變量—數量：	0
規則：	2

買進規則

篩選：	唯有當道氏每月趨勢的前次變化為虧損時才進行交易
設定與進場：	每月道氏趨勢改變—從趨勢下降到趨勢上升
停損：	每月道氏趨勢改變—從趨勢上升到趨勢下降

賣出規則

篩選：	唯有當道氏每月趨勢的前次變化為虧損時才進行交易
設定與進場：	每月道氏趨勢改變—從趨勢上升到趨勢下降
停損：	每月道氏趨勢改變—從趨勢下降到趨勢上升

我在 Excel VBA 交易模型中為調整後的 MDT 策略編碼，以機械式、有系統地在每月道氏趨勢變化時進行辨識與交易，結果如圖 9-13 所示。

▌檢驗使用虧損篩選的「每月道氏交易者策略」

圖 9-14 總結了使用虧損篩選的 MDT 策略表現。

▌比較使用虧損篩選後的「每月道氏交易者策略」

虧損篩選確實降低了 MDT 策略的最糟回撤。然而如表 9-7 所示，虧損篩選也降低了該策略的績效表現。

很顯然的，較低的回撤是好事一件。但以整體策略而言，虧損篩選並不能帶來正面影響。不管是期望值、獲利率、報酬風險比率、UPI 值、效率性、回撤天數與淨值曲線平滑度等，都連帶受到不利的影響。

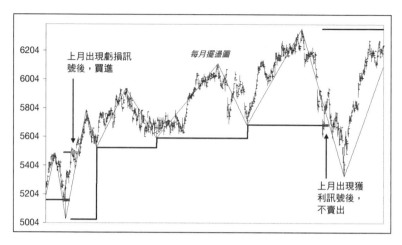

圖 9-13 MDT 策略僅在上月道氏趨勢改變且虧損時才進行交易。

▌虧損篩選機制對哪種策略有用？

　　儘管虧損篩選降低了 WDT 策略與 MDT 策略的獲利性，但它對 DDT 策略卻帶來顯著的正面影響。這種不成比例的影響來自於 DDT「每日」時間架構下的頻繁交易程度較高。

　　表 9-8 總結了虧損篩選機制對所有「道氏交易者策略」模型帶來的影響。將這些交易在虧損訊號與獲利訊號後的影響相比，可以得到相當有趣的結果。對 DDT 策略與 WDT 策略來說，我們可分別看到 268％與 64％的正面影響。但對 MDT 策略來說，平均淨收益則降低了 30％ —— 缺乏交易量會影響 MDT 策略，因為若訊號出現頻率越高，虧損篩選所帶來的正面影響也就越大。

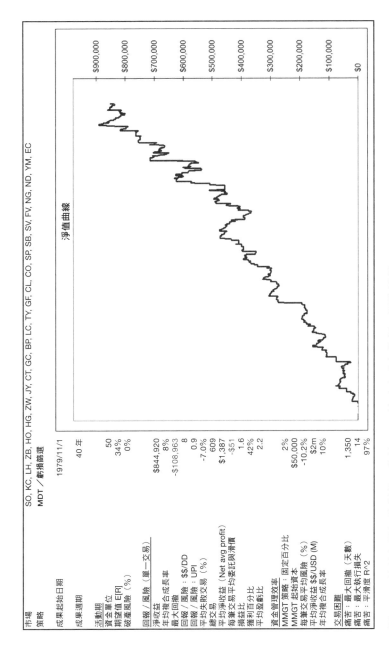

市場	SO, KC, LH, ZB, HO, HG, ZW, JY, CT, GC, BP, LC, TY, GF, CL, CO, SP, SB, SV, FV, NG, ND, YM, EC
策略	MDT／虧損篩選
成果起始日期	1979/11/1
成果週期	40 年
活動期	
資金單位	50
期望值 E[R]	34%
破產風險（%）	0%
回報／風險（單一交易）	
淨收益	$844,920
年均複合成長率	8%
最大回撤：$$/DD	-$108,963
回報／風險：UPI	8
回報／風險	0.9
平均失敗交易（%）	-7.0%
總交易	609
平均淨收益（Net avg profit）	$1,387
每筆交易平均委託與滑價	-$51
損益比	1.6
獲利百分比	42%
平均盈虧比	2.2
資金管理效率	
MMGT 策略：固定百分比	2%
MMGT 起始資本	$50,000
每筆交易平均風險（%）	-10.2%
平均淨收益 $$/USD (M)	$2m
年均複合成長率	10%
交易困難	
痛苦：最大回撤（天數）	1,350
痛苦：最大執行損失	14
痛苦：平滑度 R^2	97%

圖 9-14 等待虧損訊號對修正後的 MDT 策略表現有積極正面的影響。

表 9-7 儘管損篩選機制降低了 MDT 策略的最糟回撤，但它對其他績效指標的負面影響，使其仍舊無法優於海龜策略。

模型	類別	穩健性		績效表現分析													
				存活度			報酬／風險比率				資金控管效率			交易難度			
		發表年	樣本外年數	E[R]	Units $$	ROR	Net $$	D/D	R/R	UPI	Risk	MMgt	CARG	DD Days	Losses	R^2
海龜策略	通道突破	1983	37	21%	50	0%	$1,418,786	-$95,107	15	2.2	-4.7%	$257m	24%	1,637	20	96%
DDT策略	擺盪突破	1900	120	5%	50	0%	$1,090,346	-$250,428	4	1.4	-3.3%	$167m	23%	2,238	24	95%
WDT策略	擺盪突破	1900	120	23%	50	0%	$2,193,706	-$181,634	12	2.3	-5.5%	$1.4b	29%	1,403	25	95%
MDT策略	擺盪突破	1900	120	41%	50	0%	$1,688,451	-$170,287	10	1.6	-10.1%	$8m	13%	936	16	99%
DDT策略／虧損篩選	擺盪突破	1900	120	14%	50	0%	$1,684,485	-$149,512	11	2.4	-3.4%	$2.3b	31%	1,685	21	96%
WDT策略／虧損篩選	擺盪突破	1900	120	27%	50	0%	$1,577,026	-$130,703	12	2.0	-5.7%	$474m	26%	975	18	97%
MDT策略／虧損篩選	擺盪突破	1900	120	34%	50	0%	$844,920	-$108,963	8	0.9	-10.2%	$2m	10%	1,350	14	97%

策略。

表 9-8 衝損篩選對頻繁交易的模型有更大的影響力。

市場	KC, LH, CT, ZB, HO, GF, JY, SO, CO, ZW, GC, SB, HG, BP, LC, SV, TY, SP, CL, FV, NG, ND, EC, YM								
策略	DDT 策略			WDT 策略			MDT 策略		
成果起始日期	1979/10/31	衝損篩選	獲利篩選	15/11/1979	衝損篩選	獲利篩選	25/10/1979	衝損篩選	獲利篩選
回報/風險（單一交易）			268%			64%			-30%
淨收益 $$/USD	$1,090,346	$1,684,485	-$594,139	$2,193,706	$1,577,026	$616,680	$1,688,451	$844,920	$843,531
總交易	18,009	11,306	6,703	4,795	2,923	1,872	1,036	609	427
平均淨收益	$61	$149	-$89	$457	$540	$329	$1,630	$1,387	$1,975

▌如何改善策略缺陷？

儘管虧損篩選為 DDT 策略與 WDT 策略帶來正面影響，但仍不足以將回撤降低至可控範圍，因此我必須繼續尋找其他優化方法。

現在該怎麼做呢？

到目前為止，我以觀察道氏訊號為主，觀察是否需要在道氏趨勢變化時交易。我也逐一檢視了虧損篩選對相關策略的影響。接下來，我希望檢驗是否可透過改變交易計畫，降低各個策略模式的回撤？

▌以「初始停損」機制修正策略

截至目前為止，本章所有交易計畫都直接奠基於道氏理論，在道氏趨勢發生變化時進場或停損。不管是每日的 DDT 策略、每週的 WDT 策略、每月的 MDT 策略，皆源自於道氏理論，儘管它們的時間架構不同（日、週、月），但我仍然強烈堅持上述模型要維持百分之百的道氏理論。到目前為止，我往上擴展時間架構、觀察原始的道氏理論模型與虧損篩選的交互變動，但我並未將時間架構往下壓縮至以日內為單位。因此，接下來我希望研究將日內初始停損引進道氏理論模型的影響，看看是否可以降低歷史性回撤規模。

我的想法是，獲勝的交易應該是要持續維持它，而非停止它。因此，加入初始停損規則的目的，在於虧損後能盡快出場，如此我們便能徹底遵守「砍掉虧損部位」的黃金原則，也能貫徹成功交易的唯一祕訣，也就是「當個好的輸家」。

與其等待出現道氏趨勢變化、在虧損發生後出場，我希望使用一個更接近的初始停損點。為此，我將使用道氏趨勢的日內變化作為更短的時間架構。由於我並沒有日內數據的資料，因此這部分我會使用模擬數據。我將使用當日交易格局K棒或進場價格K棒的反向突破點，以最遠的那根為準，作為我的日內擺盪高點或低點（交易格局K棒在進場K棒之前）。我很高興能使用當日K棒高點或低點作為當日擺盪高點或低點，因為普遍（但並非總是如此）來講，每日高點與低點確實等同於日內擺盪點。

▌使用虧損篩選與兩停損交易計畫為「每日道氏交易策略」編碼

我將日內初始停損的編碼加入原先的 DDT 策略中，如下所示。

規則

策略：	DDT
核心方法：	道氏理論
核心公布：	1900 年
市場：	全部
指標：	無
變量—數量：	0
規則：	3

買進規則

篩選：	唯有當道氏每日趨勢的前次變化為虧損時才進行交易

設定與進場：	每日道氏趨勢改變——從趨勢下降到趨勢上升
初始停損：	每日交易格局 K 棒或進場 K 棒最低點損破賣出
追蹤停損：	每日道氏趨勢改變——從趨勢上升到趨勢下降

賣出規則

篩選：	唯有當道氏每日趨勢的前次變化為虧損時才進行交易
設定與進場：	每日道氏趨勢改變——從趨勢上升到趨勢下降
初始停損：	每日交易格局 K 棒或進場 K 棒最高點突破買進
追蹤停損：	每日道氏趨勢改變——從趨勢下降到趨勢上升

　　我為 DDT 策略加入日內初始停損與追蹤停損，結果如圖 9-15 所示。

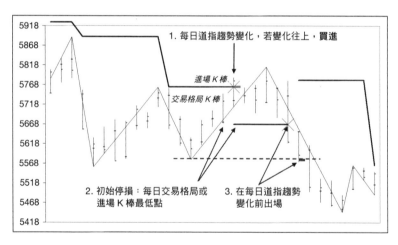

圖 9-15 將日內初始停損加入規則後，讓 DDT 策略在虧損時快速出場。

檢驗使用虧損篩選與兩停損交易計畫的「每日道氏交易者策略」

圖 9-16 總結了使用虧損篩選與兩停損交易計畫的 DDT 策略表現。在加入日內初始停損的規則後，該策略的表現依舊強健。

比較使用虧損篩選與兩停損後的「每日道氏交易者策略」

表 9-9 總結了目前可能的策略模型，這個名單似乎越來越龐大了。如你所見，在加入日內初始停損的規則之後，提升了 DDT 策略的表現。

該策略的期望值、風險調整後的 UPI 值（有顯著進步）與效率性都提升了，但我們仍無法將最糟歷史回撤控制在可接受的範圍內。接著，讓我們來看看加入日內初始停損的規則之後，是否能降低 WDT 與 MDT 策略的最糟回撤狀況。

使用虧損篩選與兩停損交易計畫為「每週道氏交易者策略」編碼

我將日內初始停損的編碼加入原先的 WDT 策略中，如下所示。

規則

策略：　　　　　WDT

核心方法：　　　道氏理論

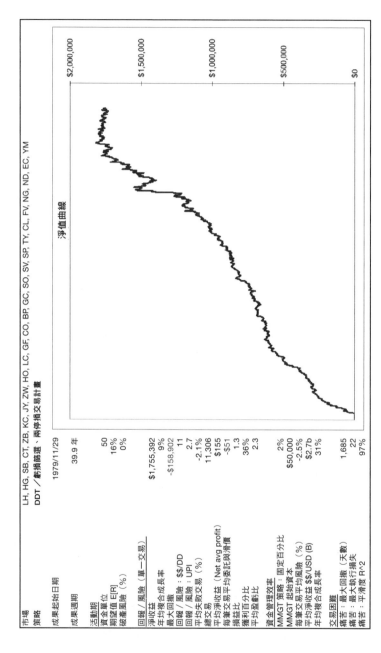

市場	LH, HG, SB, CT, ZB, KC, JY, ZW, HO, LC, GF, CO, BP, GC, SO, SV, SP, TY, CL, FV, NG, ND, EC, YM
策略	DDT／虧損篩選、兩停損交易計畫
成果起始日期	1979/11/29
成果週期	39.9 年
活動期	50
資金單位	16%
期望值 E(R)	0%
破產風險 (%)	
回報／風險（單一交易）	
淨收益	$1,755,392
年均複合成長率	9%
最大回撤	-$158,902
回報／風險：$$/DD	11
回報／風險：UPI	2.7
平均失敗交易 (%)	-2.1%
總交易	11,306
平均淨收益 (Net avg profit)	$155
每筆交易平均委託與滑價	-$51
損益比	1.3
獲利百分比	36%
平均盈虧比	2.3
資金管理效率	
MMGT 策略：固定百分比	2%
MMGT 起始資本	$50,000
每筆交易平均風險 (%)	-2.5%
年均淨收益 $$/USD (B)	$2.7b
年均複合成長率	31%
交易困難	
痛苦：最大回撤（天數）	1,685
痛苦：最大執行損失	22
痛苦：平滑度 R^2	97%

圖 9-16 日內初始停損為 DDT 策略帶來正面影響，特別是 UPI 值達到 2.7，證明砍掉虧損部位確實能降低回撤的平均深度與規模，提高該模型的風險調整後報酬。

表 9-9 加入日內初始停損的規則之後，修正了 DDT 策略幾乎所有指標的表現。

模型	類別	穩健性		績效表現分析													
		發表年	樣本外年數	存活度			報酬/風險比率				資金控管效率			交易難度		
				E[R]	Units $$	ROR	Net $$	D/D	R/R	UPI	Risk	MMgt	CARG	DD Days	Losses	R^2
海龜策略	通道突破	1983	37	21%	50	0%	$1,418,786	-$95,107	15	2.2	-4.7%	$257m	24%	1,637	20	96%
DDT 策略	擺盪突破	1900	120	5%	50	0%	$1,090,346	-$250,428	4	1.4	-3.3%	$167m	23%	2,238	24	95%
WDT 策略	擺盪突破	1900	120	23%	50	0%	$2,193,706	-$181,634	12	2.3	-5.5%	$1.4b	29%	1,403	25	95%
MDT 策略	擺盪突破	1900	120	41%	50	0%	$1,688,451	-$170,287	10	1.6	-10.1%	$8m	13%	936	16	99%
DDT 策略/虧損篩選	擺盪突破	1900	120	14%	50	0%	$1,684,485	-$149,512	11	2.4	-3.4%	$2.3b	31%	1,685	21	96%
WDT 策略/虧損篩選	擺盪突破	1900	120	27%	50	0%	$1,577,026	-$130,703	12	2.0	-5.7%	$474m	26%	975	18	97%
MDT 策略/虧損篩選	擺盪突破	1900	120	34%	50	0%	$844,920	-$108,963	8	0.9	-10.2%	$2m	10%	1,350	14	97%
DDT 策略/虧損篩選、兩停損交易計畫	擺盪突破	1900	120	16%	50	0%	$1,755,392	-$158,902	11	2.7	-2.5%	$2.7b	31%	1,685	22	97%

核心公布：	1900 年
市場：	全部
指標：	無
變量─數量：	0
規則：	3

買進規則

篩選：	唯有當道氏每週趨勢的前次變化為虧損時才進行交易
設定與進場：	每週道氏趨勢改變──從趨勢下降到趨勢上升
初始停損：	每日交易格局 K 棒或進場 K 棒最低點摜破賣出
追蹤停損：	每週道氏趨勢改變──從趨勢上升到趨勢下降

賣出規則

篩選：	唯有當道氏每週趨勢的前次變化為虧損時才進行交易
設定與進場：	每週道氏趨勢改變──從趨勢上升到趨勢下降
初始停損：	每日交易格局 K 棒或進場 K 棒最高點突破買進
追蹤停損：	每週道氏趨勢改變──從趨勢下降到趨勢上升

　　我為 WDT 策略加入初始停損與追蹤停損，結果如圖 9-17 所示。

▎檢驗使用虧損篩選與兩停損交易計畫的「每週道氏交易者策略」

　　圖 9-18 總結了使用虧損篩選與兩停損交易計畫的 WDT 策略表現。在加入日內初始停損的規則後，讓該策略的每交易平均風險減半，從 -5.7％降至 -2.7％。

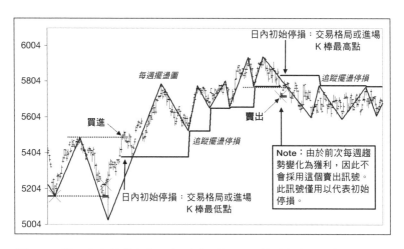

圖 9-17 將日內初始停損加入規則後，讓 WDT 策略在虧損時快速出場。

比較使用虧損篩選與兩停損後的「每週道氏交易者策略」

表 9-10 總結了日內初始停損對 WDT 策略的影響。如你所知，較小停損的好處是提高策略的部位規模與效率。在加入日內初始停損的規則後，WDT 策略的平均風險降低了一半，從 -5.7％降至 -2.7％，而獲利則從 4.74 億美元，提升至驚人的 13 億美元。年均複合成長率從 26％躍升至 29％。這真是驚人。

不僅績效有顯著的改善，該策略的回撤也降低了38％，從 -$130,703 降至 -$80,520，可說是一石二鳥。唯一可惜的是經風險調整後的 UPI 值，從每單位平均回撤風險可帶來 2 單位的超額報酬，降至 1.8 單位。雖然令人失望，不

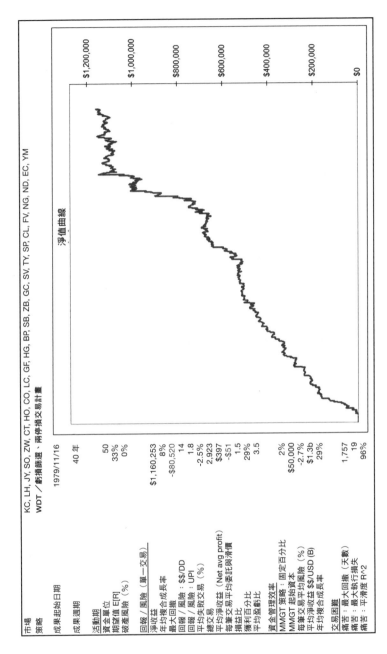

市場	KC, LH, JY, SO, ZW, CT, HO, CO, LC, GF, HG, BP, SB, ZB, GC, SV, TY, SP, CL, FV, NG, ND, EC, YM
策略	WDT／虧損篩選、兩停損交易計畫
成果起始日期	1979/11/16
成果週期	40 年
活動期	50
資金單位	33%
期望值風險 E[R]	0%
破產風險 (%)	
回報／風險 (單一交易)	
淨收益	$1,160,253
年平均複合成長率	8%
最大回撤	-$80,520
回報／風險：$$/DD	14
回報／風險：UPI	1.8
平均失敗交易 (%)	-2.5%
總交易	2,923
平均淨收益 (Net avg profit)	$397
每筆交易平均委託與滑價	-$51
損益比	1.5
獲利百分比	29%
平均盈虧比	3.5
資金管理效率	2%
MMGT 策略：固定百分比	
MMGT 起始資本	$50,000
每筆交易平均風險 (%)	-2.7%
平均淨收益 $$/USD (B)	$1.3b
年均複合成長率	29%
交易困難	
痛苦：最大回撤 (天數)	1,757
痛苦：最大執行損失	19
痛苦：平滑度 R^2	96%

淨值曲線

$1,200,000
$1,000,000
$800,000
$600,000
$400,000
$200,000
$0

圖 9-18 日內初始停損為 WDT 策略帶來正面影響。

表 9-10 加入日內初始停損的規則之後，WDT 策略的最大回撤已優於海龜策略，同時獲利效率亦顯著提升，可謂一石二鳥。

模型	類別	穩健性		績效表現分析												
				存活度			報酬／風險比率				資金控管效率			交易難度		
		發表年	樣本外年數	E[R]	Units	ROR $$	Net $$	D/D	R/R	UPI	Risk	MMgt	CARG	DD Days	Losses	R^2
海龜策略	通道突破	1983	37	21%	50	0%	$1,418,786	-$95,107	15	2.2	-4.7%	$257m	24%	1,637	20	96%
DDT 策略	擺盪突破	1900	120	5%	50	0%	$1,090,346	-$250,428	4	1.4	-3.3%	$167m	23%	2,238	24	95%
WDT 策略	擺盪突破	1900	120	23%	50	0%	$2,193,706	-$181,634	12	2.3	-5.5%	$1.4b	29%	1,403	25	95%
MDT 策略	擺盪突破	1900	120	41%	50	0%	$1,688,451	-$170,287	10	1.6	-10.1%	$8m	13%	936	16	99%
DDT 策略／虧損篩選	擺盪突破	1900	120	14%	50	0%	$1,684,485	-$149,512	11	2.4	-3.4%	$2.3b	31%	1,685	21	96%
WDT 策略／虧損篩選	擺盪突破	1900	120	27%	50	0%	$1,577,026	-$130,703	12	2.0	-5.7%	$474m	26%	975	18	97%
MDT 策略／虧損篩選	擺盪突破	1900	120	34%	50	0%	$844,920	-$108,963	8	0.9	-10.2%	$2m	10%	1,350	14	97%
DDT 策略／虧損篩選、兩停損交易計畫	擺盪突破	1900	120	16%	50	0%	$1,755,392	-$158,902	11	2.7	-2.5%	$2.7b	31%	1,685	22	97%
WDT 策略／虧損篩選、兩停損交易計畫	擺盪突破	1900	120	33%	50	0%	$1,160,253	-$80,520	14	1.8	-2.7%	$1.3b	29%	1,757	19	96%

過還不至於大幅撼動獲利性。「砍掉虧損部位」確實對 WDT
策略是可行的。

▌ 使用虧損篩選與兩停損交易計畫為「每月道氏交易者策略」編碼

　　最後讓我們來看看日內初始停損是否能優化時間架構更
長的 MDT 策略，我將改變後的規則編碼如下。

規則

策略：	MDT
核心方法：	道氏理論
核心公布：	1900 年
市場：	全部
指標：	無
變量—數量：	0
規則：	3

買進規則

篩選：	唯有當道氏每月趨勢的前次變化為虧損時才進行交易
設定與進場：	每月道氏趨勢改變—從趨勢下降到趨勢上升
初始停損：	每日交易格局 K 棒或進場 K 棒最低點摜破賣出
追蹤停損：	每月道氏趨勢改變—從趨勢上升到趨勢下降

賣出規則

篩選：	唯有當道氏每月趨勢的前次變化為虧損時才進行交易
設定與進場：	每月道氏趨勢改變—從趨勢上升到趨勢下降

| 初始停損： | 每日交易格局 K 棒或進場 K 棒最高點突破買進 |
| 追蹤停損： | 每月道氏趨勢改變—從趨勢下降到趨勢上升 |

我為 MDT 策略加入初始停損與追蹤停損，結果如圖 9-19 所示。

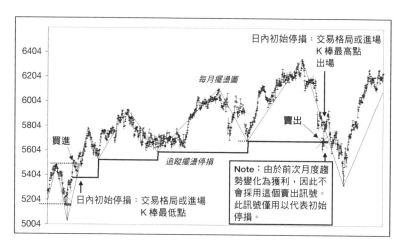

圖 9-19 將日內初始停損加入規則後，讓 MDT 策略在虧損時快速出場。

▌檢驗使用虧損篩選與兩停損交易計畫的「每月道氏交易者策略」

圖 9-20 總結了使用虧損篩選與兩停損交易計畫的 MDT 策略表現。

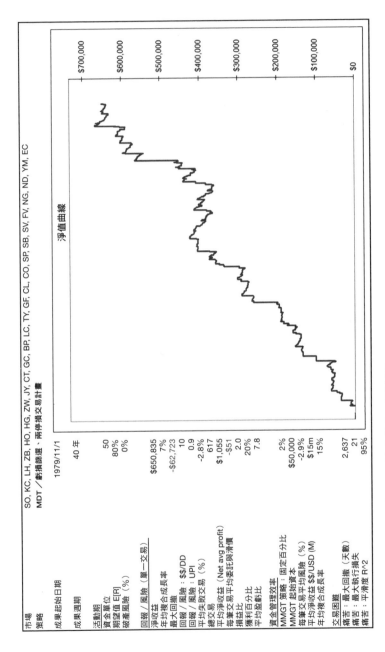

市場　SO, KC, LH, ZB, HO, HG, ZW, JY, CT, GC, BP, LC, TY, GF, CL, CO, SP, SB, SV, FV, NG, ND, YM, EC
策略　MDT／新損篩選，兩停損交易計畫

成果起始日期	1979/11/1
成果週期	40 年
活動期	50
資金單位	80%
期望值 E[R]	0%
破產風險（%）	
回報／風險（單一交易）	
淨收益	$650,835
年均複合成長率	7%
最大回撤	-$62,723
回報／風險：$$/DD	10
回報／風險：UPI	0.9
平均失敗交易（%）	-2.8%
總交易	617
平均淨收益（Net avg profit）	$1,055
每筆交易平均委託與滑價	-$51
損益比	2.0
獲利百分比	20%
平均盈虧比	7.8
資金管理效率	
MMGT 策略：固定百分比	2%
MMGT 起始資本	$50,000
每筆交易平均風險（%）	-2.9%
平均淨收益 $$/USD 率	$15m
年均淨複合成長率	15%
交易困難	
痛苦：最大回撤（天數）	2,637
痛苦：最大執行損失	21
痛苦：平滑度 R^2	95%

淨值曲線

圖 9-20 日內初始停損為 MDT 策略帶來正面影響。

比較使用虧損篩選與兩停損後的「每月道氏交易者策略」

表 9-11 顯示，在加入日內初始停損規則後，大幅減少 MDT 策略的最糟回撤狀況。

其中最棒的是，最糟的歷史回撤狀況下降了 44％，降低至 -$63,000 以下，而對單一部位規模淨收益的影響僅有 22％。此外，平均風險降低了 70％，從 -10.2％下降到 -2.9％，而效率性則從 200 萬美元提高至 1,500 萬美元。使用較小停損點進行交易確實有所回報。

然而，雖然回撤已降低至可控範圍，但它與海龜策略相比仍然略遜一籌，在我看來，此策略並不算成功。首先，在較小的停損下，其準確度（accuracy）下降至 20％，這使它難以被遵循。我知道交易者應該僅在可獲利的時機再去交易，但以現實面來看，對普通的個人交易者而言，要運用準確度 20％的策略去交易，實在太過困難。其次，重點是海龜策略的獲利性仍然更為優異。

順道一提，將虧損篩選與日內初始停損規則加入經調整後的 MDT 策略，是我為趨勢交易三大黃金原則所打造的宣傳策略 —— 運用每月道氏趨勢的改變，等同於追隨主要趨勢；運用帶有每月進場訊號的日內初始停損，等同於砍掉虧損部位；將每月擺盪點視為追蹤停損點，等同於讓獲利持續滾動。MDT 策略絕對是這三大黃金原則的最佳宣傳工具。我不會說此策略是最佳交易模型，畢竟還有其他道氏模型表現得更為優異，但這絕對是證明趨勢交易本質的最佳範

表 9-11 雖然日內初始停損能優化 MDT 策略的最糟回撤狀況，但也讓它的準確度下降至 20%，這使它難以被個人交易者遵循。

模型	類別	穩健性		存活度			績效表現分析									
							報酬 / 風險比率				資金控管效率			交易難度		
		發表年	樣本外年數	E[R]	Units $$	ROR	Net $$	D/D	R/R	UPI	Risk	MMgt	CARG	DD Days	Losses	R^2
海龜策略	通道突破	1983	37	21%	50	0%	$1,418,786	-$95,107	15	2.2	-4.7%	$257m	24%	1,637	20	96%
DDT策略	擺盪突破	1900	120	5%	50	0%	$1,090,346	-$250,428	4	1.4	-3.3%	$167m	23%	2,238	24	95%
WDT策略	擺盪突破	1900	120	23%	50	0%	$2,193,706	-$181,634	12	2.3	-5.5%	$1.4b	29%	1,403	25	95%
MDT策略	擺盪突破	1900	120	41%	50	0%	$1,688,451	-$170,287	10	1.6	-10.1%	$8m	13%	936	16	99%
DDT策略 / 虧損篩選	擺盪突破	1900	120	14%	50	0%	$1,684,485	-$149,512	11	2.4	-3.4%	$2.3b	31%	1,685	21	96%
WDT策略 / 虧損篩選	擺盪突破	1900	120	27%	50	0%	$1,577,026	-$130,703	12	2.0	-5.7%	$474m	26%	975	18	97%
MDT策略 / 虧損篩選	擺盪突破	1900	120	34%	50	0%	$844,920	-$108,963	8	0.9	-10.2%	$2m	10%	1,350	14	97%
DDT策略 / 虧損篩選、兩停損交易計畫	擺盪突破	1900	120	16%	50	0%	$1,755,392	-$158,902	11	2.7	-2.5%	$2.7b	31%	1,685	22	97%
WDT策略 / 虧損篩選、兩停損交易計畫	擺盪突破	1900	120	33%	50	0%	$1,160,253	-$80,520	14	1.8	-2.7%	$1.3b	29%	1,757	19	96%
MDT策略 / 虧損篩選、兩停損交易計畫	擺盪突破	1900	120	80%	50	0%	$650,835	-$62,723	10	0.9	-2.9%	$15m	15%	2,637	21	95%

例——那就是追隨趨勢、砍掉虧損部位，讓獲利部位持續滾動。

到目前為止，我已達成降低道氏理論回撤缺陷的目標，即便有時會以犧牲績效表現作為代價。現在再讓我試試其他方法。

▍以「多重時間架構」修正策略

接下來，我想以多重時間架構整合道氏模型。我想知道：如果將較長時間架構的進場訊號與較短時間架構的交易策略結合的話，結果會如何？也就是說，選擇在較長時間架構下的道氏趨勢變化時間點進場，好比以每週或每月為基準，接著以每日道氏趨勢變化作為追蹤停損。我想觀察這種組合是否可以降低回撤？讓我們來看看結果吧。

▍使用虧損篩選與每日兩停損交易計畫為「每週道氏交易者策略」編碼

我將每日初始停損與每日追蹤擺盪停損的編碼加入原先的 WDT 策略中，如下所示。

規則

策略：	WDT
核心方法：	道氏理論
核心公布：	1900 年
市場：	全部
指標：	無

| 變量一數量： | 0 |
| 規則： | 4 |

買進規則

篩選：	唯有當道氏每週趨勢的前次變化為虧損時才進行交易
設定與進場：	每週道氏趨勢改變——從趨勢下降到趨勢上升
初始停損：	每日交易格局 K 棒或進場 K 棒最低點擊破賣出
追蹤停損：	每日道氏趨勢改變——從趨勢上升到趨勢下降

賣出規則

篩選：	唯有當道氏每週趨勢的前次變化為虧損時才進行交易
設定與進場：	每週道氏趨勢改變——從趨勢上升到趨勢下降
初始停損：	每日交易格局 K 棒或進場 K 棒最高點突破買進
追蹤停損：	每日道氏趨勢改變——從趨勢下降到趨勢上升

我為 WDT 策略加入每日初始停損與每日追蹤擺盪停損，結果如圖 9-21 所示。

檢驗使用虧損篩選與每日兩停損交易計畫的「每週道氏交易者策略」

圖 9-22 總結了使用虧損篩選與每日兩停損交易計畫的 WDT 策略表現。

比較使用虧損篩選與每日兩停損交易計畫後的「每週道氏交易者策略」

表 9-12 總結了目前為止所有的替代模型。

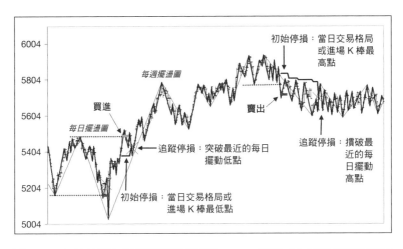

圖 9-21 加入追蹤每日擺盪停損規則後,WDT 策略成為雙重時間架構的道氏模型。

　　將每日初始停損與每日追蹤擺盪停損的規則加入 WDT 策略後,顯然已達成我的主要目標——回撤從 -$80,520 降低至 -$69,487,下降近 14%。然而,淨收益表現卻掉了近 62%,從 13 億美元掉至 4 億 8,800 萬美元,付出沉重的代價。此外,經風險調整後的 UPI 值掉了 33%,數值為 1.2。

　　接下來,讓我們來看看每日兩停損交易計畫在 MDT 策略上的成果。

▍使用虧損篩選與每日兩停損交易計畫為「每月道氏交易者策略」編碼

　　我將每日初始停損與每日追蹤擺盪停損的編碼加入原先的 MDT 策略中,如下所示。

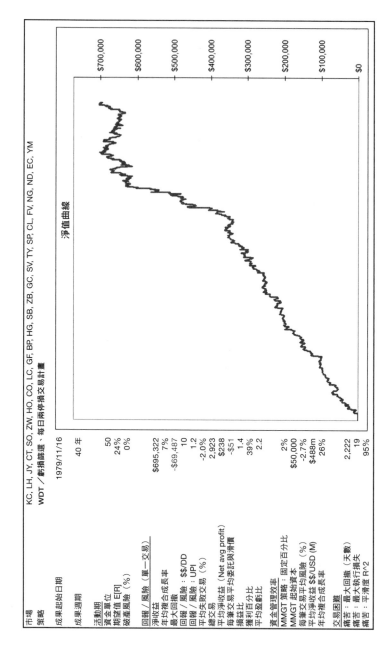

市場：KC, LH, JY, CT, SO, ZW, HO, CO, LC, GF, BP, HG, SB, ZB, GC, SV, TY, SP, CL, FV, NG, ND, EC, YM
策略：WDT／斷損篩選，每日兩停損交易計畫

成果起始日期	1979/11/16
成果週期	40 年
活動期	50
資金單位	7%
期望值 E[R]	24%
破產風險 (%)	0%
回報／風險（單一交易）	
淨收益	$695,322
年均複合成長率	7%
最大回撤	-$69,487
回報／風險：$$/DD	10
平均／風險：UPI	1.2
平均失敗交易 (%)	-2.0%
總交易	2,923
平均交易收益（Net avg profit）	-$51
每筆交易平均委託與滑價	$238
損益比	1.4
獲利百分比	39%
平均盈虧比	2.2
資金管理效率	2%
MMGT 策略：固定百分比	$50,000
MMGT 起始資本	-2.7%
每筆交易平均風險 (%)	$488m
平均淨收益 $$/USD (M)	26%
年均淨複合成長率	
交易困難	2,222
痛苦：最大回撤（天數）	19
痛苦：最大執行損失	95%
痛苦：平滑度 R^2	

圖 9-22 將每日追蹤擺盪停損加入後，減少了 WDT 策略的最糟回撤。

表9-12 雖然加入每日初始停損與每日追蹤擺盪停損降低了 WDT 策略的最糟回撤，但這也影響到它的績效表現。

模型	類別	穩健性		存活度			報酬／風險比率				資金控管效率			交易難度		
		發表年	樣本外年數	E[R]	Units $$	ROR	Net $$	D/D	R/R	UPI	Risk	MMgt	CARG	DD Days	Losses	R^2
海龜策略	通道突破	1983	37	21%	50	0%	$1,418,786	-$95,107	15	2.2	-4.7%	$257m	24%	1,637	20	96%
DDT策略	擺盪突破	1900	120	5%	50	0%	$1,090,346	-$250,428	4	1.4	-3.3%	$167m	23%	2,238	24	95%
WDT策略	擺盪突破	1900	120	23%	50	0%	$2,193,706	-$181,634	12	2.3	-5.5%	$1.4b	29%	1,403	25	95%
MDT策略	擺盪突破	1900	120	41%	50	0%	$1,688,451	-$170,287	10	1.6	-10.1%	$8m	13%	936	16	99%
DDT策略／虧損篩選	擺盪突破	1900	120	14%	50	0%	$1,684,485	-$149,512	11	2.4	-3.4%	$2.3b	31%	1,685	21	96%
WDT策略／虧損篩選	擺盪突破	1900	120	27%	50	0%	$1,577,026	-$130,703	12	2.0	-5.7%	$474m	26%	975	18	97%
MDT策略／虧損篩選	擺盪突破	1900	120	34%	50	0%	$844,920	-$108,963	8	0.9	-10.2%	$2m	10%	1,350	14	97%
DDT策略／虧損篩選、兩停損交易計畫	擺盪突破	1900	120	16%	50	0%	$1,755,392	-$158,902	11	2.7	-2.5%	$2.7b	31%	1,685	22	97%
WDT策略／虧損篩選、兩停損交易計畫	擺盪突破	1900	120	33%	50	0%	$1,160,253	-$80,520	14	1.8	-2.7%	$1.3b	29%	1,757	19	96%
MDT策略／虧損篩選、兩停損交易計畫	擺盪突破	1900	120	80%	50	0%	$650,835	-$62,723	10	0.9	-2.9%	$15m	15%	2,637	21	95%
WDT策略／虧損篩選、每日兩停損交易計畫	擺盪突破	1900	120	24%	50	0%	$695,322	-$69,487	10	1.2	-2.7%	$488m	26%	2,222	19	95%

規則

策略：	MDT
核心方法：	道氏理論
核心公布：	1900 年
市場：	全部
指標：	無
變量—數量：	0
規則：	4

買進規則

篩選：	唯有當道氏每月趨勢的前次變化為虧損時才進行交易
設定與進場：	每月道氏趨勢改變—從趨勢下降到趨勢上升
初始停損：	每日交易格局 K 棒或進場 K 棒最低點損破賣出
追蹤停損：	每日道氏趨勢改變—從趨勢上升到趨勢下降

賣出規則

篩選：	唯有當道氏每月趨勢的前次變化為虧損時才進行交易
設定與進場：	每月道氏趨勢改變—從趨勢上升到趨勢下降
初始停損：	每日交易格局 K 棒或進場 K 棒最高點突破買進
追蹤停損：	每日道氏趨勢改變—從趨勢下降到趨勢上升

　　我為 MDT 策略加入每日初始停損與每日追蹤擺盪停損，結果如圖 9-23 所示。

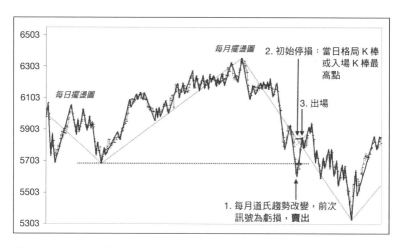

圖 9-23 加入追蹤每日擺盪停損規則後，MDT 策略成為雙重時間架構的道氏模型。

檢驗使用虧損篩選與每日兩停損交易計畫的「每月道氏交易者策略」

圖 9-24 總結了使用虧損篩選與每日兩停損交易計畫的 MDT 策略表現。結果顯然並沒有正面的影響。

比較使用虧損篩選與每日兩停損交易計畫後的「每月道氏交易者策略」

表 9-13 顯示將每日初始停損與每日追蹤擺盪停損的規則加入 MDT 策略後，大幅降低該策略的最糟回撤狀況，並達到它目前為止最低的回撤。

由於我的主要目標是要降低回撤，而這個模型看似可以打敗海龜策略 —— 它擁有 -$33,057 的最低回撤規模。然

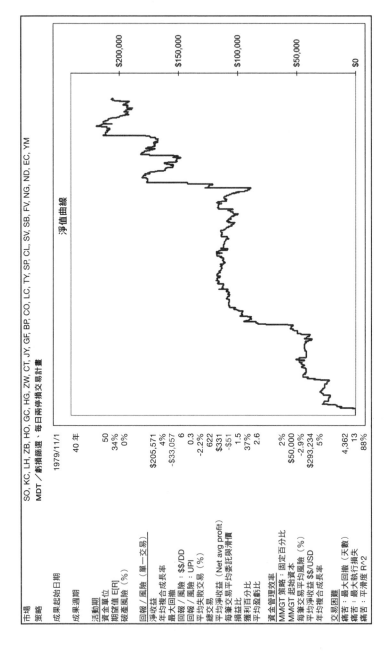

| 市場 | SO, KC, LH, ZB, HO, GC, HG, ZW, CT, JY, GF, BP, CO, LC, TY, SP, CL, SV, SB, FV, NG, ND, EC, YM |
| 策略 | MDT／虧損篩選，每日兩停損交易計畫 |

| 成果起始日期 | 1979/11/1 |
| 成果週期 | 40 年 |

活動期	50
資金單位	34%
期望值 E[R]	0%
破產風險（%）	

回報／風險（單一交易）	
年均複合成長率	$205,571
最大回撤	4%
回報／風險：$$/DD	-$33,057
回報／風險：UPI	6
平均失敗交易（%）	0.3
	-2.2%
總交易	622
平均淨收益（Net avg profit）	$331
每筆交易平均委託與滑價	-$51
損益比	1.5
獲利百分比	37%
平均盈虧比	2.6

資金管理效率	
MMGT 策略：固定百分比	2%
MMGT 起始資本	$50,000
每筆交易平均風險（%）	-2.9%
平均淨收益 $$/USD	$293,234
平均複合成長率	5%

交易困難	
痛苦：最大回撤（天數）	4,362
痛苦：最大執行損失	13
痛苦：平滑度 R^2	88%

淨值曲線

圖 9-24 每日追蹤擺盪停損似乎未對 MDT 策略帶來正面影響，儘管已降低它最糟回撤狀況。

表 9-13 雖然加入每日初始停損與每日追蹤擺盪停損降低了 MDT 策略的回撤狀況，但也為它帶來許多負面影響。

模型	類別	穩健性		績效表現分析												
		發表年	樣本外年數	存活度			報酬／風險比率				資金控管效率			交易難度		
				E[R]	Units	ROR $$	Net $$	D/D	R/R	UPI	Risk	MMgt	CARG	DD Days	Losses	R^2
海龜策略	通道突破	1983	37	21%	50	0%	$1,418,786	-$95,107	15	2.2	-4.7%	$257m	24%	1,637	20	96%
DDT 策略	擺盪突破	1900	120	5%	50	0%	$1,090,346	-$250,428	4	1.4	-3.3%	$167m	23%	2,238	24	95%
WDT 策略	擺盪突破	1900	120	23%	50	0%	$2,193,706	-$181,634	12	2.3	-5.5%	$1.4b	29%	1,403	25	95%
MDT 策略	擺盪突破	1900	120	41%	50	0%	$1,688,451	-$170,287	10	1.6	-10.1%	$8m	13%	936	16	99%
DDT 策略／虧損篩選	擺盪突破	1900	120	14%	50	0%	$1,684,485	-$149,512	11	2.4	-3.4%	$2.3b	31%	1,685	21	96%
WDT 策略／虧損篩選	擺盪突破	1900	120	27%	50	0%	$1,577,026	-$130,703	12	2.0	-5.7%	$474m	26%	975	18	97%
MDT 策略／虧損篩選	擺盪突破	1900	120	34%	50	0%	$844,920	-$108,963	8	0.9	-10.2%	$2m	10%	1,350	14	97%
DDT 策略／虧損篩選、兩停損交易計畫	擺盪突破	1900	120	16%	50	0%	$1,755,392	-$158,902	11	2.7	-2.5%	$2.7b	31%	1,685	22	97%
WDT 策略／虧損篩選、兩停損交易計畫	擺盪突破	1900	120	33%	50	0%	$1,160,253	-$80,520	14	1.8	-2.7%	$1.3b	29%	1,757	19	96%
MDT 策略／虧損篩選、兩停損交易計畫	擺盪突破	1900	120	80%	50	0%	$650,835	-$62,723	10	0.9	-2.9%	$15m	15%	2,637	21	95%
WDT 策略／虧損篩選、每日兩停損交易計畫	擺盪突破	1900	120	24%	50	0%	$695,322	-$69,487	10	1.2	-2.7%	$488m	26%	2,222	19	95%
MDT 策略／虧損篩選、每日兩停損交易計畫	擺盪突破	1900	120	34%	50	0%	$205,571	-$33,057	6	0.3	-2.9%	$0.3m	5%	4,332	13	88%

而，我們要付出的代價非常巨大。它的獲利率徹底被輾壓。風險調整後報酬幾乎瞬間蒸發，UPI 值跌落至 0.3。最長回撤天數被拉長至令人椎心的 4,362 日。因此壞消息是：儘管此策略已達成我要讓回撤最小化的目標，但它卻成為交易者心中最難以承受的交易選擇。不過，好消息是，我這系列的策略調整步驟已經完成了。

▌你的選擇

接下來的決定將交給你。請你看看我提供的策略選項是否足以超越海龜策略，而這完全取決於個人判斷。對我而言，我相信加入虧損篩選、每日初始停損與每週追蹤擺盪停損後的改良版 WDT 策略（MWDT），即使回撤仍然很大，但它的表現卻依然優異。

讓我們比較兩者的表現：

	MWDT 策略 ＋虧損篩選 ＋初始每日停損 ＋每週追蹤擺盪停損	海龜策略	影響
● 期望值	33%	21%	+57%
● 淨收益	$1.160m	$1.419m	-18%
● 回撤	-$0.080m	-$0.095m	-16%
● 報酬／風險比率	14	15	-7%
● UPI	1.8	2.2	-18%
● 每交易平均風險	-2.7%	-4.7%	+42%
● 資金管理後淨收益	$1.3b	$257m	+406%

● 年均複合成長率	29%	24%	+21%
● 最長回撤	1,757 日	1,637 日	+7%
● 連續虧損	19	20	-5%
● 平滑度（R^2）	96%	96%	+0%

　　首先，從一個典型的個人交易者角度來看，MWDT 策略較低的回撤有很大的吸引力。其次，儘管它在報酬／風險指標上略遜於海龜交易策略，但它卻擁有較小的停損與絕佳的 29％年均複合成長率，與海龜策略 2 億 5,700 萬美元的資金管理後淨收益相比，它的收益達到 13 億美元。與海龜策略 -4.7％的初始風險相比，它 -2.7％的初始風險顯然獲利效率較佳。此外，毫無疑問的，MWDT 策略更穩健，道氏理論存在的時間遠比唐契安強大的 4 週策略（即海龜策略的基礎）要長得多。此外別忘了，在你實現在市場上「活下去」的第一個目標之後，第二個目標就是要賺錢，而 MWDT 策略顯然會因此脫穎而出——透過虧損篩選、每日初始停損與每週追蹤擺盪停損，它實現 29％的年均複合成長率。

Step 6：完成淨值曲線穩定度分析

　　在我的策略發展藍圖中，最後一個步驟就是進行策略的淨值曲線穩定度檢驗。但目前看來，這個步驟對 MWDT 策略來說是多餘的。除了 1983 年的虧損篩選設定之外，此策略百分之百根據道氏理論，因此它所有的表現成果都來自

於樣本外數據，而這已足以證明其穩健性。但為了展示我的策略開發過程，我依然會帶你走完這個步驟。

▋檢驗目的

這項檢驗的主要目的，在於確認策略的淨值曲線是否夠穩定，可在不同的變量下都維持 0% 的破產風險值，使之進行交易。要做到這一點，我們必須擁有策略完整的可替代淨值曲線、期望值與破產風險的計算範圍，其範圍大小會取決於策略中的變量數目和允許的調整數目。若數目越多，範圍就越大，一條或多條替代淨值曲線產生高於 0% 破產風險值的可能性也就越大。這個結果不是我們想見到的，但唯有完成淨值曲線穩定度檢驗後，你才會知道答案。

表 9-14 總結我的淨值曲線穩定度評估。

為了幫助讀者們理解 MWDT 策略的優勢，我把第五章所述的回撤趨勢交易者策略（RTT）也納入比較。如你所見，這是一個相對簡單的練習。相較於 RTT 策略，MWDT 策略具有虧損篩選和每日初始停損的機制，且未包含任何主觀變量指標。MWDT 策略僅有一條淨值曲線，因此它不是有效，就是無效（結果已證明它可行了）。它不需要調整有利的變量值來產生有利的結果——道氏理論已通過客觀、獨立的測試。道氏理論只在意價格。道氏理論是百分之百客觀的。沒有任何人可以捏造、調整、玩弄道氏理論框架下的任何變化。不管是你、我、任何人、中央銀行，甚至是市場最大逆境先生，都無法動搖它。這是純粹的市場行為。你無法左右。我也是。它不是有效，就是無效。但它確實可行。

表 9-14　檢驗結果顯示：具備虧損篩選與每日初始停損與每週追蹤擺盪停損的 MWDT 策略，其淨值曲線相當穩定。

淨值曲線穩定度評估				
策略			RTT	MWDT
設定			MA (34) MA (250) RSI (4,80%)	WDT Loss Filter 2 STP
致勝策略因素				
可測量性		期望值	9%	33%
		資金單位	20	50
		破產風險值	0%	0%
穩健性				
證據		樣本外表現	No	Yes
指標				
	多功能性	在多樣化投資組合中獲利	Yes	Yes
	良好的設計	淨值曲線穩定性評估		
	原則	指標變量數	4	0
		變量調整次數	4	0
		可能的淨值曲線數	256	1
		淨值曲線變化	Large	None
		期望值變化	Large	None
		是否有任一組變量值的破產風險值＞0%？	Yes	None
		淨值曲線是否足夠穩定進行交易？	NO	YES

找到合理、可持續的交易方法

　　我深信 MWDT 策略確實提供了一種合理且可持續的交易方法。它使用簡單的虧損篩選、每日初始停損與每週追蹤擺盪停損，對道氏趨勢的每週變化進行分層，具有可驗證、基於證據的優勢。這個模型徹底依循趨勢交易的黃金原則。運用較長的每週時間架構，確保交易者（得以）「追隨趨勢」，而這正是道氏理論的精髓。它使用較低的每日初始停損更能確實地「砍掉虧損部位」，再運用每週趨勢變化作為追蹤停損，達成「讓獲利部位持續滾動」的目的。它不但完美地符合趨勢交易的三大黃金原則，且效率性絕佳——年均

複合成長率是相當健康的 29％。我鼓勵你使用這個策略，若你有此意，請在進入市場前，完成確實的檢測。如果你想了解此策略最新的績效表現，請透過我的網站 www.indextrader.com.au 跟我聯繫。你只要在訊息的主旨打上「MWDT 當前表現」（MWDT's current performance），我會將成果寄送給你。沒問題的。

關於回撤

儘管我做了許多努力，但對許多個人交易者來說，MWDT 策略在我的 P24 通用投資組合中的回撤(-$80,520)，仍太過龐大。若你對自己的策略檢驗感到滿意（就像我對 MWDT 一樣），但對回撤規模感到猶豫，那麼下一個合理的步驟，應是要建立歷史回撤規模可符合自己資金規模與風險承受度的投資組合。要建立一個較小的投資組合，你就必須避免掉進資料探勘的陷阱。你不能只在我的 P24 通用投資組合中選擇某些表現優異的市場，這是絕對要避免的錯誤動作。相反的，你必須依照我在第八章所建議的，建立一個基於多元化與流動性的漸進式投資組合——請參考表第八章表 8-1 所介紹的 P2、P4、P8、P16 投資組合，這些投資組合都是根據多元化與流動性的客觀標準建立的。我在各個投資組合配置回測的 MWDT 策略，結果如圖 9-25 所示。

令人高興的是，該策略在所有投資組合中都表現良好。要知道，當投資組合擴展之後，其績效表現也會隨之提高。較小的投資組合有先天上的缺陷，因為市場較少，獲得的理

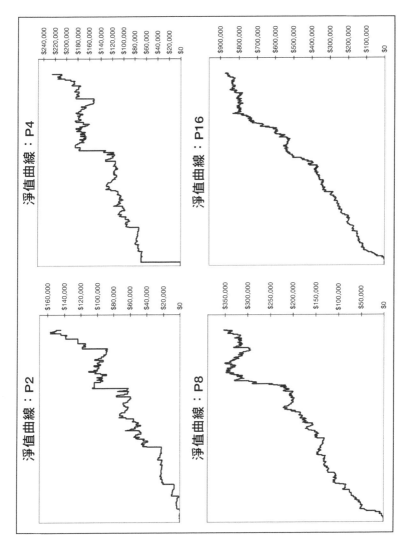

淨值曲線：P4

淨值曲線：P2

淨值曲線：P16

淨值曲線：P8

圖 9-25 MWDT 策略在不同投資組合中都有一致的表現。

想交易機會也會減少。在表 9-15 中，我總結了 MWDT 策略在個別投資組合下的表現。

你可以看出，MWDT 策略在不同投資組合上的表現相當一致，突顯道氏理論和其策略的穩健性。在所有投資組合中，損益比、準確性與平均損益比，與其期望值都相當一致，這代表此策略的表現並不僅限於特定市場。隨著投資組合的規模擴展，報酬／風險指標與效率性也都隨之上升，這證明交易更大規模投資組合的好處。

向查爾斯・道致敬

查爾斯・道，接受我們的致敬吧！透過樣本外數據的模擬歷史淨值曲線，以及透過我自己的交易紀錄，我可以證明道氏的波峰和波谷趨勢分析在今天，和他 1900 年發表在《華爾街日報》上的一樣有效。我可以證明道氏理論通過了時間的考驗。不管是在 1987 年的股市崩盤或亞洲貨幣危機、網路泡沫、美國次貸風暴、全球金融危機、量化寬鬆或高頻交易、破壞式創新的科技獨角獸公司、推特戰、全球疫情、中央銀行催生泡沫化……等等狀況下，都無法影響道氏理論的有效性。我認為，道氏理論不但恆久遠，也證明了那句古老的格言：

市場越變，越是相似。

或許有人認為，道氏理論已經過氣了。然而，不管在樣

表9-15 MWDT 策略的良好表現並不僅限於特定市場。

策略	MWDT 策略 / 「每週道氏交易者策略」的改良版（衝損篩選 + 兩停損交易計畫）				
成果起始日期	1979/11/16				
成果週期	40 Yrs				
投資組合	P2	P4	P8	P16	P24
活動期					
資金單位	50	50	50	50	50
期望值 E[R]	40%	38%	38%	41%	33%
破產風險（%）	0%	0%	0%	0%	0%
回報／風險（單一交易）					
淨收益	$144,190	$219,530	$352,733	$871,470	$1,160,253
年均複合成長率	4%	4%	5%	8%	8%
最大回撤	-$22,405	-$32,948	-$56,288	-$55,262	-$80,520
回報／風險：$$/DD	6	7	6	16	14
回報／風險：UPI	0.2	0.4	0.7	1.7	1.8
平均失敗交易（%）	-1.8%	-1.6%	-1.8%	-2.6%	-2.5%
總交易	258	501	929	1,900	2,923
平均淨收益（Net avg profit）	$559	$438	$380	$459	$397
每筆交易平均委託與滑價	-$51	-$51	$51	-$51	-$51
損益比	1.6	1.6	1.5	1.6	1.5
獲利百分比	33%	34%	31%	30%	29%
平均盈虧比	3.3	3.1	3.5	3.8	3.5
資金管理效率					
MMGT 策略：固定百分比	2%	2%	2%	2%	2%
MMGT 起始資本	$50,000	$50,000	$50,000	$50,000	$50,000
每筆交易平均風險（%）	-2.0%	-1.7%	-2.0%	-2.8%	-2.7%
每筆淨收益 $$/USD	$277,365	$2m	$22m	$813m	$1.3b
年均複合成長率	5%	10%	17%	27%	29%
交易困難					
痛苦：最大回撤（天數）	1599	2884	2509	1800	1757
痛苦：最大執行損失	11	14	16	17	19
痛苦：平滑度 R^2	93%	95%	93%	98%	96%

本外數據、不同時間架構與不同市場狀況下，甚至是在黑天鵝事件中，道氏理論都證明了它的穩健性，也因此，任何認真的交易者都應該檢視道氏理論的相關策略，仔細考慮它的可用性。

對很多人來說，市場代表著不確定性，但對道氏理論來說，機會往往近在眼前。真正的問題在於道氏理論的未來表現是否能跟過去一樣璀璨。好吧，這真的沒有人會知道，不管是你或我，都無法回答這個問題。然而，道氏理論過去的表現可說是無懈可擊，它度過了所有市場條件的考驗，不管是牛市或熊市的循環，也度過所有時間架構與市場的考驗，這些數據都可供你用作未來的參考（它的勝算看起來相當樂觀）。──你不需要冒險才能在市場中求存，你只要確保自己的破產風險值持續維持在 0％就夠了。道氏理論的指針會引導你穿越全球市場的動盪和不可預測的迷霧。

感謝你！查爾斯‧道，謹以本章獻給你與你的盟友們。

回顧過去，才能繼續前行

對於我開發交易策略的原理、原則與方法，我希望你已經充分掌握。我是一個堅持透過回測過去、展望未來的人，並深信只有舊的概念才能給我充足的樣本外數據與穩健性證據。一旦你發現了一個舊的想法，「回測它」應該要成為你的反射性動作。請善用你的軟體將你的想法程式化，然後進行檢視、將之與你的策略基準進行比較。為了避免資料探勘的陷阱，你必須確保策略的多功能性，可適用於多樣化的投

資組合中。如果策略的檢視結果夠吸引人，你也可以適度調整它的規則，但是務必要避開過度曲線配適的陷阱。若結果看似有利可圖，那麼請完成最終的淨值曲線穩定度檢驗。到了這個階段，若你還笑的出來，那麼就做個最終測試，然後準備帶家人去吃大餐了。夠簡單吧！

擁抱多樣化

在完成交易模型的測試後，你最終的目標是要建立一個彼此不相關的市場投資組合，其中包括順勢與逆勢技術，足以在多個時間和多個市場架構中進行交易。多樣化相當有效，當你分散技術、時間與市場後，你的淨值曲線將會更為平滑。

全球最大對沖基金——橋水基金的執行長達利歐（Ray Dalio）曾在其著作《原則》中寫道，建立一個多樣化、彼此不相關的投資組合，正是：

……投資的聖杯……

在多個市場的多個時間架構，以多個彼此不相關的策略交易，將能為你帶來更多機會，也可以讓你避免掉進在單一策略、單一市場上失敗的陷阱，建立更平滑的淨值曲線。多樣化也能提供更好的風險管理。但首先，請先專注於跟隨趨勢去交易，並實現永續交易。

感謝你！

謝謝你願意花時間、專心一志地閱讀我的趨勢交易心得。我知道每個人的時間都相當有限，所以我非常謝謝你能讀到這裡。我不期待你認同我所有的觀點，假使我的觀點和你的想法互相抵觸，那麼請讓我致歉。然而，我確實希望你能讀到部分可以認同的觀點，在闔上這本書時能有所收穫。

我知道我在本書一開始表現得很頑固，甚至描繪一幅不討人喜歡的場景，說明「在大部分的時間裡，趨勢交易都是一場災難」。我想保持真實，避免你在幾次虧損後徹底放棄。我想讓你明白、期待並準備好迎接痛苦，面對無可避免的挫敗，這確實有其必要性。無可避免的回撤正是趨勢交易的常態。而我之所以這麼做，是希望你能在首次面對回撤時倖存下來，如此你才能看見下一個高點，取得成功機會。

事實上，你可以成功。現在你已具備了充分知識，能識別或創造屬於自己的穩健正期望值交易法。你絕對能安然度過那些無可避免的回撤。我希望我在本書坦白、實際的探討之下，以及我所檢視過的所有交易概念，能讓你在波濤洶湧的市場中，仰賴真實的科學證據，以便追逐肥尾現象。

你現在應該已理解與接受交易的矛盾本質。你應該準備好面對意外，這將是永恆的常態。當你環顧交易的世界，你會發現矛盾處處可現。鑑於科技、網路、智慧型裝置的進步，現在可能是一個最好的時代，但也可能是最壞的時代，有超過 90％ 的活躍交易者都在虧損。交易者必須學會與痛苦、變化和不確定性共處——在這個世界裡，最有說服力的

語言，技術分析，幾乎沒有說服力。在這個世界裡，思考不會讓你賺錢，但會讓你付出代價。在這個世界裡，成為最好的輸家才能成為最好的贏家。在這個世界裡，選對標的、看法精準、擁有良好的入門技巧和正確的作法並不能帶來成功，但了解數學卻可以。這是一個便利會讓你遭致失敗的世界。在這個世界裡，請小心那些帶有獎勵性質的指標。在這個世界裡，那些看似全知的交易者，很可能是最無知的人。身為交易者，我們活在古怪、奇異而矛盾的世界裡。我們僅能在不確定中把握機會。承認、接受、大力擁抱與操作上述矛盾能讓你邁向永續交易的道路。

在我結束本書之前，請記住：本書只提供一條通往交易成功之路給你而已。如果這套方法與你所思並不相符，請不要介意，你還有其他交易方法可做選擇。我要再次為我嘮叨的寫作風格致歉，也請記得時時質疑、獨立驗證任何你想執行的交易法則。

最後我希望（再次）說明，單憑本書所述的概念還不足以讓你在交易世界裡大有斬獲。你不僅需要穩健、有正期望值的交易方法，也需要通用的成功交易原則。如果你對此仍有所疑惑，我建議你買一本我的前作《交易聖經》。事實上，我認為前作所述的通用交易原則應該要優先於本書的交易方法論。然而，本書仍有其重要價值，你可將之視為是前作中「消失的篇章」。當你讀完這兩本書後，我堅信你將能通往明智、永續的交易之路。此外，也請記得，如果你希望得到MWDT 策略的近期表現，歡迎你透過網站與我聯繫。

祝你成功！

交易聖經 2
蛻變頂尖市場作手的終極祕鑰

The Universal Tactics of Successful Trend Trading: Finding Opportunity in Uncertainty

作　　　者　布倫特・潘富 (Brent Penfold)
譯　　　者　李靜怡
主　　　編　郭峰吾

總 編 輯　李映慧
執 行 長　陳旭華 (steve@bookrep.com.tw)

社　　　長　郭重興
發 行 人　曾大福

出　　　版　大牌出版／遠足文化事業股份有限公司
發　　　行　遠足文化事業股份有限公司
地　　　址　23141 新北市新店區民權路 108-2 號 9 樓
電　　　話　+886-2-22181417
傳　　　真　+886-2-86671851

封面設計　萬勝安
排　　　版　藍天圖物宣字社
法律顧問　華洋法律事務所　蘇文生律師
　　　　　　（本書僅代表作者言論，不代表本公司／出版集團之立場與意見）

定　　　價　680 元
初　　　版　2021 年 9 月

國家圖書館出版品預行編目（CIP）資料

交易聖經 2：蛻變頂尖市場作手的終極祕鑰 / 布倫特・潘富（Brent Penfold）著；
李靜怡 譯 . – 初版 . -- 新北市：大牌出版，遠足文化事業股份有限公司，2021.9
480面；14.8×21公分
譯自：The Universal Tactics of Successful Trend Trading: Finding Opportunity in Uncertainty
ISBN 978-986-0741-35-3（平裝）
1. 投資組合　2. 投資管理　3. 投資技術

563.5　　　　　　　　　　　　　　　　　　　　110011414